GERHARD BERGER

ZIELGERADE

GERHARD
BERGER

ZIELGERADE

In Zusammenarbeit mit
Herbert Völker

Edition autorevue

FOTONACHWEIS

Schutzumschlag:
Alois Hans Rottensteiner, Dani Reinhard
Rückseite: „News"/Roman Zach-Kiesling

Studio Colombo: Seite 75b, 77b, 78ab,80a, 119a, 155ac, 156c, 157bd, 196 bc, 197ab, 200a, 236d, 239e

Michael Glöckner: 37b, 38b, 39b, 233a

Thomas Guggenberger: 196e, 198/199

Gérard Rancinan: 154a

Dani Reinhard: 39a, 74/75a, 116/117, 119b, 156a, 196a, 234/235

Alois Hans Rottensteiner: 79b, 113a, 115a, 118, 193b, 200b, 233b

Rainer Schlegelmilch: 33, 114a, 193c, 194/195, 196d, 239a

„News"/Roman Zach-Kiesling: 120ab, 153, 155b, 157a, 160, 237, 239ef

Sutton Photographics: 35c, Photopress Zürich: 36b
Foto Ascher: 37a, Jutta Fausel: 38a
Matthias Schneider: 38c, Actualfoto: 40bc
Heinz Zeggl: 40d, Pierre Olivier Deschamps: 73
Ferrari: 74b, 79a, 193a, 197c, 236b, epa: 76bcde
Sipa-Press: 76a, 77c, AP, Brandstätter: 77a
Schilling&Riedmann: 80, 240, McLaren: 114b, 115b
LAT: 154, Kreuzspiegel: 157c Herbert Völker: 156b, 158/159
benetton: 236a, J. Skarwan/K. Pinter: 236c, 238
ORF: 239c Gerhard Gradwohl: 239b

1. Auflage 1997

edition autorevue, Schloßgasse 10-12, 1050 Wien

Einzelne Zitate wurden dem 1989 erschienenen Buch „Grenzbereich" von Gerhard Berger (Mitarbeit Dieter Stappert; Orac-Verlag, Wien) entnommen.

Umschlagentwurf: Jörg Eigenmann, Wien
Druck: Wiener Verlag, Himberg

ISBN 3-9500754-0-2

Inhalt

Vorwort

Gerhard ist ein Rennfahrer mit unglaublichen Sympathiewerten, die ich für absolut gerechtfertigt halte. Er ist eigentlich fast zu warmherzig und zu menschlich für die Formel 1.

Er ist auch sehr viel sensibler, als die Öffentlichkeit wahrnehmen hätte können. In dieser Richtung wird das Buch sicherlich ein paar interessante Aufschlüsse geben.

Er hat trotz 14 Jahren in der Formel 1 seine übersprudelnde Lebensfreude nicht verloren, im Gegenteil, seine Quelle von Jokes und Frohsinn erfrischt den ganzen Zirkus. Er war auch immer so organisiert, daß es eine Riesenhetz geben konnte, dabei hat ihm seine Mixtur von Naturbursch-Robustheit und Tiroler Bauernschläue geholfen.

Und jetzt das Wichtigste:
An seinen guten Tagen konnte keiner auf der Welt den Gerhard Berger schlagen.

Im Moment sieht es so aus, als würde unser fliegendes Zirkusunternehmen einen seiner schnellsten und charakterstärksten Darsteller mit dem größten Charisma verlieren. Aber dann würde etwas fehlen auf dem Bild der Formel 1. Also glaube ich, daß seine „Zielgerade" eher der Anlauf für etwas ganz Neues sein wird, mittendrin in dem Metier, das sein Leben ausmacht.

Niki Lauda
November 1997

Reizklima

*Das stärkste Gefühl, das mich über all
die Jahre trieb, war die glühende Ungeduld
eines jungen Rennfahrers, alles Schöne,
Tolle und Aufregende in sich hineinzupressen.
Es war auch viel Verrücktes dabei. Leitsatz:
„Sonst bist einmal alt und hast nix erlebt."*

*Die Angst, plötzlich alt zu sein und nix erlebt
zu haben, habe ich jetzt nicht mehr. Ich bin jung,
hab unglaubliche Dinge erlebt und werde
noch viel mehr erleben. Ich empfinde bloß
das Zu-Ende-Gehen eines Abschnitts mit ganz
besonderer Intensität: Wie eine Zielgerade.*

Gerhard Berger

Zwei fesche junge Burschen traten aus dem Ferrari-Hauptgebäude in Maranello und schlenderten zum Parkplatz. Sie waren hochbezahlte Spezialisten, deren Performance durchaus Auswirkungen auf den Gesamterfolg der Firma haben würde. Zu Beginn der neuen Saison hatte ihnen der Präsident eben eine kleine Rede gehalten, um sie zu motivieren und vom Ernst der Situation zu überzeugen: Dramatische Umsatzeinbrüche im Luxus-Autogeschäft, Druck aufs Renn-Budget und die dringende Notwendigkeit von Erfolgen. Neuer Image-Glanz aus der Formel 1 würde auch das allgemeine Geschäft der Firma wieder beleben. Kurz gesagt:

„Wir werden alles brauchen, was ihr an Talent, Kraft und Ernsthaftigkeit aufbieten könnt, um euren Job zu einem großartigen Erfolg zu führen."

Es war der erste Arbeitstag des neuen Jahres, die ersten Testfahrten der Saison, und nach dem Präsidenten sprach auch noch der Sportdirektor ein paar aufbauende Worte, appellierte an den Ernst der beiden Männer.

Die hatten alles verstanden. Noch zwei Wochen bis zum ersten Rennen in Brasilien. Große Zeiten stehen bevor.

Jean Alesi und ich schlenderten zu den geparkten Direktionsfahrzeugen, um einen Wagen zu finden, mit dem wir die knapp tausend Meter vom Werksgelände hinüber zur Teststrecke Fiorano fahren konnten. Es gab nur Lancias und Fiats, und einer der Lancias stand offensichtlich für uns parat, der Schlüssel steckte.

Ein paar Autos daneben sah ich einen besonders hübschen Lancia Integrale, der gefiel uns irgendwie am besten aus der ganzen Reihe, und der Schlüssel steckte auch. Also nahmen wir den.

„Wer fährt?"

Alesi opferte sich, und ich hatte das Gefühl, daß er das neue Jahr sehr ambitioniert beginnen könnte. Vielleicht würde er sein weltmeisterliches Können schon auf der Anfahrt nach Fiorano aufblitzen lassen. Jedenfalls stellte ich meinen Sitz auf die letzte Raste, wegen der Kraft der gestreckten Beine, und legte den Gurt an.

Wir hatten zuletzt zwar wenig Rennen gewonnen, aber wir sind ziemlich gut, wenn wir gemeinsam fahren, zum Beispiel: Alesi am Gas, Berger an der Handbremse.

Jean glühte wie ein Bescheuerter aus dem Haupttor und baute genügend Speed auf, um die erste Rechtskurve im Drift zu nehmen, wobei ich ihn an der Handbremse unterstützte. Er war absolut voll am Gas, und auch die mittlerweile voll gezogene Handbremse hinderte den Lancia nicht wirklich am Fortkommen. Ich ließ die Bremse nach, er blieb mit vollem Hammer drauf, das Tor von Fiorano war offen, und wir schafften wieder einen Superdrift, der dank Handbremse geradezu perfekt wurde. Der Integrale schob *elegantissimo* über alle vier Räder hinaus.

Plötzlich kriegte ein einziges Vorderrad Grip und leitete die anmutigste Bewegung ein, deren ein Auto fähig ist: Seitlich übers Vorderrad.

Wir merkten es daran, daß wir in der Luft saßen, Jean noch mehr als ich, weil er nicht angeschnallt war. Der Wagen rollte gleichzeitig kopfüber und seitlich ab, wir konnten nichts tun außer quietschen und blöd lachen. Dann prackte es den Integrale mit unheimlicher Wucht aufs Dach, verkehrt rutschte er mit vollem Zahn weiter und knallte in die Mauer. Es machte einen Riesentuscher. Alesi war völlig verdreht und hatte die Knie beim Fenster draußen, das Dach war praktisch flach, und unsere Nasen steckten zwischen den Sitzen, zehn Zentimeter Nase an Nase. Überall war Rauch und auslaufendes Öl, ich kriegte die Panik, daß wir gleich zu brennen anfangen würden. Wir hatten ja keine Chance, uns zu befreien, unsere Köpfe steckten im stockfinsteren Bereich zwischen Flachdach und Handbremse.

Dabei waren wir fast schon am Ziel gewesen. Wir waren den Mechanikern, die sich mit dem Aufwärmen unserer Formel-1-Autos beschäftigten, praktisch vor die Füße gefallen. Sie zerrten uns an Händen und Füßen durch die schmal gewordenen Fensteröffnungen raus, rundherum dampfte es, alles grammelte und schmurgelte.

Die Show wurde noch besser, als der Krankenwagen angerast kam. Bei jedem Testtermin seit 25 Jahren steht ein Krankenwagen an der Strecke, immer mit zwei Ärzten, die seit 25 Jahren nichts zu tun hatten, weil selten wer abfliegt und die Auslaufzonen in Fiorano eigentlich ausreichend sind. Die Leute waren natürlich überglücklich, daß sie endlich eine sinnvolle Beschäftigung hatten, und rannten um ihr Leben, um uns schnell zu bergen und in den Krankenwagen zu stopfen.

Ich sagte gleich, mir fehlt nix, denn ich hatte mir nur das Kreuz geprellt, aber bei Jean sahen sie eine Chance auf die große Operation, weil ihm Blut über den Kopf und die Beine rann und ihm irgendwelche Glassplitter im Knie steckten.

Alesi indes sagte, „ich hau hier lieber ab und fahr nach Haus", und ob ich die ganze Renndistanz fahren könnte?

„Klar, Jean, kein Problem, ich setz gleich den Helm auf und

nehm ihn nimmer runter, bis hier alles fertig ist."

Die Mechaniker drehten den platten Integrale um, kehrten den ganzen Scherbenhaufen weg und schrubbten die diversen Öl- und Wasserlacken auf, dann schoben sie das Wrack zur Seite und deckten es ab.

Alesi war inzwischen abgehauen, ich spulte meine Runden im Formel 1 ab. Als ich das erste Mal zum Nachjustieren an die Box kam, bogen Montezemolo und Jean Todt um die Ecke.

Oje!

Ich wußte nicht, ob sie schon informiert waren.

Die Mechaniker werkten herum, Todt stand neben mir. Ich fragte ihn zaghaft:

„Did you hear it already?"

„What did I hear?"

„So you didn't hear anything?"

Man muß bedenken, daß die Grammatik etwas vernachlässigt wird, wenn sich ein Franzose und ein Tiroler auf Englisch unterhalten:

„No, what you mean?"

„So you didn't hear that the car falls over?"

„What do you mean: The car falls over?"

Ich sagte: „Yeah, the car falls over", und Jean schaute angestrengt auf den Formel-1-Wagen, an dem noch immer die Mechaniker etwas einstellten.

Jean Todt: „Come on, tell me, what do you mean: The car falls over?"

Ich sagte ihm, daß Jean und ich mit einem Lancia herübergefahren waren – „and the car suddenly gets grip and rolls."

„What do you mean: The car rolls?"

„Well, Jean and myself, we come here, maybe a bit quick, the car suddenly gets grip, and it falls over."

Sagte Jean Todt: „Okay, Gerhard, I understand the car gets grip, but what means: falls over?"

„It lands on the roof."

Jean schaute mich von oben bis unten an.

„Did you hurt yourself?"

„No."

„And Jean?"

„Not really."

„What means not really?"

„He just had some glass in the hand and went home, because he didn't feel good."

Jetzt kapierte er endlich den Vorfall und wurde wütend, weil er zwei Vollidioten von Fahrern hatte, die drauf und dran gewesen waren, sich zwei Wochen vor dem ersten Rennen der Saison im Doppelpack zu eliminieren. Er schimpfte und hielt mir eine Predigt. Er hätte uns gescheiter eingeschätzt und das ganze Zeug, das ein Vater halt seinem dummen Buben erzählt. Ich schaute möglichst zerknirscht.

Auf einmal sagte er:

„And where is the car?"

Ich deutete um die Ecke, er ging hin und sah die Abdeckung für einen niedrigen Klumpen Metall. Er hob die Abdeckung und kriegte einen wirklich bedauerlichen Anfall.

So begriff ich, daß es sich um Jean Todts eigenes Auto handelte. Das tat mir natürlich schrecklich leid, aber bevor ich ihm das erklären konnte, mußte ich schnell den Helm aufsetzen und den Rest der Renndistanz fahren.

Dann hatten alle größte Angst, daß die Journalisten davon erfahren und die ganze Firma zur Schnecke machen würden, aber es war einer der ganz raren Fälle, wo im Hause Ferrari alle dichthielten.

2

Drehmoment

Herbstbeginn, das hieß A1-Ring, und der steirische Indianersommer putzte die prachtvolle neue Arena noch zusätzlich heraus. Höchste Zeit, daß Österreich wieder seinen Grand Prix hatte, nach zehn Jahren Pause. Mit den hunderttausend Menschen und einem Meer von Fahnen und Transparenten war es wie zu jener Zeit, als alles andere nebensächlich war, solange man bloß einen gesunden rechten Fuß hatte, um ihn bis aufs Blech durchzutreten.

Wer hätte gedacht, daß sich ein Fahrer einmal auf einen falsch gefütterten Computer ausreden wird, wenn er auf dem achtzehnten Startplatz steht? Basisabstimmung verschaukelt, da bringst du auch in der Feinabstimmung nichts mehr zustande. Ich hätte heulen können, weil ich mir etwas Wunderbares vorgestellt hatte für diesen Abschied von meinem Publikum, das kann ich ruhig so sagen. Am Abend ertappte ich mich bei dem Gedanken: Den A1-Ring möcht' ich noch einmal fahren, und vielleicht sollte ich ... Blödsinn, sagt der Berger zum Berger, jetzt gib a Ruh.

Pressekonferenz im Wiener Hotel „Imperial". Ich kann oder will mir keinen Text vorbereiten. Ich tu mich ja noch immer schwer, so ganz klar zu sagen: Das war's, Freunde; ich meine, da merkst du auf ganz brutale Art, hey, da steckt ja alles drin, was dein Leben ausgemacht hat.

Abgesehen von der großen Entscheidung und wie sie gewachsen ist, abgesehen von der Statistik meiner Erfolge und der leeren Blätter, haben sich an jenem Tag mit Journalisten und Freunden ein paar Punkte ergeben, an denen wir hängengeblieben sind.

Eine Einzelperson. Bernie. Komisch, daß gerade der Oberzyniker an einem sentimentalen Tag zum Thema wird. Es kann wohl nur bedeuten, daß ich die Bühne geschätzt habe, die Bernie Ecclestone vor allem für sich selbst, aber doch auch für unseren ganzen Sport errichtet hat. Erst durch diesen, sagen wir, marktgerechten Rahmen und die expansive Kraft hat das, was wir auf der Piste und sonstwo aufgeführt haben, seinen Wert gekriegt, und damit meine ich nicht nur die Kohle.

Warum ich letztlich nie Weltmeister geworden bin, war natürlich auch ein Thema. Was immer ich zu einer früheren Zeit gesagt habe, hier ist die frisch überdachte und verbesserte Version.

Ich habe, erstens, die Ernsthaftigkeit des modernen Top-Rennsports zu spät erkannt. Ich habe die Wichtigkeit der Detailarbeit, bis hin zum körperlichen Training, zu spät in mein System eingepflanzt. Mein Talent ist mir dabei im Weg gestanden, denn bei meiner Grundspeed und meinen Reflexen reichte auch das Nixtun noch zum Gewinnen von Rennen – bis zu Suzuka und Adelaide in meiner ersten Ferrari-Zeit. Da konnte man mir schwer einreden, daß ich eigentlich am Tag zehn Kilometer rennen sollte und daß man auch so Kleinigkeiten wie Boxenzufahrten trainieren müßte.

Zweitens glaube ich, daß ich einen anderen Background als jene Generation hatte, die man die Schumacher Kids nennen könnte. Diese Jungs hatten alle schon eine Riesensumme von Erfahrungen, bevor sie überhaupt erst in die Formel 1 kamen. Hauptsächlich kommt das aus dem Kartsport, den zum Beispiel Michael Schumacher schon ab vier betrieben hat. Die Wahrnehmung funktioniert schon genauso wie im großen Sport, und die Kinder entwickeln dieses Gespür fürs Detail. Die Kids spielen mit hundertstel Millibar Luftdruck herum, um ihr Kart optimal abzustimmen, bevor sie sich zum ersten Mal zur Schule schleppen. Diese Kart-Generation, zu der auch Alexander Wurz gehört, hat den computermäßigen Zugang zu einem inzwischen computer-dominierten Sport automatisiert. Kein Naturbursch wird diese Kids allein mit seiner Speed schlagen können.

Drittens hab ich nicht so wahnsinnig viel Glück mit dem Timing meiner Transfers gehabt, aber ich stelle diesen Aspekt absichtlich erst an die letzte Stelle. Immerhin kam ich 1990 ins McLaren-Team und damit in ein Auto, mit dem man Weltmeister werden konnte. Ayrton Senna hat es ja auch vorgehupft. Aber damals bin ich erst munter geworden und war zum ersten Mal in der richtigen Welt.

Ich wüßte jetzt, wie es besser geht, aber das soll nicht wehleidig klingen. Was den neuen Kids das Kart bedeutete, war mir das Skifahren und jeder denkbare Blödsinn, den Kinder und Halbwüchsige auf der Welt aushecken können. Ich hatte eine phantastische Kindheit, und alles, was sich daraus an Freude und Reflexen, an Mutwillen und Geschicklichkeit ergeben hat, macht das Drehmoment meines Rennfahrerlebens aus.

Eins von den Kindern legte sich quer über die Schneefahrbahn und stellte sich tot. Das Auto blieb stehen, der Mann sprang raus, *was ist denn los – geht schon wieder, bin bloß ausg'rutscht* –, und während der Mann wieder einstieg, kamen wir über die Schneemauer, Schultaschen am Rücken, hockerlten uns hinter das Auto und hakten uns mit den Handschuhen in der Stoßstange ein, völlig im toten Winkel des Rückspiegels. Wer als dritter oder vierter dran war, kriegte nur mehr den Platz am Auspuff und hatte am Ende ein Loch im Janker. Wir ließen uns auf den Schuhsohlen schleifen, und da der Lenker keine

Ahnung hatte von seinen Anhängseln, fuhr er durchaus einen Achtziger oder so. Das einzige Problem waren die Kanaldeckel, dort lag kein Schnee, wegen der Wärme von unten. Da man sie nicht sehen konnte, kam der Schlag völlig überraschend, und manchmal blieben nur noch die Handschuhe an der Stoßstange hängen. Wenn die Schneeverhältnisse es zuließen, fuhren wir eigentlich jeden Tag auf diese Weise heim, so bekam die Schule einen Sinn.

Ganz am Anfang war das Skifahren. Bei uns wurden die Kinder mit drei Jahren auf die Brettln gestellt, und die Mütter hatten ein paar Stunden Ruhe.

Wenn es zu meiner Hauptschulzeit zwischen Dezember und März war, bin ich heimgekommen, hab die Schultasche in die Ecke gepickt und bin Skifahren gegangen. Die Suche nach der Extra-Aufregung hat schon früh angefangen. Wir sprangen sehr gern vom Sessellift. Wenn beispielsweise vier Burschen gleichzeitig gesprungen sind, hat's die alten Leute ausgehoben, die haben plötzlich einen Fünfmeterschwung gemacht. Riiiiiesen-Hetz!

Eine Zeitlang haben wir das Skifahren als Geländesport betrieben. Da ging's dann durch den Wald und über Felsen, und oft haben wir auch gar nicht geschaut, ob der Felsen nun fünf oder zwanzig Meter runterging. Erst während des Springens konntest du dir überlegen, wie du landen wolltest. Manchmal sind wir in Schluchten gehangen, haben die Ski runtergeworfen und sind hinterhergeklettert.

Auch Radrennen waren hetzig, als ich etwa sechs war. Da sind wir mit den schwarzen Steyr-Waffenrädern, die keine Bremse hatten, nur den „Rücktritt", am Berg oben gestanden und runtergeglüht, so schnell es ging. Da ist auch ganz gern die Kette rausgesprungen, dann hat der Rücktritt auch nicht mehr funktioniert und da hast halt geschaut, daß du noch ein paar Kurven kriegst und dich dann verabschiedest.

Der Schnittpunkt zwischen Ski- und Motor-Interesse lag erst bei ungefähr vierzehn Jahren, und auch da waren vorerst nur Motorräder interessant. Ich war kein Motorsport-Freak. Ich hab gerade gewußt, wer der Rindt war, aber ich hab das Geschehen nicht verfolgt.

Mich faszinierten nur die pure Speed, ein kleines bissl Technik und die Fähigkeit, ein Gerät zu beherrschen.

Wir hatten einen Gabelstapler zu Hause, und ich hab den ganzen Tag versucht, ihn auf zwei Rädern zu fahren. Ich hab auch geschaut, wozu eine Raupe oder der Caterpillar fähig ist. Ein typisches Geduldspiel für den Dreizehnjährigen war das Rückwärts-Einparken von Lkws, was mit dem Gegenlenken natürlich eine schwierige Prozedur ist. Ich bin manchmal um fünf in der Früh aufgestanden und hab bis zum Frühstück nur Einparken mit Lkws geübt. Oder Driften mit Vaters BMW.

Da sind schon auch Sachen passiert, die man heute nicht als korrekt bezeichnen würde. Um die Zeit, als ich 18 war, sind wir mit aufgebohrten gottlosen Eisen um die Wette geglüht. Zum Aachensee rauf, das war unsere Hausstrecke, wir sind jeden Abend vier-, fünfmal rauf, einer hat die Gendarmerie abgecheckt, und von überall sind die Fahrer hergekommen, es war eine richtige Sucht, jeden Abend nach der Arbeit. Oft sind wir zu dritt oder viert nebeneinand dringhängt, ich seh und hör das noch: Einer auf dem andern in der Schräglag', alles kracht nur mehr, auf einmal seh ich, wie dem einen das Radl unten ausgeht, da mach ich kurz auf.

Als ich 18 war, ging meine aufgebohrte Kawa Tempo 270. Wenn man das Tempo auf der Autobahn lang genug gefahren ist, haben sich die Reifen so weit gedehnt, daß sie in der Schwinge vorn gestreift haben. Dieses Gefühl hat mir getaugt.

In meinem 1989 erschienenen Buch „Grenzbereich" (Verlag Orac, Wien) geht es um meine frühen Jahre. Ich möchte diese Zeit hier nicht wiederholen, die Alfasud- und Formel-3-Jahre, die wunderbare Zeit der Tourenwagenrennen mit BMW und den Einstieg in die Formel 1 mit ATS, Arrows und dem alten („grünen") Benetton.

Es geht aber nicht, ohne drei Männer jener Zeit zu nennen, denn das Drehmoment, das sie mir eingepflanzt haben, jeder auf ganz unterschiedliche Weise, bewegt mich heute noch.

Helmut Marko hat mich aus einer anonymen Masse von Jungfahrern rausgefischt und gefragt, ob ich was werden will. Er ist der großartigste Analytiker des Rennsports, von keinem konnte ich so viel lernen. Er war auch schwierig, aggressiv und undiplomatisch. Er hat mir die gewisse Härte vorgegeben, um einmal mit einem Enzo Ferrari, Ron Dennis und Bernie Ecclestone zurechtzukommen. Und als Manager ist er ein Fürst gegen all die komischen Gestalten, die heute rum sind.

Burghard Hummel war ein Genie an Beziehungen, ein Hansdampf in allen Gassen, das ist er auch heute noch. Er ist auch ein Idealist, der mit seinem Glauben den Berger versetzen konnte. Irgendwann habe ich seine Beziehungen nicht mehr gebraucht, aber seine psychologische Einfühlung ins Wesen eines verhuschten Rennfahrers war mir immer eine Riesenhilfe. Wenn du solche Freunde hast, bist du schon einmal auf der sicheren Seite.

Wenn's beim Marko hauptsächlich die Peitsche gab, beim Hummel Zuckerbrot und Peitsche, so war Dieter Stappert der Mann mit dem Zucker. Ein unglaublich feinfühliger Motorsportfachmann, der zur richtigen Zeit auch BMW-Rennleiter war und an mich geglaubt und das durchgezogen hat. Und natürlich war's immer eine Hetz mit ihm, aber das war eher ein generelles Markenzeichen meines Freundeskreises.

Ich hab es an anderer Stelle des Buches auch noch erwähnt: Der für mich hetzigste Kraftschluß zwischen dem unbegrenzten Jux meiner Jugend und dem Drehmoment meiner Karriere ist die Prophezeiung meiner Lehrer. Dem nutzlosesten Geschöpf des Unterinntals sagten sie immer wieder: Berger, aus dir wird nie was werden. Inzwischen hab ich den Papst getroffen, und wo war unser Religionsprofessor?

3

Ferrari und der alte Herr

1987, 1988, 1989

Sie erinnern sich an das Einleitungskapitel, die Nummer mit Jean Todts Auto in Fiorano. Im Grunde war's nur der helle Irrwitz von zwei Kindsköpfen, aber die Sache hat schon auch ein bißchen mit dem Reizklima der Ferrari-Landschaft zu tun. Ich meine, bei einem englischen Team würdest du ganz anders aus dem Tor des Werksgeländes fahren, sogar Alesi würde das ganz anders machen.

Es hat bis etwa 1997 gedauert, daß sich im Ferrari-Rennteam jene cooie Sachlichkeit durchsetzte, wie sie auch englischen Umständen entsprechen würde. (Und englische Umstände sind einfach der Standard der Formel 1, bei all ihrer weltweiten Ausstrahlung.)

Die erste Ferrari-Zeit, von der ich erzählen kann, ist noch unverdorben von der neuen Sachlichkeit eines Ross Brawn. Es gab höchstens Versuche, dorthin zu kommen. Als Fahrer willst du ja beides haben: Den süßen Wahnsinn, der uns antörnt, und zugleich den klinisch-nüchternen Zugang zur ausgereiztesten Technologie ihrer Zeit.

Eine Schumacher-Konstellation wäre 1987, als ich das erste Mal zu Ferrari kam, noch gar nicht denkbar gewesen. Der alte Herr hätte es nie zugelassen, daß der Fahrer dominanter wird als die Marke selbst. Ferrari war ein Imperium mit teils offiziellen, teils geheimen Kraftlinien der Macht, und die Fahrer waren einfach die Außenposten, die ihren Job tun sollten: Die Abteilung zum Gasgeben.

Ursprünglich war Ferrari ja das einzige veritable Werk in der ganzen Formel 1 gewesen, alle anderen waren vergleichsweise Garagisten (und wurden von Enzo Ferrari auch gern so genannt). Drum war ja Niki Lauda in den siebziger Jahren eine derartige Ausnahmeerscheinung gewesen: Weil er sich von der Ferrari-Politik nicht gängeln ließ, sondern als Fahrer genügend Einfluß gewann, um die überlegenen technischen Ressourcen auch tatsächlich zu nutzen. Die Technik des Hauses hing eben immer von der Politik des Hauses ab. Wenn man als Fahrer etwas bewegen wollte, mußte man mittendrin sein im Intrigantenstadel.

Einen Hauch komplizierter wurde es noch durch die Ferrari-Manie, alles geheimzuhalten. Das erste, was mit einer Sache passierte, war ihre Geheimhaltung. Mein Premiere-Auftritt bei Enzo Ferrari im August 1986 ging so vor sich, daß Rennleiter Piccinini mich für die letzte Wegstrecke in sein Auto umsteigen und hinten flachlegen ließ, damit mich keiner sah. So fuhren wir zum Privatbüro des Alten in Fiorano, dem berühmten Haus mit den roten Fensterläden. Das Thema war, Stefan Johansson als Fahrer zu ersetzen und damit Teamkollege von Michele Alboreto zu werden.

Im Büro waren alle Jalousien runtergelassen. Am Anfang dachte ich, das hätte auch mit der Geheimhaltung zu tun, aber später kam ich drauf, daß Enzo Ferrari es überhaupt gern finster hatte im Büro, eine Schreibtischlampe reichte ihm gerade.

Mit seinen fast neunzig Jahren war er keineswegs der Typ des lieben Opas, sondern ein erkalteter alter Mann mit Augen wie ein Hai (falls er überhaupt die Sonnenbrille abnahm).

Als erstes zog er ein riesiges Taschentuch heraus und spuckte hinein, dann schneuzte er sich langmächtig. Er hat sich überhaupt sehr oft und sehr öffentlich geschneuzt, es war ein Teil von ihm.

Piccinini übersetzte. Ferrari kam gleich zur Sache: Falls wir uns an diesem Tag einig würden, wäre ich dann auch in der Lage, gleich zu unterschreiben? Als ich ja sagte, hatte ich mir damit den Rückzug abgeschnitten, auf die Art von, ich müßte erst meinen Manager anrufen.

„Was erwartest du als Wichtigstes von Ferrari?"

„Daß die Technik stimmt."

„Du wirst den besten Ingenieur kriegen, den es gibt."

„Es gibt aber nur den einen."

„Dann meinen wir denselben."

Damit war klar, daß Ferrari sich John Barnard, bisher bei McLaren, schon gesichert hatte. Ebenso klar war, daß Ferrari nun auch schon handfeste Summen gewohnt sein mußte, denn Barnard galt als jener Mann der Branche, der jede Summe wert war und sie auch verlangte. Nun also der schwierigste Teil: Welche Gage ich mir vorstelle?

Wie bestimmt man den Wert eines Fahrers, der kaum zwei Grand-Prix-Saisonen hinter sich und noch nichts gewonnen hat? Anderseits: Neben Senna war ich eindeutig der schnellste von den Jungen. Benetton wollte mich nicht ziehen lassen, McLaren und Williams hatten gute Angebote gemacht. Welchen Abschlag sollte ich für den Mythos Ferrari ansetzen?

Hmm.

Natürlich war mir genau dieser Moment schon tagelang durch den Kopf gegangen. Ich hatte mich auch bei Niki Lauda schlau gemacht, der zehn Jahre davor noch ein mordsmäßiges Theater bei seinen Verhandlungen erlebt hatte, mit einem brüllenden Alten und dem Buchhalter Della Casa, der mit einer Rechenmaschine danebensaß, um Dollar in Lire umzurechnen.

Aber Enzo Ferrari hatte kein Feuer mehr für eine Show. Außerdem war ich maßvoll: 1,2 Millionen Dollar, sagte ich mit fester Stimme, und er sagte ja, so einfach war das. Dann wollte er noch eine Option fürs zweite Jahr haben, zu zwei Millionen Dollar. Das war in jenem Moment wunderbar für mich. (Als die Option dann tatsächlich eingelöst wurde, kam ich mir schrecklich unterbezahlt vor, drum revanchierte ich mich mit einer 5-Millionen-Forderung fürs dritte Jahr. Das war im Februar 1988, und da war der alte Herr dann wirklich schon zu schwach für ein großes Theater. Immerhin sagte er noch einen guten Satz: „Da haben wir ja Glück gehabt, daß der Berger voriges Jahr nur zwei Rennen für uns gewonnen hat, sonst würde er uns jetzt das Hemd ausziehen.")

In jedem Fall war ich der letzte Rennfahrer, den Enzo Ferrari noch persönlich ausgewählt hat.

Technisch gesehen erlebte man 1987 die gemilderte Turbozeit (Ladedruck schon limitiert), was Spritsparen bedeutete und ein entsprechend weites Feld an Taktik. Von der Ferrari-Konstellation her gab's das klassische Szenario: John Barnard errichtet in England den Vorposten der Ferrari-Technologie, Harvey Postlethwaite leitet die technische Tagesarbeit an einem Auto, das Gustav Brunner begonnen hat, Marco Piccinini ist Rennleiter und lenkt vor allem den alten Enzo Ferrari, dessen Sohn Piero Lardi noch nicht Ferrari heißen darf (weil das vorerst dem Gedenken des toten ehelichen Sohnes vorbehalten ist), aber politisch kräftig mitmischt.

Der eine Teil der Truppe versuchte, Barnard auf die Seife steigen zu lassen. Ich gehörte zu denen, die auf Barnard setzten, im Gegensatz zu Alboreto, mit dem mich überhaupt sehr wenig verband.

In der Großwetterlage der Formel 1 dominierte Williams-Honda ganz dramatisch, und die Fahrer gaben sich auch keine Blöße. Es waren immerhin Nelson Piquet und Nigel Mansell.

Ich war erstens glücklich, bei Ferrari zu sein, zweitens viel zu blauäugig, verstand drittens kein Italienisch, war also insgesamt schlecht gerüstet für die Ferrari-Innenpolitik. Ich brachte nur meine Unbekümmertheit mit und meinen Grund-Speed, mit dem mein lieber Kollege Alboreto etwas überfordert war. Dafür war er in Maranello besser organisiert.

So konnte die sagenhafte Geschichte passieren, daß mein Motor auf Minderleistung programmiert wurde, um Michele Alboreto besser aussehen zu lassen. Das kommt nicht aus der flackernden Phantasie eines mißtrauischen Piloten, sondern ist längst dokumentiert. Die Verantwortlichen sind auch seinerzeit rausgeschmissen worden, denn immerhin war die Sabotage nicht von oben angeordnet, sondern hatte sich auf mittlerer Ebene abgespielt, und zwar durch Bestechung seitens eines italienischen Grafen, der Alboretos Sponsor war. Solche G'schichten waren möglich!

Zu Beginn fehlten uns atemberaubende vier Sekunden auf die Williams, gegen Ende der Saison schob sich alles mehr zusammen, und ich konnte meinen ersten Ferrari-Sieg richtig riechen, schmiß ihn aber gleich einmal weg. (Dreher in Estoril, aber was ist das gegen die Tatsache, daß ich an diesem Wochenende Ana kennenlernte?)

Enzo Ferrari schrieb mir einen Brief. Er war kein großer Briefeschreiber mehr zu jener Zeit, und so war es etwas ganz Besonderes. Er schrieb auf jene Art, in der er vor einem halben Jahrhundert mit Tazio Nuvolari verkehrt haben mochte, mit dem Unterschied, daß er seinerzeit bei einem zweiten Platz nicht so gütig gewesen wäre. Eine Übersetzung würde bloß den Wohlklang dieser Sprache stören:

Caro Berger,

ho ammirato e sofferto la su bella corsa. Bravo! Sará per la prossima volta, perché lei merita una grande soddisfazione di cui la Ferrari ha bisogno e per la quale di noi tutto lavoriamo. Cari saluti, Ferrari, Maranello, 22 settembre 1987.

Der bissige Turbo-Ferrari war mir da schon recht gut auf den Leib geschneidert: Optimal ausbalanciert, aber so, daß sich nur mit dem Messer zwischen den Zähnen die letzten Zehntel holen ließen. Ein richtiges Fighter-Auto, in das ich nun perfekt hineingewachsen war, und das spürten sie auch im Team, und plötzlich bekam ich auch die schnellsten Motoren.

Daß ich die beiden letzten Rennen der Saison gewann, Japan und Australien, war daraufhin irgendwie normal, sozusagen der logische Auftakt für den Weltmeister, der ich bald sein würde. Im Rückblick hat das eine zusätzliche Dimension bekommen, da ragen die Saisonschluß-Siege von 1987 matterhornmäßig aus dem Geläuf der Jahre.

Es sagte Harvey Postlethwaite: „Gerhard fuhr zwei superbe Rennen, sehr ähnliche, jedes Mal fast das gleiche: Er fuhr sein Auto am Anfang schnell und hart, um die anderen zu demolieren, und brachte es zwei Stunden später in perfektem Zustand – Motor, Reifen, Getriebe – über die Ziellinie. Das war Lauda-Stil. Mit dem kleinen Unterschied, daß Gerhard vielleicht ein bißchen schneller ist als Niki" (der zu diesem Zeitpunkt allerdings schon zwei Jahre in Pension war).

Wieso ist es weder mir noch Ferrari gelungen, den Höhenflug aus dem Herbst 1987 als Abschußrampe für endgültige Heldentaten und den so ersehnten Weltmeistertitel zu nützen?

Wie auch immer: Unsere Techniker ruhten sich über den Winter auf ihren Lorbeeren aus, und als sie im Frühling erwachten, waren wir ein Lichtjahr hinter dem Power-Pack der Formel 1: McLaren-Honda.

Enzo Ferrari starb am 7. August 1988, und Kenner der Umstände wußten, was als erstes passieren würde: Der Tod wurde geheimgehalten. Es wurde nur gewispert, der *Ingegnere** ist tot, aber keiner wußte es offiziell. Erst als er schon längst bestattet war, durfte die Welt zu trauern beginnen, und einen Monat später entlud sich die ganze Würde und Bedeutung des Enzo Ferrari in einer Trauermesse im Dom von Modena.

Die Älteren schimpfen gern mit mir und meinesgleichen, weil wir uns nicht für die „eigene" Geschichte interessieren: Lauda war kein Experte für Ferrari-Historie, ich hatte wenig Ahnung von den Triumphen des Juan Manuel Fangio, und Michael Schumacher darf man auch nicht fragen, in welchem Jahr dem Herrn Ascari die schwarze Katze über die Piste von Monza gelaufen ist.

* Enzo Ferrari hatte viele Titel ehrenhalber. Der ursprünglich am meisten verwendete war *Commendatore*, der aber eigentlich nicht mehr gültig war, da er aus der faschistischen Zeit stammte und im Nachkriegs-Italien nicht wieder erneuert wurde. Oft wurde auch *Presidente* verwendet, bis man draufkam, daß dem alten Herrn von allen Ehrentiteln jener des Ingenieurs *(Ingegnere)* der Technischen Hochschule Modena der liebste war. Ferrari hatte ja nie technische Ausbildung genossen, hatte sich aber zeit seines Lebens zum Chef (und „Antreiber") der brillantesten Ingenieure berufen gefühlt.

Da gibt es Leute, die durchglüht sind von allem Detailwissen über das Ferrari-Universum, die würden einen Finger dafür hergeben, nur einmal in einem Formel-1-Ferrari zu sitzen oder Enzo Ferrari zu erleben, wie er sich schneuzt. Und unsereins, mit freiem Zugang ins Paradies, interessiert sich nur für Hier und Jetzt und kriegt keinerlei heiligen Schauer für die geschichtlichen Zusammenhänge.

So habe ich Enzo Ferrari nur aus dem Bezug zum Tagesgeschehen erlebt, bei den Mittagessen mit Piero Lardi, Piccinini und Alboreto, wo alles auf Italienisch dahinplätscherte, bis sie mich irgend etwas fragten und dann hin und her übersetzt wurde.

Ich glaube, daß der alte Herr bis Winter 87/88 die Dinge noch im Griff behielt. Er hatte nichts anderes zu tun, als sich in der Hinterstube des „Bauernhofs" von Fiorano alle möglichen Teletexte und Resultate reinzuziehen und die Zeitungen zu lesen und in den täglichen Besprechungen auf den Tisch zu hauen. Seine Wutausbrüche wurden allemal noch ernst genommen. Immerhin hatte er die Weitsicht, einen Mann wie Barnard drüben in England werken zu lassen. Aus italienischer Sicht war das ja ein Eingeständnis einer Technologie- oder Strukturschwäche, Enzo Ferrari war sich dafür nicht zu schade.

Im Frühjahr 1988, nach seinem 90. Geburtstag, hat man ihn dann kaum mehr gesehen. Er konnte nicht einmal dabeisein, als der Papst das Ferrari-Werk besuchte, die beiden haben bloß telefoniert.

Als ich dem Papst vorgestellt wurde, plauderte er auf Deutsch mit mir. Was mir daran am meisten gefiel, war der Gedanke an meinen alten Religionslehrer, der auch einer von denen war, die gesagt hatten: Berger, aus dir wird nie was werden.

Der Papst segnete dann die Einsatzwagen für den Grand Prix von Kanada, sie fielen leider beide aus.

Es gibt Biographen, die behaupten, daß Enzo Ferrari 1988 zunehmend auch wegen der Leistung seiner Rennwagen verfallen sei. Tatsache ist, daß man aus Ferrari-Sicht eine deprimierende Zeitenwende erlebte, wo man sich um den alten Ruhm nichts mehr kaufen konnte. Honda hatte seine Chips von Williams zu McLaren verschoben, und die neuen Wagen fuhren uns auf eine Weise um die Ohren, daß es wirklich peinlich war. Daß sie noch dazu Prost und Senna als Fahrer hatten, war fast schon ein Overkill.

Bei uns intrigierte die Postlethwaite-Fraktion gegen die Barnard-Fraktion, und ganz Ferrari brachte keinen Motor zustande, mit dem man sich gegen einen Honda wehren konnte. Es gab eine enorme Grauzone wegen der neuen Beschränkung des Turbo-Ladedrucks auf 2,5 bar, und die Japaner gingen einfach meisterhaft damit um. Simpel gesagt: Sie holten mehr Leistung aus der gleichen Spritmenge, und wenn wir versuchten, ihr Tempo zu fahren, ging uns vorzeitig der Saft aus.

Es gab 16 Rennen im Jahr 1988, und 15 davon gewann McLaren-Honda, zehn sogar als Doppelsiege.

In dieser für Ferrari wirklich schmachvollen Kette von Niederlagen, die sogar schon am gesamthaften italienischen Wohlbefinden zu kratzen begannen, gab es eine einzige Ausnahme. Eine wunderbare, grandiose Ausnahme. Sie passierte in Monza, vier Wochen nach dem Tod des alten Herrn, und kriegte dadurch eine geradezu mystische Überhöhung.

Nach der Halbzeit sehe ich auf der großen Anzeigetafel meine „28" an zweiter Stelle hinter der „12", also ist Prost weg. Eine technische Panne bei McLaren, schauschau. Ein Alptraum befällt mich kurz: Wenn jetzt der Senna auch noch ein Problem kriegt und es mir mit dem Sprit nicht ausgeht, gewinnt Alboreto – das ist das letzte, was ich brauchen könnt', ausgerechnet hier in Monza. Der Vorsprung von Senna wird wieder kleiner, große Frage: Spielt er, fährt er auf Nummer Sicher, oder ist er in den ersten Runden zu stark ins Verbrauchs-Minus gefahren und kriegt jetzt ernsthaft Wickel mit dem Sprit?

Es ist eine Art Schachspiel auf Entfernung mit drei Teilnehmern: Ich hole Senna ein, Alboreto holt uns beide ein. Was denkt Senna? Manchmal verliert er drei Sekunden in der Runde: Er muß sich sehr sicher fühlen, aber nach dem bisherigen

Saisonverlauf wäre das verständlich. Bisher ist immer uns der Sprit ausgegangen und nicht den McLaren. Jedenfalls fahre ich am letzten Hemd, aus den 26 Sekunden Rückstand werden sechs Runden vor Schluß elf. Alboreto aber ist nur noch zweieinhalb Sekunden hinter mir. Der Alptraum nimmt immer mehr Gestalt an, das gibt's doch nicht, daß der Kollege jetzt noch mehr Sprit hat als ich. Ich bin absolut im Fahrplan, aber ich weiß nicht, wie es bei ihm aussieht. Eher ist er im Plus, also muß ich ihn unter Umständen mit weniger Ladedruck auf Distanz halten, das kann problematisch werden. Das ganze Wochenende ist Michele schon ziemlich aufgedreht, im Training fehlten ihm nur drei Zehntel, normalerweise ist es über eine Sekunde.

Längst schaue ich nicht mehr auf meine Boxentafeln, die sind zu weit weg, zum Glück gibt's den großen Anzeigeturm, der liegt besser im Blickfeld. Vier Runden, acht Sekunden: Ich weiß, das könnte sich ausgehen, andererseits muß ich auch erst vorbei an Senna, wenn ich dran bin, und das ist ein Kapitel für sich.

Aber so weit denke ich noch gar nicht: Druck geben, spät bremsen, nicht nachlassen, nur keinen Fehler, ein halbes Aug' im Rückspiegel. Wo ist der Kollege? In der letzten Runde nicht mehr nähergekommen, also wird er wohl auch mit dem Sprit am Ende sein, die Leut' sind außer sich, hängen über den Zäunen, in den Bäumen, winken, schreien wahrscheinlich wie die Wilden, aber natürlich hörst nix, siehst nur die verzerrten Gesichter.

Zwei Runden noch, knapp fünf Sekunden. Bei Start und Ziel vorbei, Anfahrt Schikane, ich seh Senna reinfahren, dann staubt's ein bissl, auf einmal gelbe Flaggen, wasistjetztlos? volle Konzentration, bremsen, runterschalten, einlenken nach links, wer steht denn da? Rot-weiß-rot steht halb auf dem Randstein, gelber Helm, das ist Senna, und er schaut mir kerzengrad in die Augen. Vorne rechts humpelt ein Williams.

Auch am Ausgang lauter gelbe Flaggen, aber die werden geschwenkt vor lauter Begeisterung, kommt mir vor.

Dreher von Senna, wahrscheinlich mit dem Schlesser

zusammengerumpelt, ich schrei laut in meinen Helm hinein, kann das Lachen nicht verhalten, warum auch, und denke an Estoril: Damals habe ich mich gedreht und den Sieg vergeigt.

Monza explodiert: Ferrari-Fahnen überall, du fahrst wie durch einen Tunnel voller gelber Fahnen, laß dich nur nicht verrückt machen, cool bleiben, schau nach vorne und nicht auf die Fahnen. Wo ist Alboreto? 300 Meter dahinter. Das muß sich ausgehen.

Die letzten beiden Runden werde ich nie in meinem Leben vergessen. Ich bin gespannt bis in die letzte Faser, versuche verzweifelt, nicht auf die ausflippenden Tifosi links und rechts zu schauen, noch einmal an den Boxen vorbei, noch eine Runde. Die letzte Runde wird in Zehntel angegeben, auf der Benzinuhr steht „10", das ist perfekt, das heißt eine volle Runde, „5" nach der Lesmo, Alboreto ist noch ein bissl näher gekommen. Auf der Anfahrt zur Parabolica steht noch ein Langsamer herum, da hast bei Tempo 270 grad noch drei Zehntelsekunden zum Nachdenken: Vor der Kurve überholen, geht sich's aus, oder besser nix riskieren und erst am Ausgang? Und wenn Alboreto dann so nahe ist, daß er mir aus dem Windschatten vorkommt? Ich press' mich lieber vor der Parabolica vorbei, fahr wie auf Eiern, zum Glück paßt der auf, noch 200 Meter, erst jetzt glaube ich an den Sieg, denn jetzt komme ich notfalls auch mit Schwung bis zur Linie.

Am Zielstrich zeigt meine Benzinuhr „1". Also hätte ich noch eine Zehntelrunde Vollgas fahren können, aber für die Auslaufrunde langt's auch so.

Die folgenden Szenen sind unbeschreiblich. Verschwitzt, wie ich bin, habe ich Gänsehaut von oben bis unten, die Ovationen schwappen über uns drüber, Fans springen über die Zäune, stehen mitten auf der Straße, tanzen wie die Derwische, ein paar knien auf der Fahrbahn.

Die Siegerehrung kriege ich mit wie in Trance. Du läßt alles über dich ergehen, bist fassungslos, weil du dir in deinen kühnsten Phantasien eine solch überschäumende Begeisterung nicht vorstellen kannst. Viele träumen davon, bei Ferrari Formel 1 zu fahren, ich gehörte selber auch dazu. Aber erst wenn du auf einem Ferrari Monza gewinnst, hast du eine Ahnung, wovon du geträumt hast.

Ganz nüchtern betrachtet, war der Sieg ein Geschenk gewesen, ermöglicht durch den Ausfall von Prost und den Ausrutscher von Senna. Nigel Roebuck vom englischen „Autosport" sah es so: „It was a present, but it went to the right man, at the right time, in the right place."

Für den amerikanischen Autor Brock Yates ergab sich in seiner brillanten Biographie „Enzo Ferrari. Leben und Legende" (Heyne-Verlag) folgende Monza-Schlußfolgerung:

„Was für ein bewegender, genialer, wundersamer Ferrari-Sieg auf geweihtem heimischem Grund! Nach der Ziellinie ging Berger in einem wogenden Meer von roten, gelben und schwarzen Fahnen und begeistert jubelnden Tifosi unter. Auf einem Spruchband stand: ‚Ferrari, wir folgten dir im Leben, wir folgen dir im Tod.' Im Überschwang des Sieges verkündete Marco Piccinini eine neue Ferrari-Ära. In diesem einen, kurzen berauschenden Augenblick in Monza waren die brodelnden Massen absolut davon überzeugt, eine Wiederauferstehung miterlebt zu haben. Für das Honda-Team, das in dieser Saison nie gefährdet, geschweige denn geschlagen worden war, mußte dieser Ferrari-Sieg eine gewisse Bedrohung darstellen – selbst wenn es auch in den kommenden beiden Jahren den Rennsport überlegen beherrschte. Vielleicht hatte Piccinini mit seiner Vision von einer neuen Ära ja recht; aber selbst dann würde es sich nur um eine unbedeutende Neuauflage der alten Ära handeln. Denn Enzo Ferrari, der letzte der großen Titanen des Rennsports, war für immer dahingegangen. Niemand würde seine Stelle einnehmen."

In Wahrheit hockten wir in den Niederungen der 88er-Saison, und Monza war nur eine einzige, dafür grandiose Sternschnuppe gewesen. Immerhin ging die Turbo-Epoche zu Ende, und John Barnard arbeitete schon seit zwei Jahren am Sauger für 1989.

Da war jetzt noch das allerletzte Turbo-Rennen, Grand Prix von Australien in Adelaide. Eine Wiederholung des Vorjahressieges konnte ich mir abschminken, dazu war unsere Sprit-Misere gegenüber Honda zu eklatant, und in der WM war ich sowieso schon zementiert (Dritter hinter dem McLaren-Honda-Doppel Senna und Prost). Auch Alboreto hatte keine Perspektiven (Fünfter in der WM, und er wußte, daß er bei Ferrari durch Mansell ersetzt werden würde). Bei uns im Team fiel ihnen auch nichts Gescheites ein, sodaß wir sagten, wir blasen einfach vorn weg und machen gute Show, bis uns eben der Sprit ausgeht, und dann fliegen wir heim. Diese „Taktik" blieb natürlich geheim, weitgehend.

Immerhin konnte ich dadurch einen idealen Flug nach Europa buchen, den ich unter normalen Umständen nie erreichen würde.

Nach dem Qualifying traf ich meinen Kumpel (und Blutsbruder, was Hetz und Unfug betrifft) Barry Sheene. Barry war Englands legendärer Motorradheld der achtziger Jahre, er übersiedelte dann nach Australien und arbeitete als Moderator für Channel Nine, also jene TV-Station, die alle großen Sportsendungen in Australien macht. Barry wollte sich für seinen morgigen Kommentar schlau machen und fragte mich, wie das Rennen wohl werden würde.

„Ich hab den Helikopter für 2:45 Uhr bestellt, da schaff ich noch den Lufthansa-Flug."

„Aber das Rennen endet doch erst um ..."

„Genau."

So konnte sich mein Freund Barry als der große fachkundige Vorhersager profilieren, ein wahrer Insider. Die Fachwelt redete vom Match Prost gegen Senna, nur Barry Sheene sagte, ich tippe auf Gerhard Berger, er ist in der Form seines Lebens und wird ein unglaubliches Tempo vorlegen, und es würde mich nicht wundern, wenn er sogar die überlegenen McLaren-Honda in den Griff kriegen könnte ...

Von denen, die am Start vor mir standen, wußte Alain Prost Bescheid, der wegen seiner Kündigung frustrierte Alboreto hatte ihn von unserem Plan informiert. Zuerst mußte ich aber Ayrton

Senna niederfighten, der nicht wußte, wie ihm geschah, als sich schon in der zweiten Runde ein Ferrari in seinem Rückspiegel wichtig machte. Es war eine tolle Show für die Zuschauer, wie wir das große Match lieferten, einmal sogar mit den Rädern touchierten. Als ich ihn gepackt hatte, mußte ich dem inzwischen davongeeilten Prost nachstürmen, wieder eine nette Performance fürs Publikum. Beim Überholen machte Alain keine Zicken, sicherlich mußte er grinsen, als ich dahinfegte wie ein junger Gott.

Ich fuhr dann etliche Runden mit vollem Rohr, flog dem Feld auf und davon und mußte schön langsam an meinen Flugplan denken. Womit sollte ich den Abschluß krönen?

Ich lief auf zwei überrundete Autos auf, der vordere von den beiden war der blaue Ligier des René Arnoux. Der kam mir gerade recht, denn Arnoux war einer der hopertatschigsten Fahrer der Formel 1, einer, der nie in den Rückspiegel schaute und immer irgendwie im Weg herumstand. Also überholte ich den einen, und in einem Aufwaschen auch gleich Arnoux in einem sehr ehrgeizigen Manöver, und dabei war der Ligier mit seinem Hinterrad im Weg, kleine Kollision, aus, Ende. *Ein zutiefst enttäuschter und deprimierter Gerhard Berger, brillanter Führender im Grand Prix von Australien, ist für keinen Kommentar zu haben. Überstürzte Abreise aus lauter Enttäuschung, wir sehen den Ferrari-Piloten, wie er einen Hubschrauber besteigt, aber dieses Rennen des jungen Gerhard Berger wird uns allen unvergeßlich bleiben, ich habe Ihnen ja gesagt, meine Damen und Herren, dieser Mann will's wirklich wissen ...* Barry Sheene auf Channel Nine.

Mein neuer Teamkollege für 1989 war Nigel Mansell. Sechs Jahre älter als ich, fast eine Respektsperson.

Hatte ich schon Alboreto locker überstanden, der als sehr schnell galt und viel politische Power im Haus hatte, so hatte ich natürlich auch keine Scheu vor Nigel. Im Gegenteil, ich dachte sogar, daß wir gut Freund werden könnten, denn auf der privaten Seite gefiel er mir ganz gut. Außerdem wirkte das Getue,

arexo

Mit Schwester
Claudia

Ich hatte einen
wunderbaren
Schulweg

Rosi und ...

Alfasud des Marko-Teams, 1980

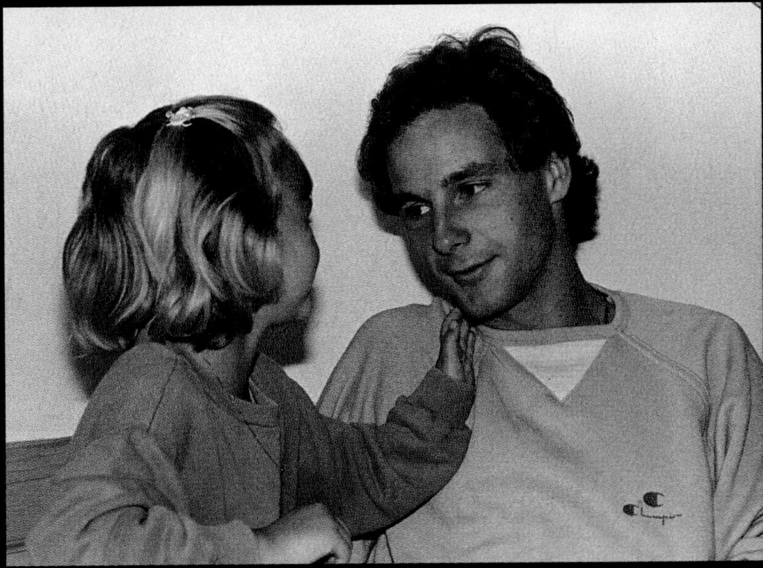

... Christina

Dieter Stappert

Mit Jo Gartner und Niki Lauda am Ö-Ring 1984

Dr. Helmut Marko

1985 im Arrows

Mit Burghard Hummel. Erster WM-Punkt in Monza 1984

Eisspeedway
auf Ducati,
Cortina 1981

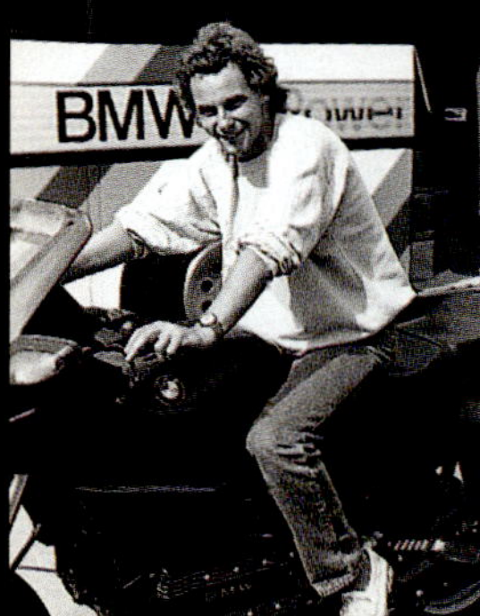

Frühe Leidenschaft
Motorrad

das er rund um seine Familie machte, vorerst recht sympathisch und warmherzig. Später ging's mir eher auf die Nerven, weil er allzuviel Zirkus machte und jeden Erfolg irgendwem „widmete" und salbungsvolle Geschichten dazu erzählte.

Es stellte sich allerdings raus, daß Mansell ein ganz extremer Einzelgänger und mißtrauischer Bursche war, ganz im Gegensatz zu seinem offenen und freundlichen Gehabe. Das war zwar enttäuschend, sollte mir aber auch recht sein, außerdem war ich viel zu unbeschwert, um mich um interne Rangeleien zu sorgen. Mansell hingegen hatte schon Leute wie Piquet hinter sich, er war ein vernarbter Elefant.

Nach dem Tod des Alten hatte Fiat bei Ferrari kräftig umgerührt. Wir waren zwischendurch schon auf dem richtigen Kurs (mit einem „technischen" Rennboss namens Cappelli), aber dann wurde noch einmal umgerührt, in die falsche Richtung (mit dem „taktischen" Rennboss Cesare Fiorio). John Barnards neues Auto war tatsächlich genial, aber in der Tagesarbeit wurde viel zuviel geschlampt, außerdem hatten wir auf der Motorenseite ein Problem, das trotz völlig neuer Gegebenheiten irgendwie vertraut klang: Auch in der Liga der 3,5-Liter-Sauger waren die Hondas stärker.

Die Saison 1989 begann mit diesem seltsamen Rennen in Rio. Im Training funktionierte gar nichts, wir hatten lecke Motoren, gerissene Keilriemen, verrückte Lichtmaschinen, und die Ferrari-Box sah aus wie der Modellbaukasten eines elektrischen Schaltplans. Weder Nigel noch ich hatten auch nur fünf Runden am Stück zusammengebracht. Es war so arg, daß Fiorio überlegte, ob man uns überhaupt volltanken lassen sollte. Mit halben Tanks könnten wir wenigstens den Eindruck von Schnelligkeit verbreiten ... bis zum unvermeidlichen Ausfall.

Wir starteten schließlich ganz normal und ernsthaft, und ich ließ mich auf das ein, was Lauda dann als eine „vertrottelte Kollision" bezeichnete: Ein hartes Match mit Senna, bei dem keiner nachgab und ich übrig blieb. Ich packte in der Box meine Sachen und wartete, daß endlich Mansells Auto reingeschoben würde, aber der fuhr noch immer. Als dann Prost Probleme kriegte, gewann Nigel den Grand Prix – sein erstes Rennen auf Ferrari!

Ich müßte schrecklich heucheln, wenn ich sagte, daß ich mich darüber freute – von wegen Ferrari und Teamgeist undsoweiter. Um ehrlich zu sein, es gibt in unserem Sport nichts Wichtigeres, als den eigenen Teamkollegen zu schlagen. Als erstes mußt du den eigenen Mann biegen. Alles Gerede von „Hauptsache, unser Team gewinnt" ist Lavendel. Du hältst ihm die Daumen für einen möglichst grandiosen Motorschaden oder, noch besser, daß er rausfliegt, natürlich ohne daß er sich weh tut, da ist wirklich die Grenze. Tatsache ist, du lachst übers ganze Gesicht unterm Helm, wenn er im Reifenstapel steckt. Erst die Überwindung des eigenen Kollegen gibt dir den Weg frei nach oben, drum ist es immer nur Heuchelei, wenn du seinen Erfolg gut findest.

Nun hatte ich zum ersten Mal einen Kollegen, auf den ich aufpassen mußte. Er war nicht nur stark und schnell, sondern hatte auch das Glück dieses sensationellen Einstands.

Damit will ich nicht sagen, daß ich mir aus überzogenem Kampfgeist den schwersten Unfall meines Lebens eingehandelt habe. Keineswegs, es war der Bruch eines Frontspoilers, der dazu führte. Zufällig in einer besonders dichten kämpferischen Phase: Zweites Rennen 1989, Grand Prix von San Marino in Imola.

Es gibt nichts zum Herumfackeln nach dem Start: Ich muß schnell an dem Williams von Patrese vorbei, damit Mansell nicht wegzieht. In der Schikane vor Start und Ziel bremse ich mich ganz nahe an den Williams hin, früh aufs Gas, um nahe dran zu bleiben, Windschatten, Windschatten, Windschatten, am Ende der folgenden Geraden will ich vorbei.

Die leichte Linksbiegung nach den Boxen fahre ich ein bissl anders als sonst, nicht Mitte-innen, sondern etwas mehr außen, um vom Luftwirbel Patreses wegzukommen, um Abtrieb zu haben.

Ich lenke nach links ein, im gleichen Augenblick gibt's

eine irrsinnige Vibration rechts vorn, ich schlag ein, das Auto geht nicht rüber, probier noch einmal, geht nicht. Auf die Bremse, nützt praktisch nichts, dann seh ich die Mauer, au, muß noch schauen, ob ich den Winkel ein bissl ändern kann. Noch einmal probiert, wieder nichts gegangen. Jetzt nützt alles nichts mehr, und dann hab ich die Hände vom Lenkrad genommen und auf die Schultern raufgelegt, und gewartet.

Im Krankenhaus wußte ich alles. Die Distanz bis zur Mauer hatte ich als relativ lange Strecke erlebt (ich bin furchtbar erschrocken, als ich im nächsten Jahr sah, wie lächerlich kurz das war für ein Auto mit Tempo 280; und wenn du länger nachdenkst und zu rechnen anfängst: du legst in der Sekunde achtzig Meter zurück, hier waren es vielleicht 40 Meter bis zur Mauer, also eine halbe Sekunde). Was da alles im Kopf ablaufen konnte: Scheiße, Radaufhängung gebrochen vorne, nein, vorne ist sie nicht gebrochen, aber das Radl ist in der Luft, also ist was links hinten gebrochen, und dann das Gustieren, ob sich der Einschlagwinkel vielleicht noch ein bißchen verbessern ließe. In meiner Erinnerung habe ich aber nicht den Eindruck von Zeitlupen-Ablauf, im Gegenteil, der mörderische Speed war der wichtigste Eindruck, und trotzdem waren all diese Gedanken unterzubringen.

Dazu die wenigen Bewegungen, die du noch machen kannst: Hände vom Lenkrad, keineswegs ein Reflex, eher die angelernte Überwindung eines normalen Reflexes (man weiß: du würdest dir beim Anprall Hände und Arme brechen), ich war nachher stolz, daß ich's richtig hingekriegt hatte, zum ersten Mal.

Dann wäre noch die richtige Nackenbewegung gewesen, aber die hab ich nicht geschafft: Bei einem Dreher, wenn du merkst, daß du verkehrt fährst, drückst du den Kopf zurück bis zum Anschlag, um das Genick zu schützen. Diesmal kam ich nach dem ersten Anprall ins Kreiseln, und als der zweite Schlag kam, war der Kopf verkrampft nach vorn geneigt, drum hat's auch gar so geknallt im Genick.

Daß ich den Unfall überlebte, hatte ich der raschen Bergung zu verdanken, vor allem aber der wirklich unvorstellbaren Robustheit des Kohlefaser-Monocoques und der stabilen Konstruktion des John Barnard. Tamburello wird mit 280 km/h angefahren, und die Bremswirkung der letzten Meter war nicht der Rede wert, also ist der Einschlag in die Betonmauer mit deutlich über 200 km/h erfolgt.

John Barnard ist der Sicherheitsfanatiker der Formel 1. „Ich dachte, meine Welt sei am Ende“, wird er später erzählen, „ich wußte, daß Gerhard in dieser Kurve keinen Fehler macht, und wenn du dann das Auto siehst, der Fahrer noch drin, und er rührt sich nicht, da bricht alles in dir zusammen. Es muß ein Defekt am Auto sein, und du denkst nur, um Himmels willen, kann es sein, daß ich bei der Konstruktion etwas gemacht habe, ohne die Zusammenhänge zu verstehen? Wenn sich ein Pilot in einem meiner Autos schwer verletzt oder gar stirbt, und ein Konstruktionsfehler wäre der Grund, dann müßte ich meine Arbeit sofort einstellen. So ein Defekt würde mir das Gefühl völligen Unvermögens vermitteln.“

In einer Hinsicht kann ich ihn wirklich beruhigen: Wennst mit 280 geradeaus in die Mauer fahrst und hinterher nicht einmal blaue Flecken an den Beinen hast, braucht sich dein Konstrukteur keine Vorwürfe zu machen. Anderseits spricht doch einiges dafür, daß ein Konstruktionsdetail den Unfall ausgelöst hatte:

An meinem Ferrari war ein Frontspoiler innen an der „Wurzel“ abgebrochen, dadurch war das Auto ohne Abtrieb vorne und nicht mehr zu lenken. Die Seitenflügelchen mußten damals vom Reglement her komplett steif sein, durften sich nicht verwinden. Das bedeutete, daß sich der gesamte Spoiler verspannte, wenn man mit den *side-plates* an den *curbs* streifte. Daß das Zeug deswegen brechen *konnte*, ist zwar irgendwie nachvollziehbar, denn Kohlefaser kann sich nicht verbiegen. Anderseits war es unser täglich Brot, über die *curbs* zu rattern und die Vorderflügel immer wieder Schlägen auszusetzen, deswegen durfte nicht gleich die Katastrophe drohen. Wenn es in einem von tausend Fällen doch dazu kam, ist also irgend etwas falsch gelaufen.

Jedenfalls reagierte auch die Sportbehörde auf meinen Unfall: Ab sofort mußten die *side-plates* nicht mehr stabil sein.

Die Feuerwehrleute waren blitzartig zur Stelle gewesen. Die Flammen loderten zwar gewaltig, stammten aber doch nur von jenem Sprit, der in den Leitungen war; der Sicherheitstank hatte perfekt gehalten.

Sid Watkins, der berühmte Chefarzt der Formel 1 und ihr wahrer Schutzengel, war in einer knappen Minute an der Unfallstelle. Er hielt fest: „Die Feuerwehrleute hatten gerade den Brand gelöscht. Berger saß noch im Wagen. Die Situation machte einen bedrohlichen Eindruck, weil das Gras um den benzinspuckenden Ferrari mit Sprit getränkt war. Die Feuerwehrleute und ich hoben Berger aus dem Wagen. Ich öffnete sein Visier und stellte die Atmung sicher. Sein Riemen war sehr stramm angezogen, so daß wir Probleme hatten, ihn durchzuschneiden. In diesem Moment kam er zu Bewußtsein und begann sich gegen unsere Hilfe zu wehren. Ich hatte in diesem Augenblick Visionen, wie er sich losreißen und vor seinen Rettern flüchten würde. Ich setzte mich daher auf seine Brust, zwei Feuerwehrleute hielten die Beine, was ihn kampfunfähig machte."

Ich halte dem Professor, mit dem ich mittlerweile gut Freund geworden bin, meine Version dieser Aktion dagegen: *Ich spüre einen Stich und wache auf. Wo bin ich? Urlaub. Ich bin auf Urlaub. Nein, auf Urlaub bin ich nicht. Irgendwer will mir was in den Mund schieben, das will ich nicht, ich hab Angst zu ersticken. Wehre mich. „Bleib liegen", sagt jemand auf Englisch, „nicht bewegen. Du hast einen Unfall gehabt." Mein Helm geht immer nur schwer runter, das weiß ich. Habe ich ihn noch auf? Ich weiß es nicht. Ich schau meine Hände an, die Handschuhe sind weg. Blasen, keine Haut, das Fleisch schaut raus. Alles tut mir weh. Ich kann mich nicht rühren. Der Patrese. Den wollt' ich überholen. Dann muß ich einen Unfall gehabt haben. Irrsinnige Schmerzen am Buckel, muß alles verbrannt sein. Nie mehr steig ich in so ein Auto ein. Alles nicht notwendig. Man spielt nicht mit dem Leben.*

Mein Vater wartete schon in dem kleinen Hospital im Fahrerlager. Er sagte nachher, mein erster Satz sei gewesen: „Geht schon, aber in so eine Scheißkistn steig ich nimmer ein."

Die Verletzungen waren geradezu lächerlich angesichts der Schwere des Unfalls: Verbrennungen an den Händen, angeknackstes Brustbein, eine gebrochene Rippe (die übrigens von der beherzten Aktion des Sid Watkins stammte, jedenfalls behauptet er das selbst).

Heinz Lechner und Willy Dungl kümmerten sich in sensationeller Weise um meine Verbrennungen, und ich mußte nur ein einziges Rennen pausieren. Ich war schon vorher kein Konditionswunder gewesen, nun war das Manko noch viel größer, und ich hatte in den Rennen meine liebe Not mit Nigel Mansell (ganz abgesehen von Senna und Prost, die mit ihren McLaren eine eigene Liga waren). Nigel war ein Bär und kam mit den unglaublichen Lenkkräften, die die damaligen Ferraris erforderten, sehr viel besser zurecht als ich. Abgesehen davon erlebte Ferrari eine sagenhafte Defektserie, und ich schaffte in elf aufeinanderfolgenden Rennen keinen einzigen WM-Punkt.

Ich hatte wieder einmal das Gefühl: Mir rennt die Zeit davon. Ob und wann Ferrari wieder verläßliche Rennwagen produzieren würde, stand in den Sternen. Ganz konkret indes war der wilde Stallkrieg zwischen Alain Prost und Ayrton Senna im McLaren-Team. Wie immer die Rangelei ausgehen sollte, Prost würde 1990 nicht mehr im McLaren sitzen. Für Ron Dennis war ich eindeutig erste Wahl, und wir waren schon seit Wochen am Pokern. Ich ließ meine Option auf einen weiteren Dreijahresvertrag bei Ferrari verstreichen.

Und ab Saisonmitte stand fest: Alain Prost und Gerhard Berger machen Platzwechsel.

Obwohl Ferrari nun logischerweise alle Chips auf Mansell setzte, kam ich immer besser in Fahrt. Davor richtete sich Nigel noch zu seiner vollen Größe auf: Sieg in Ungarn. Mir blieb die süße Revanche in Estoril: Es war jenes seltsame Rennen, wo ich anfangs davonflog, mit den Reifen ins Minus kam und mich plötzlich im Fight mit Mansell sah. Der überschoß beim Boxenstop seine Position und half sich mit dem Retourgang. Die schwarze Flagge der damit zwangsläufig verbundenen Disqualifikation übersah er oder sah sie wirklich nicht. Die folgende Karambolage regte die Phantasie der Formel-1-Sterndeuter an: Mansell bugsierte Senna und sich selbst von der Piste, zum höchsten Nutzen des WM-Führenden Alain Prost.

Für mich warf der Sieg von Estoril die Frage auf, ob ich vielleicht im Begriff war, zum falschen Zeitpunkt das richtige Team zu verlassen. Aber diese Frage, sollte sich rausstellen, war ein Dauerthema meiner Karriere.

4

Autofahren

Und was spielt sich im Herzen, im Hirn, in der Seele ab?

Tausendmal gefragt: Gerhard, was empfindest du beim Rennfahren? Und ich hab immer nur Antworten gegeben, die keinem weitergeholfen haben. Keiner will gern hören, daß sich alles nur noch um den Job dreht.

Es ist bloß so: Der Job deckt alles zu, mittlerweile auch jene Empfindungen, die ganz natürlich gewachsen sind aus der Geilheit des strammen Autofahrens. Aber das heißt nicht, daß es diese Empfindungen nicht mehr gibt.

Ich muß sie bloß rausschälen aus der enormen Verdichtung eines Grand-Prix-Wochenendes. Das Erhebende und das Banale sind da durchaus nebeneinander. So wie der Kampfgeist und die Müdigkeit des Rennfahrers zur Mittagsstunde.

Countdown.

So richtig gut schlafe ich am Rennwochenende eh nicht. Außerdem muß ich um sechs aus dem Bett. Vorher kommt noch Harry, der einen zweiten Schlüssel hat, ins Zimmer. Harry Hawelka weckt mich sozusagen per Fußreflexzonenmassage. Es geht um nichts Spezielles, nur um die allgemeine Anregung.

Duschen, und ab zur Rennstrecke. Gefrühstückt wird beim technischen Meeting des Teams um 7:30 Uhr, da bringt mir Harry einen Kamillentee und zwei Marmeladebrote. Danach geh ich rüber ins Motorhome und zieh mir die richtige Wäsche an und warte aufs Warm-up. Es beginnt immer mit einer *Installation Lap*, dann werden die neuen Teile kurz kontrolliert.

Das Warm-up dauert eine halbe Stunde, danach geht's sofort zum zweiten technischen Meeting: Du schilderst deine Eindrücke vom Auto und der Strecke. Die Ingenieure kümmern sich mit Hilfe der Telemetrie-Daten um die entsprechende Verarbeitung und machen das Check des Final Set up. Wir werden zum Drivers Briefing abgeholt. Das dauert eine Viertelstunde, der Rennleiter geht noch einmal auf die Besonderheiten der Strecke ein und sagt, wir sollen uns nicht an die Karren fahren. Alle Fahrer springen auf den Lastwagen, werden um die Strecke chauffiert und winken den Fans zu. Sofort wieder zurück zum Team. Allerletztes technisches Meeting. Wie viele Boxenstops und so. Es ist Mittag, und ich bin rechtschaffen müde. Von mir aus könnte der Tag schon vorbei sein.

Ich kuschel mich in eine Ecke des Motorhomes und schlafe sofort ein. Um 13:15 Uhr wache ich auf und bin total kaputt.

Aber jetzt!

Harry serviert mir einen kleinen Espresso, dazu ein paar Tropfen von rotem Magenbitter, das sind die Montana Haustropfen, damit der Kaffee den Magen nicht reizt. Dann kommt mein stinkendes japanisches Öl, aber Harry sagt, wenn man diesen Geruch mag, dann stinkt es nicht, sondern riecht bloß stark nach Minze. Es ist erfrischend und kühl, der Körper fühlt sich wie ein Zimmer, in dem du alle Fenster aufgerissen hast.

Der kaputte Grantler hat sich in 15 Minuten zu einem bissigen, gut aufgelegten Kämpfer gewandelt. Dann werden die wichtigsten Muskelpartien eingesprüht, ich spüre es wie eine Vereisung, aber es ist bloß ein kühlendes Spray aus Italien, das über die Haut einzieht und vorbeugend schmerzstillend wirkt. Dadurch werde ich wenigstens die erste Stunde des Rennens keine Muskelschmerzen spüren, im Hals, im Rücken, im

Becken. Ich bringe das Auto zur Startaufstellung, geh noch einmal pinkeln, springe zurück über die Boxenmauer. Es geht los.

Kyalami, zur BMW-Zeit: Wie er da über diese Kuppe raufgekommen ist, da war zuerst nur eine schwarze Wolke, die Motoren waren ziemlich fett eingestellt damals, und die heiße Luft und der heiße Turbolader haben ein ganz eigenes Flimmern in der Luft ergeben, dabei hat man noch gar nichts gehört, der Turbomotor war ja wesentlich leiser als ein Saugmotor, und das Auto hat man auch noch nicht gesehen, nur das Flimmern in der Luft, man hat gewußt, es kommt jetzt irgendwas, und dann tauchte die Schnauze des Brabham auf, und Piquet ist mit zwölfhundert PS vorbeigedonnert, wirklich gedonnert, es war kaum zum Aushalten, so schön war das.

Monaco, jetzt: Qualifying. Alles kommt zusammen, Autofahren, Monte Carlo, der Rummel und die Überdrehtheit, die Show und eine Stelle, an der du deine Noten kriegst nicht nur für die Rundenzeit, sondern auch für die Schönheit der Durchführung, wer am frühesten am Gas steht, am zärtlichsten die Leitplanken rasiert, am geilsten Richtung Tip-Top-Bar hinunterspringt. Im entscheidenden Augenblick wirst du zwar nicht an die Jury denken, die die Noten verteilt, auch nicht an die Ingenieure an der Telemetrie, die nachher auf eine Zacke deuten und sagen, schau dir die wilde Sau an, aber irgendwie ist der kumulierte Wahnsinn schon vorprogrammiert, du hast ihn im Bauch.

Du stichst aus Sainte Dévote hinauf in die lange Gerade zum Casino.

Das Bergaufstück endet in einer großen Bodenwelle, und du hast die Wahl, ob du kurz davor vom Gas gehst oder ob du voll stehen läßt, das heißt einlenken in die Casinokurve mit 250, bremsen und querstehen, und alles zugleich. Wenn du ein paar Meter vorher gelupft hast, geht sich das alles viel schöner und sauberer aus, aber an der Telemetrie sehen sie, daß du die

Hosen voll gehabt hast, und irgendwie ist das auch ein Machtspiel gegen das Auto, ob du noch voll über die Welle reitest.

Trotz des wilden Hereinspringens mußt du jetzt ganz sauber den Strich ziehen, denn der erste Teil der Casinokurve ist sozusagen der Anlauf für die große Nummer, und wenn du vorn etwas verpatzt, kommst du aus dem Korrigieren überhaupt nimmer raus; also im vierten Gang ganz sauber liebevoll den Linksknick ausgeschmiert, du solltest ganz weit draußen sein, sozusagen im Portal vom Hotel de Paris. Das ist die ideale Stelle, um voll aufs Gas zu latschen, die Rechtskurve am Gas zu nehmen, daß dir die Räder durchdrehen, damit kannst du auch ganz draußen an der Leitplanke noch am Gas bleiben und im vollen Drift durchschmieren. Eine winzige Lenkbewegung stellt die Nase gerade, und du nimmst den vollen Speed mit in den Bergabknick zur Tip-Top.

Kommt es jemals vor, daß der Sound des Motors in dir irgendwelche Emotionen wachruft?"

„Normal nit."

„Und außertourlich?"

„Kommt wohl vor."

„Zum Beispiel?"

„Wenn der neue Rennmotor vom Alesi zum ersten Mal ang'lassen wird und ich auf der Boxenmauer hock und sag, oje, der klingt aber verdammt gut, und mein Renningenieur sagt, ja, ich hab's gleich gehört. Dann denk ich mir, scheiße, der Hund hat ein Glück."

Soweit die Einleitung zu „Sound & Emotionen".

Das Aufspüren der sinnlichen Momente, die mir wirklich ins Mark gehen, ist jedenfalls schwieriger geworden im Lauf der Zeit.

Unverändert geil ist das Anlassen und Warmlaufen der Motoren. Das beißende Wuff-Wuff der Gasstöße, die der aufgebockte Murl vom Computer kriegt, bringt noch immer ein Kribbeln im Bauch. Früher gab es überdies die wunderbare Einheit von Geräusch und Geruch: Die Maschinen wurden am Gas gezupft, und alles hat nach Renn-Öl gerochen, und wie es auf heißes Metall getropft ist und daran verbrannte. Selbst die kalten Krusten hatten einen ganz eigenen Geruch. Es gibt heute keine Öle mehr, die nach Rennsport riechen auf die Art, wie wir es damals in die Nase kriegten und wußten: Hier sind wir zu Haus.

Der Motor-Sound selbst ist nach wie vor aufregend, aber bloß als Ambiente. Der Spruch des eigenen Motors bleibt für den Fahrer nur als Lärmkapsel übrig, mitsamt den dazugehörigen Vibrationen. Es gibt wenig Nuancen, die Genuß bringen, am ehesten das maschinengewehrartige Stakkato beim Runterschalten von drei oder vier Gängen.

Der normalerweise menschenfressende Lärm der eigenen Maschine wird durch die Ohrstöpsel erträglich, und wenn du darüber noch den Helm stülpst, dann gibt's nur ein dumpfes Dröhnen und Vibrieren. Ohne Gehörschutz zu fahren hieße Taubheit zu riskieren.

Grand Prix von Kanada 1989, Montreal, ich steh im Ferrari in der zweiten Startreihe, vorn sind Prost und Senna in den McLarens. Drei-Minuten-Signal, zwei Minuten, ich setze den Helm auf, eine Minute, grüne Flaggen für die Einführungsrunde, mein Motor wird gestartet, und ich habe gleich ein komisches Gefühl. Irgendwas stimmt nicht, ich fahre los, und nach der ersten Kurve dämmert's mir: Ich hab meine Ohrstöpsel vergessen.

Der Motor ist schon auf der Einführungsrunde so grell, daß die Vorstellung absurd wäre, ein ganzes Rennen, dann mit der echten Drehzahl, durchzuhalten. Ganz abgesehen davon würde ich für den Rest meines Lebens taub sein.

An die Box fahren? Ohrstöpsel ausfassen und als letzter starten, aus der Box, dem ganzen Pulk hinterher? Allein der Gedanke, was ich mir da vom Fiorio anhören könnte! Ich würde dastehen wie der letzte Trottel.

Also fahre ich ganz normal zur Startaufstellung, wummwumm-wumm, warte auf die rote Ampel, WUMM-WUMM, und bevor sie noch auf Grün springen könnte, strecke ich die Hände in die Höh. Das ist das Zeichen für irgendein Problem am Auto, es muß zum Startabbruch führen, weil ja Gefahr bestünde, daß die hinteren Autos draufknallen. Den Motor hab ich natürlich abgestellt.

Tatsächlich, der Race Director reißt die rote Flagge hoch, Abbruch. Alle Mechaniker laufen zu ihren Autos, speziell stürzen natürlich die meinigen heran, glauben, es gibt ein Riesenproblem. Über Funk konnte ich nichts sagen, der wird abgehört. Als der erste Mechaniker unter den Helm hereinfragt, was los ist, sag ich, startets den Motor ganz locker und gebts mir auf schlaue Art ein paar Ohrstöpsel.

Man mußte ein bißchen aufpassen, weil ja alle auf mich und mein Auto geschaut haben. Es war aber Zeit genug, denn bei einem Neustart steigen alle Fahrer aus, und es gibt eine Verzögerung von zehn Minuten. Es gibt auch eine Verzögerung für 96 Fernsehstationen und 400 Millionen Leute, weil der Herr Berger leider auf seine Ohrstöpsel vergessen hat.

Die Ferrari-Mechaniker haben dann die Action auf den Motor verlagert, den Deckel runtergetan und drin herumgefummelt, und ich hockte an der Boxenmauer, und zwischendurch hat mir einer was in die Hand gedrückt, und so konnte ich nebenbei die Ohrstöpsel reintun.

In der Erinnerung der feinen Geräusche stoße ich auf den Ferrari-Zwölfzylinder (bis 1995), der bei manchen Drehzahlen eine ganz eigene, köstliche Klangfarbe kriegen konnte, noch brüllender als all die anderen Viecher, und die Besonderheit dieses Gebrülls konnte man sogar unter dem Helm und hinter den Ohrstöpseln mitbekommen.

In der weiteren Erinnerung komme ich wieder auf die Turbos (bis 1988):

Sie haben nicht nur von draußen das Herz erwärmt, etwa wenn Nelson Piquet über die Kuppe von Kyalami geritten kam, es war auch das Feeling beim Fahren intensiver als bei den Saugern. Der Lärm insgesamt, Gedröhn samt Vibrationen, war zwar geringer als heute, es waren ja auch viel tiefere Drehzahlen. Dafür hatte das Zischen eine Giftigkeit, die einen antörnte. Das fffffFFFFF eines 1,5-Liter-Turbo hatte mehr Aggressiv-Power als jedes Getöse eines 3,5-Liter-Saugers.

Das enttäuschendste Feld der Wahrnehmung ist der reine Speed. Für einen ehrlichen Formel-1-Fahrer läßt sich da nichts romantisieren: Geschwindigkeit ist eine Funktion des Jobs, und nichts daran ist aufregend oder toll oder geil. Speed ist dermaßen Teil der Routine geworden, daß ich den Unterschied zwischen Tempo 120 und Tempo 320 nur als Zacke im Telemetrie-Ausdruck erklären kann. Speed ist Arbeitsumfeld, so normal wie der Schreibtisch für den Beamten.

Ein Journalist will sich damit nicht zufriedengeben und sagt: *Da muß es doch so etwas geben wie den Schaltknopf des Rennfahrers für die Zeitlupe, bei euch läuft doch der Film in ganz anderer Geschwindigkeit ab als für unsereins, wenn wir mit Tempo 300 ans Ende einer Geraden kommen.*

Drauf sag ich: Das grundsätzliche Verhalten eines Renn-Talents macht den wesentlichen Unterschied zu einem Normalmenschen aus. Alles andere ist nur Gewohnheit: Wahrnehmung und Reaktion sind besser synchronisiert als bei einem Nicht-Geübten, aber deswegen kommt die Spitzkehre nicht in Zeitlupe auf mich zu. Es gibt natürlich den ganz normalen Autobahn-Effekt: Wenn zwei Porsches mit Tempo 220 hintereinander über die Autobahn strömen, wird keiner den anderen als aufregend schnell empfinden, und er wird für jedes Manöver des anderen genügend Reserven für die richtige Reaktion haben (es sei denn, einer macht einen Blödsinn, wie mutwilliges Bremsen).

Darüber hinaus kenne ich „Zeitlupen-Effekte" nur aus Situationen, die auch für mich extrem waren; es gibt mehrere Stellen in diesem Buch, wo ich darüber rede.

Mit der Beschleunigung geht es dem Rennfahrer ähnlich wie beim Speed: Das Außergewöhnliche findet nicht die schmückenden Worte. 2,5 Sekunden für Null auf Hundert, du wirst plattgestaucht, kriegst keine Luft, hast Angst, daß dein

Hirn beim Auspuff rauskommt ... aber wer's tausendmal erlebt hat, findet es normal.

Als ich 1997 wegen meiner Krankheit drei Rennen pausieren mußte und dann zu den ersten Tests nach Monza kam, war ich ganz fasziniert von der Beschleunigung des Wagens, die einfach nicht aufhören wollte. Ich war richtig hingerissen, am Anfang auch überfordert. Aber nach einem halben Tag sagte ich zu unserem Motoren-Mann: „Paß auf, er hat bei 14.300 ein Loch, und bei 16.000 geht's nicht optimal." Ich realisierte wieder Feinheiten von 5 PS auf oder ab.

Der endgültige Hammer, was das Ausreizen der Sinne beim Formel-1-Fahren betrifft, ist das Bremsen. Da geht es so weit, daß auch gestandene Piloten ein Problem im Hirn kriegen.

Die Bremswege mit den jüngsten Carbonbremsen sind in der menschlichen Vorstellung einfach nicht mehr unterzubringen, trotz allem Training. Der Bremsweg hat nichts mit deinen Erfahrungen zu tun, es ist einfach eine mathematische Größe, an die du glauben mußt, jedesmal aufs neue. Du mußt dich konstant überwinden, weil Auge und Hirn jedesmal sagen: ES GEHT NICHT.

Dabei ist das Bremsen heute das einzige, wo du wirklich noch Zeit holen kannst. Ein paar zusätzliche Zehntel zu schinden heißt nichts anderes, als die Bremspunkte zu verlegen.

Man verläßt sich dermaßen auf den fixierten Punkt, daß für überraschende Änderungen wenig Knautschzone ist.

Ich fuhr 1994 den Grand Prix in Estoril, und tags darauf ging es schon weiter mit Ferrari-Testfahrten, gleich in der Früh. Ich war noch halb verschlafen, zieh noch nicht mit vollem Tempo über die Gegengerade, aber 250 werden's doch gewesen sein, ich fahr und fahr und fahr, und auf einmal steh ich ungebremst mitten in der Kurve und flieg natürlich in den Sand und in die Prärie. Dann denk ich mir: Was war jetzt eigentlich los?

Ein Marlboro-Transparent, das während des ganzen

Wochenendes gehangen war, gab's nicht mehr, und damit war auch mein Bremspunkt verschwunden ... jedenfalls in meinem verschlafenen Zustand.

Ein anderer Fall, wo mein Kreislauf noch nicht so recht in Bewegung war, passierte im Unglücksjahr 1994. Aufgescheucht durch die Unfälle von Imola, sind uns die Augen aufgegangen, und wir sahen manche mögliche Unfallstellen mit entsprechender Panik. Da gab es beispielsweise in Barcelona eine Stelle, wo man bei einem Abflug mit bester Chance sterben konnte. Ich machte mich unheimlich stark dafür, daß dort eine Schikane hinkäme. Nicht einmal die FIA war begeistert, denn man konnte höchstens eine *silly chicane* hinbauen, also eine plumpe Erste-Gang-Angelegenheit, die den Dampf aus der vorhergehenden Fünfter-Gang-Passage rausnahm. Schlecht für die Show, schlecht für die Zuschauer, schlecht für den Fahrstil, aber wir waren halt in echter Sorge, was Sicherheit anging, und ich stand in der vordersten Linie.

Wir kriegten, was wir wollten, und ich ganz besonders: Eine mächtige Schikane an der schnellsten Stelle von Barcelona.

Erstes Training auf der umgebauten Strecke, der eifrige Berger fährt in aller Früh als erster aus der Box, und ich denk mir, legst gleich einen Zacken zu, damit du munter wirst, und laß mich mit vollem Hammer in die Fünfte-Gang-Kurve, allerdings ist dahinter jetzt keine Gerade mehr, sondern die von mir so dringendst gewünschte Schikane, und ich hab natürlich nicht mehr den Funken einer Chance, die Einfahrt zu schaffen, spring über die Randsteine, mähe über die Wiese, holpere über den Dreck und komm außen um die Schikane herum. Und weil ich das einzige Auto auf der Strecke war, waren alle Kameras auf mich gerichtet, und alle schauten mir zu, live an den Monitoren in den Boxen, und als ich zurückkam, ham s' alle gelacht bis über die Ohren.

Zurück zum Bremsen. Der Vorgang selbst hat absolut nichts mehr von einem harmonischen Manöver an sich – von wegen „sinnlicher Genuß" beim Rennfahren. Vom Gas runter, auf die Bremse springen, runterschalten und einlenken, das ist auf einen einzigen Gewaltakt zusammengestaucht, alles passiert gleichzeitig, brutal.

Ich kann zwar im ersten Moment voll aufs Pedal springen wie bei einer ABS-Vollbremsung (ABS in der Formel 1 verboten), weil ich mit Tempo 300 eine irre Bodenhaftung durch den aerodynamischen Abtrieb habe. Bei Tempo 150 ist der Abtrieb (*down load*) wesentlich geringer, und bei 60 km/h ist die Aerodynamik-Wirkung fast weg. So verändert sich die Bodenhaftung, und entsprechend muß ich die Bremskraft regulieren. Trotz aller Gewalt dieses Manövers wird mittendrin also höchste Feinfühligkeit verlangt. Die Kunst des Bremsens ist wahrscheinlich die wichtigste Qualität, die ein Fahrer heute in der Formel 1 ausspielen kann.

Es ist auch eine Menge Abstimmungsarbeit damit verbunden. Bremsscheiben gibt's in verschiedenster Dicke und Konsistenz, und an einem Wochenende wird der Bremszylinder drei- oder viermal gewechselt. Ich könnte beispielsweise so einstellen lassen, daß ich ein Blockieren in Bremsphase 2 ausschließe, dann würde mir aber Kraft in der Vollbremsung fehlen. Man wird also eher von der Optimalwirkung für Phase 1 ausgehen und für den Rest das beste Zusammenspiel zwischen Abstimmung und persönlicher Feinfühligkeit suchen, insgesamt eine komplexe Geschichte.

Die Bremsverzögerung geht jedenfalls so schnell vor sich, daß die Fingerbewegung des Runterschaltens gar nicht schnell genug sein kann.

Nehmen wir das Beispiel von full speed, sechster Gang auf Spitzkehre: Im Moment der Vollbremsung muß ich die richtige Drehzahl für den fünften Gang erwischen. Ein Motor läßt sich heute zwar nicht mehr überdrehen, aber er verweigert einfach den Gang, wenn du zu hoch bist. Der Gangwechsel ist für 17.000/min oder darunter programmiert, und wenn ich es schon bei 17.300 versuche, kann ich nicht schalten: *Er nimmt mich nicht*. Wenn du den Motor aber in dieser Phase nicht zum Mitbremsen hast, schaffst du es nicht, wirst dich also verbremsen und zwischendrin hektisch den fünften Gang wieder neu bei der richtigen Drehzahl aktivieren.

Die Drehzahl-Anzeigen im Cockpit-Display werden heute nur noch in den Test- und Trainingsphasen abgelesen. Im Rennen verlasse ich mich zum Raufschalten nur auf die Rotlicht-Signale, erstes Signal: 300/min entfernt, zweites Signal: am Drehzahlbegrenzer. Beim jeweils ersten Runterschalten bin ich auf mein Gefühl angewiesen. Beim weiteren Runterschalten ist mein Finger, der die Schaltung tippt, in jedem Fall langsamer als die Bremsverzögerung, daher kann ich mich nicht verschalten, sondern muß nur mitzählen, was in unserer Siebengang-Zeit ganz schön heikel war, weil ja alles in Hundertstelsekunden abläuft. Um einen Bezugspunkt während der Schalterei zu haben, habe ich mir für den dritten Gang ein Signal im Display installiert.

Ein eigenes Kapitel ist das Bremsen in schnellen Kurven. Seit die meisten Autos nur noch zwei Pedale haben (Kupplung geht elektrisch, per Wippe), bremsen fast alle Fahrer nur noch mit dem linken Fuß. Beim Benetton gab es Probleme mit der Pedal-Anordnung, und bei herkömmlicher Kupplung verwende ich den linken Fuß nur für das klassische „Linksbremsen", also dann, wenn gleichzeitig der rechte Fuß am Gas bleibt. Die Bremse „zieht das Auto zum Boden", drückt die Nase, sagen wir, zwei Millimeter tiefer, beeinflußt die Aerodynamik und damit die Haftung, stabilisiert also das Fahrverhalten in schnellen Kurven.

Anders gesagt: Mit Linksbremsen kann ich den zentralen Anpreßdruck, wie er sich durch den aerodynamischen Unterboden ergibt, wandern lassen. Ich mache das in ganz schnellen Kurven, die gerade um ein Alzerl nicht voll gehen, wie die Linke vor der Schikane bei Start und Ziel in Suzuka.

Unter den vielfältigen Kräften des Rennsports hab ich noch zwei ganz spezielle Freunde, die eine Rolle für die Lebensqualität eines netten Wochenendes spielen: Die Fliehkräfte und die Lenkkräfte.

Sich mit dem eigenen Körper gegen die Fliehkräfte zu wehren ist sinnlos. Den Druck im Körper-Inneren mußt du sowieso ertragen, hingegen versuchst du, den Körper als Ganzes von den Fliehkräften führen zu lassen. So muß jede einzelne Partie des Körpers ihren Halt finden: Hände am Lenkrad, Oberkörper an den Gurten festgezurrt, Becken und Rippen am Sitz, Hals und Kopf an maßgerechten Schaumklötzen an den Seitenwänden.

Keine Hilfe gibt es gegen das Hochziehen der Füße (nicht nur in Eau Rouge in Spa) und das Kippen des kurvenäußeren Knies. Der brutalste Angriff der Fliehkraft kommt trotzdem beim Bremsen: Du hängst in den Gurten, als ob du gegen eine Wand gedonnert wärst.

Auch das Ringen mit den Lenkkräften hängt stark von den Bedingungen innerhalb des Cockpits ab. Je näher du am Lenkrad dran bist, desto mehr Kraft kannst du aus Schulter und Armen holen. Als die Monocoques immer enger und enger wurden, fand ich mich 1989 im Ferrari in einer saumäßigen Lage. Es gab praktisch keine Umsetzung der Körperkraft aus den Schultern über die Arme, sondern man mußte alles aus dem Handgelenk machen. Da wird ein Muskel zwischen Daumen und Zeigefinger extrem belastet, den hatte ich im Gym zwar immer trainiert, aber es gab trotzdem etliche Rennen, wo ich wegen dem brennenden Schmerz in den Händen nachlassen mußte. Nigel Mansell hat von Haus aus viel stärkere Arme und Hände, der war mir da glatt überlegen.

Die Zeiten, als wir 200 kg Sprit in den Tanks hatten, haben sich natürlich auch an der Lenkung ausgewirkt, und Entzündungen an den betroffenen Muskelpartien waren üblich. Viele junge Fahrer konnten da nicht mithalten, weil sie aus der Formel 3 diese Art von Lenkkräften überhaupt nicht kannten. Wenn du dann zum ersten Mal Power Steering erlebst, wie es mir erst im Benetton 1997 vergönnt war, fühlst du dich einfach himmlisch. Es ist ein Riesenunterschied zwischen Haben und Nichthaben. Eigentlich ist es unfair, mit Power Steering gegen einen zu fahren, der keine hat.

Keiner braucht glauben, daß mit ein bißchen Servo die Exaktheit des Lenkens leiden würde. Exaktheit hat nichts mit dem Krafteinsatz des Kurbelns zu tun, und alles Feingefühl, das ein Grand-Prix-Fahrer haben sollte, kann er nun in die optimale Abstimmung seiner Servolenkung legen.

Formel-1-mäßiges Fahrkönnen ist logischerweise eine Summe von vielen Qualitäten. Zum Beispiel: Aggressivität, Reflexe, Auge, körperliche Ausdauer, Weitblick, technisches Verständnis, Erfahrung, taktische Überlegung, Disziplin.

Darüber gibt es als letzte Spitze noch den traumtänzerischen Instinkt, um ein längst verlorenes Auto noch einzufangen. „Fahrzeugbeherrschung" ist ein lächerlicher Begriff für dieses Territorium jenseits des Grenzbereichs, aber in unserer Branche hat man sich eben drauf geeinigt, das nüchterne Wort „car control" dafür zu verwenden.

Super *car control* ist eine Sache des Genies und nicht unbedingt jenes erfolgreichen Race Drivers, der dann auch Weltmeister wird. Dieses Extramaß an Instinkt kommt erst dann zum Greifen, wenn du schon über dem Limit bist und das Auto von wo zurückholst, wo es eigentlich gar nicht hätte sein sollen.

Drum glaube ich, daß Senna der größte Künstler von allen war, weil er zwar jede Hundertstelsekunde diesseits der Grenze nutzte, aber praktisch nie in den drüberen Bereich kam. Ich glaube, heute ist ihm Schumacher in dieser Hinsicht am ähnlichsten.

Typische Beispiele für das geniale Übermaß an *car control* wären für mich Gilles Villeneuve und Keke Rosberg in den achtziger Jahren und Jean Alesi heute.

Daß ich Alesi trotzdem im Durchschnitt über fünf gemeinsame Saisonen beim Qualifying im Zaum halten konnte, liegt wahrscheinlich daran, daß er es im Vertrauen auf sein Sonderkönnen zu oft *über den Häfn* probiert hat, was für deutsche Leser soviel heißt wie *over the limit.* Dafür gab's dann einzelne Rennen, speziell im Regen (sensationell Suzuka 1995!), wo man ihn einfach vergessen konnte, denn entweder schießt er sich selber ab oder du erwischst ihn eh nicht, jedenfalls brauchst du dir an solchen Tagen gar nicht die Mühe machen, ihm nachzufahren.

Über den Fahrstil eines Formel-1-Fahrers denken Journalisten und Fans eher nach als der jeweilige Fahrer selbst. Was mich betrifft, habe ich das Gefühl, daß ich heute so fahre wie eh und je, aber es gibt schon eine Menge Leute, die meinen, daß ich mich von einer Wildsau zu einem sauberen, harmonischen Fahrer gewandelt hätte, richtig *smooth*. Das würde meiner zunehmenden Faulheit entsprechen: Ich will die Kurven mit so wenig Korrekturen wie möglich fahren.

Wenn man glaubt, das Thema „Autofahren am Limit" in verschiedene Schubladen einordnen zu müssen, dann am ehesten bei „Übersteuern" (Heck drängt nach außen) und „Untersteuern" (Schnauze drängt geradeaus).

Typisch für „Übersteuern" ist Michael Schumacher mit einem vom Kart-Fahren geprägten Stil: Man fährt mit lockerem (leichtem) Heck, im Race-Slang heißt es „loose back" oder „loose rear". Gute Kart-Fahrer sind ja sehr früh am Gas und geben am Kurveneingang dem Kart eine Bewegung, die das Heck in Slide bringt. Wem diese Fahrweise in Fleisch und Blut übergegangen ist, der tut sich wahrscheinlich leichter, wie ich überhaupt meine, daß eine heutige Rennfahrerkarriere ohne die Basis von ein paar Kart-Jahren kaum noch vorstellbar ist. Zu meiner Kindheit oder Jugend war das noch nicht so aktuell, aber die heutigen Formel-1-Twens sind fast alle im Kart aufgewachsen.

So wie es die verschiedenen Fahrertypen gibt, lassen sich auch entsprechende Auto-Charakteristika schaffen, also Wagen, die zu einem lockeren Hintern tendieren, oder solche, die „on the nose" gefahren werden. Diese Eigenschaften sind entweder in der grundsätzlichen Konstruktion eines Autos untergebracht, oder sie lassen sich durch Aerodynamik oder Mechanik (Radaufhängungen) beeinflussen.

Das untersteuernde Auto hat mehr *grip* auf der Hinterachse, es wird im Zweifelsfall geradeaus schieben und leichter zu korrigieren sein (später aufs Gas, noch einmal einlenken) als ein übersteuerndes.

Es spiegelt auch einen psychologischen Zugang wider. Das übersteuernde Auto vermittelt dir das Gefahrensignal „Achtung-Ausbrechen-Eindrehen-Rückwärtsfahren". Beim untersteuernden Wagen riskierst du eher ein Abkommen von der Linie und damit einen Zeitverlust, aber nicht gleich den Verlust der ganzen Situation. Untersteuern ist also die sicherere Variante, einen Tick einfacher zu beherrschen, speziell über die ganze Renndistanz.

Ich habe mich immer am wohlsten gefühlt, wenn ein Auto so neutral wie möglich war. Wenn ich es mir aber aussuchen muß, ist mir Untersteuern wesentlich lieber als das „lockere Heck".

Das Fahrgefühl, das ich mehr liebte als jedes andere, hab ich nicht in der Formel 1 erlebt, sondern 1985 im BMW 635 Coupé des Schnitzer-Teams. Es war ein Riesenschiff, und vielleicht hing es auch mit all der Liebe zusammen, mit der die Schnitzers und BMW damals Rennsport betrieben, jedenfalls gaben sie mir das Gefühl, sie hätten das Auto um mich herumgebaut. Ich hab mich jedesmal aufs Einsteigen gefreut, und das Auto hat von selber gewußt, wie meine Lenkbewegung gehen wird. Ich war so verwachsen mit dem Gerät, daß keiner mit einem 635 mir etwas anhaben konnte. Es war genauso, wie es auf der Porsche-Seite keinen gab, der mit einem 956 schneller fahren konnte als Stefan Bellof.

Die wildeste 635er-Action gab's in Brünn, auf der alten Rennstrecke, die könnten s' für mich gebaut haben. Die unwiderstehliche Herausforderung bestand darin, das Dorf nach Start und Ziel voll zu fahren, das war ein S, bei dem man mit 260 angekommen ist und normal auf den Vierer zurückgeschaltet hat. In einem wunderbaren Moment ist es dann einmal voll gegangen, im Fünfer, das ganze S, links-rechts-links-rechts. Man braucht ja nicht viel zum Glücklichsein: Wichtig war mir damals, daß die alten Frauen, die aus den Häusern des Dorfes herausschauten, die Köpfe nicht sofort zurückschwenkten zum nachfolgenden Fahrer, sondern daß ich im Rückspiegel sah, daß sie noch immer auf mir drauf waren. Und als plötzlich alle Köpfe komplett verschwanden und erst wieder auftauchten, als ich in den Rückspiegel schauen konnte, da wußte ich: Berger, jetzt warst schnell.

5

Jahre mit Senna

McLaren 1990, 1991, 1992

**Sein Tod
war für die Formel 1,
wie wenn die Sonn'
vom Himmel fallt**

Senna war 21, als er für mich auftauchte, ich war 22.

Es war gegen Saisonende 1981, und er siegte im Formel-Ford-Rennen in Hockenheim. Im Jahr darauf schnappte ich hin und wieder Gespräche auf, daß es drüben in England zwei Überflieger in meiner Altersgruppe gebe, der eine war Senna, der andere Martin Brundle. Keine große Sache für mich, denn ich war nur mit mir selber beschäftigt und wie ich die Welt niederreißen würde, zunächst einmal die deutsche Formel 3.

Dann kam meine erste internationale Saison, da traf ich Senna schon manchmal, fragte ihn naiverweise sogar einmal nach seinem Setup in Silverstone. Er gab mir eine langmächtige und freundliche Antwort, und vielleicht war es das einzige Mal in seinem Leben, daß er jemandem die Wahrheit über seine Abstimmung verraten hat.

Wieder ein Jahr später kam ich zum Formel-3-Rennen nach Monte Carlo, da war Senna schon in der Formel 1, bei Toleman. Ich spazierte über die Strecke und traf ihn, als er mit dem Fahrrad unterwegs war. Er blieb stehen, wir redeten, ich fragte ihn, wie das so ist in der Formel 1, und er erzählte mir irgend etwas Nettes. Wir hatten ein gutes Gefühl füreinander.

Ein weiteres Jahr später, nun 1985, war ich selbst in der

Formel 1, bei Arrows. Senna fuhr Lotus, das war eine ganz andere Kategorie, und wir hatten kaum etwas miteinander zu tun. Ich hielt ihn für keine außerordentliche Größe, aber er gehörte eindeutig zu den Talentierteren.

1986, im Benetton, war ich schon so flott unterwegs, daß wir zwangsläufig in Kontakt kommen mußten, denn Senna hat sich hauptsächlich um das gekümmert, was ihm irgendwie im Weg gestanden ist oder ihn gestört hat in seinem Konzept.

1987 war ich schon im Ferrari, der dem Lotus gegenüber meistens das überlegene Auto war. Trotzdem konnte er überhaupt nicht akzeptieren, daß man wegen eines unterlegenen Autos langsamer sein sollte als der andere, in seinem Kopf existiert das nicht, da gibt's nur den Senna, und alle anderen haben hinter ihm zu sein. Einmal, in Jerez, hatte er zwar den besten Start, aber keineswegs das schnellste Auto. Es bildete sich eine Kolonne von sechs oder sieben Autos, ich mittendrin, die alle an ihm vorbei wollten. Mit der wildesten Kampflinie, die manchmal schon zickzack führte, hielt er alle hinter sich. In der Kolonne wurde die Ungeduld immer größer, und in einem der Hauruck-Manöver flog ich ab. Senna hatte danach immerhin ein schlechtes Gewissen und redete mich deswegen an. Es gab nicht viel zu reden: Er hatte aus seiner Situation das Beste gemacht, Glückwunsch! Zu dieser Zeit scherte er sich noch gar nicht um Taktik. Seine ganze Taktik war: Ich will immer vorn sein, und ich laß mich nicht überholen.

Einmal wollte ich ihn ausbremsen, wir waren gleichauf mit den Rädern und er blieb übrig, was für mich nicht sehr aufregend war, denn einer mußte ja übrigbleiben, und warum nicht er. Erst viel später wurde mir klar, welches Drama es dem Senna bedeutete, wenn er auf freier Strecke überholt wurde. Er kam damals auch nach dem Rennen zu mir und sagte, du weißt aber schon, wenn ich nicht im letzten Moment aufgemacht hätte, dann hätt's gekracht, dann wären wir abgeflogen undsoweiter. Und ich dachte, natürlich wären wir abgeflogen, das ist alleweil so, wenn der andere nicht irgendwann nachgibt, das muß ja so sein. Ich hab nur gelacht und gesagt, das paßt schon.

Wir kamen immer öfter ins Gespräch, und als ich 1987 die

beiden letzten Rennen gewann, Suzuka und Adelaide, waren wir auch sportlich praktisch gleichauf.

1988 zog er davon, fuhr McLaren, wurde zum ersten Mal Weltmeister. Ich war WM-Dritter auf Ferrari.

1989, in Brasilien, hat's wieder gekracht zwischen uns zwei, und ich bin rausgesegelt. Gesamt gesehen, war es ein besonders schwaches Ferrari-Jahr. So gab es aus meiner Sicht noch keinen Grund, Senna für den besseren Rennfahrer zu halten. Drum hatte ich auch kein Problem, 1990 zu ihm ins McLaren-Team zu kommen, anstelle von Prost.

Alain Prost und Ayrton Senna haßten einander tief und ehrlich. Abgesehen von allem, was mit Herkunft, Kultur und Charakter zu tun hatte, reichte allein schon die Totalität des Nummer-eins-Anspruchs zu einem Exzeß der Emotionen.

Diesen Nummer-eins-Anspruch gab es auf drei Ebenen: Im Team, in der Formel 1, aber auch für eine ganze Epoche. Da kamen zwei Giganten zusammen, die normalerweise besser verteilt sind auf eigene Strecken von Jahren, die von ihnen geprägt werden. Es gab die Ära Lauda, es gab die Ära Prost, es gab die Ära Senna, aber wenn der Übergang Lauda/Prost noch halbwegs fließend war, so stießen Prost und Senna mit der denkbar geringsten Knautschzone aufeinander. Prost, schon zweifacher Weltmeister, sah seine besten Jahre noch vor sich, war also keineswegs in der ausklingenden Phase, die den Übergang von einem Chef zum anderen erleichtern könnte.

Immerhin war auch Nelson Piquet ein großer Champion der achtziger Jahre, aber die große Kraftlinie der Entwicklung lief doch eher über Lauda-Prost-Senna.

Prost hatte das Rüstzeug für die moderne, die „technische" Zeit der Formel 1 von Lauda gelernt. Niki hatte kapiert, daß man Supertalente wie Ronnie Peterson nur mit Hirn schlagen konnte. So hat er sich mehr mit den Zusammenhängen der Dinge beschäftigt und genau nachgedacht und überzuckert, warum etwas so ist, und dadurch auch viel mehr erreicht. Und Prost war der erste gewesen, der bei Lauda in die Lehre ging und kapierte, wie die Dinge funktionieren.

Senna wiederum kam 1988 zu Prost ins McLaren-Team und konnte sich an den Kraftfluß Lauda/Prost anhängen. Abgesehen von seinem Supertalent, profitierte er also noch vom wichtigsten Know-how-Transfer der Formel 1.

Aus dem Stallduell Senna–Prost war seit einer High-Speed-Rempelei in Estoril 1988 Psychoterror geworden, der über die ganze Saison 1989 anhielt und die Lebensqualität der beiden sicherlich beeinträchtigte, vor allem die des älteren Prost. Da mochte es ihm für 1990 verlockend erscheinen, beim zweitbesten Team frisch durchzustarten. Dank seiner methodischen Arbeit durfte er sich zutrauen, auch den kopflosen Ferrari-Haufen auf Erfolgskurs zu bringen. Ich hingegen hätte mit einer Verlängerung bei Ferrari wenig bewirkt, da ich nicht viel mehr zu bieten hatte als mein Talent. Ich konnte nur profitieren, wenn ich zum besten Team ging, zu McLaren.

So ergab sich für die Saison 1990 der Prost/Berger-Abtausch zwischen Ferrari und McLaren-Honda. Hier Senna/Berger, dort Prost/Mansell. Die nachdrängenden Teams waren vor allem Benetton-Ford (Piquet/Nannini) und Williams-Renault (Boutsen/Patrese).

Ich war naiv, unbelastet und fröhlich, als ich mich auf Senna einließ. Unser gutes privates Feeling füreinander machte es nochmal leichter für mich. Unsere Wohnungen in Monte Carlo waren nahe beisammen, ich hockte öfter bei ihm am Balkon, und wir redeten ganz gern über Geld, sogar erstaunlich offen. Ich verdiente damals fast so viel wie er, das war beruhigend.

Das erste Rennen im gemeinsamen Team war Phoenix, ich fuhr gleich einmal Pole Position und fühlte mich wunderbar.

Das Rennen lief so ganz anders. Alesi vorn, ich Zweiter, Senna direkt hinter mir, und es war eine saublöde Situation, ich war einfach zu groß für das Auto, hatte keine gescheite Sitzposition, dafür aber den Senna unter meinem Getriebe, und das Gefühl, ihn unbedingt halten zu wollen, bin übern Häfn gefahren und abgeflogen und in einem Reifenstapel gelandet.

Nachher, beim Studieren der Rundenzeiten, konnte ich sehen, daß Senna sofort nach meinem Abflug eine halbe Sekunde nachgelassen hat, dennoch Alesi überholen und das Rennen locker gewinnen konnte, das heißt, er hat genau im richtigen Moment einen absolut mörderischen Druck gemacht, den er selber auch nicht lang ausgehalten hätte. Das Timing entsprach eben seinem grandiosen Killer-Instinkt.

Ich habe das damals als schwere persönliche Niederlage empfunden, und zum ersten Mal kriegte Senna den Stellenwert für mich, den er in der Sportwelt ohnedies schon hatte, und damit bekam ich auch jenen Respekt vor ihm, der alles noch viel schwerer machte.

Dann folgte gleich sein Heimrennen in Brasilien, das mir eher wieder Hoffnungen machte. Er gewann zwar das Qualifikationsmatch, aber im Rennen fuhr Prost mit dem Ferrari uns beiden davon. Meine Sitzposition war wieder quälend, jeder Schaltvorgang ein Problem, aber Senna hatte die Kiste falsch abgestimmt, und ich konnte ihn auf dem dritten Platz niederhalten.

Dann ein irres Match in Imola um die Pole, einer legt vor, der andere kontert, retour und wieder kontra. Und dann sitzen beide in Wartestellung fürs Ende des Qualifying, er schnallt sich ab, steigt aus, kommt zu mir rüber, klopft mir auf die Schulter und sagt, jetzt wird's aber langsam gefährlich, und beide lachen. Jedenfalls standen wir auch in Imola beide in der ersten Startreihe, aber er auf Pole, dann ist er führend mit Felgenbruch ausgefallen. Ich konnte aber nicht verhindern, daß Patrese gewinnt, damit wurde das moralische Defizit womöglich noch größer.

Und jetzt Monte Carlo!

Viertes Rennen, neue Demolierung.

Bis Rascasse war ich am Computer noch schneller als er, blöder Verbremser, er ist vorn, hat Pole, gewinnt das Rennen, was ja eigentlich völlig okay gewesen wäre, denn in Monte Carlo war er nun einmal ein Gigant, es war *seine* Strecke, aber bei mir trug das alles dazu bei, daß Senna in meinem Kopf irrsinnig gewachsen ist, und so hat sich eines zum anderen addiert. Er ist stärker und stärker geworden, ich bin schwächer geworden, jedenfalls im Kopf.

Zur Halbzeit der Saison sah ich nun wirklich ein, daß er mir voraus ist. Vielleicht wegen seiner enormen Praxis, die sich aus dem frühen Kartfahren ergab, wie später bei Schumacher, egal: Er hatte mir etwas voraus, und ich wollte erst einmal lernen.

Diese Lernphase mag richtig gewesen sein, sicher aber war sie nicht hilfreich fürs direkte Duell: Man schlägt nicht einfach seinen Lehrer.

Was ich von ihm lernen konnte, war sehr klar auf drei Gebiete einzugrenzen.

Erstens: Er hat sich ungleich mehr um Technik gekümmert als ich, er wußte einfach besser Bescheid und kriegte sein Setup besser hin.

Zweitens: Er war körperlich viel stärker als ich, und wenn ich die gleiche Speed wie er hatte, ist er mir eben am Ende weggefahren, weil er noch mehr Kraft hatte. Er hatte völlig neue Dimensionen der körperlichen Fitness im Motorsport erreicht. Ich weiß, daß man einem Laien nicht klarmachen kann, welch unheimlicher körperlicher Belastung wir ausgesetzt sind, aber es ist die Wahrheit: Was da an Fliehkräften, Beschleunigungen, Lenkkräften, Pedalkräften zusammenkommt, ist extrem. Um das Beste rauszuholen, muß man genauso brutal trainieren wie der wildeste Leistungssportler. Und Senna war der erste, der in Brasilien um zwei Uhr mittags bei 40 Grad einmal schnell zehn Kilometer in der prallen Sonne gelaufen ist und noch hundert Liegestütz hingehaut hat, ohne Schatten, und halt dann zum Phoenix-Grand-Prix bei 50 Grad gekommen ist und gelacht hat, weil er wußte, wir haben alle vergleichsweise nichts getan.

Drittens war er mental stärker, er konnte sich besser konzentrieren und gegen Schluß eines Rennens die Rundenzeiten aus der Tasche ziehen, wie es ihm beliebte. Er hatte eine extreme Konsequenz der Fehlerlosigkeit, und mir sind halt immer wieder irgendwelche Fehler passiert. Allen anderen Fahrern natürlich auch; in seiner Konsequenz war Ayrton Senna einzigartig.

Viel davon war wohl einfach angeboren. Er war von Haus aus mental irrsinnig stark, und die Jahre und Jahrzehnte des Erfolgs haben ihn immer stärker werden lassen, ob Kart, ob Formel Ford, Formel 3 oder Formel 1. Heute erkenne ich eine Parallele zu Schumacher: Dieses Immer-weiter-Wachsen einer mentalen Kraft, die von Anfang an stimmte.

Wie weit das aus seiner Religiosität kam, kann ich nicht sagen. Die Bibel war jedenfalls immer griffbereit, sie lag in unserem Motorhome, sie lag auf seinem Nachtkastl, und irgendwie sah es schon so aus, als würde er sich daraus seine Kraft holen. Ohne großes Mirakel: So wie ich halt beim körperlichen Training, beim Rackern, beim Schwitzen, den Punkt meiner tiefsten Konzentration erreiche, schaffte er es beim Lesen der Bibel. Wenn es darum ging, fünf Minuten vor dem Qualifying noch einmal richtig tief ins Innere einzutauchen, hatte sein System natürlich seine Vorteile.

Ayrton Senna hat einige Dinge schon ganz bewußt so gelenkt, daß sie in das von ihm gewünschte Image paßten, etwa das Mönchische und die Härte zu sich selber, aber aus der Religion hat er nie eine Show gemacht, er war wirklich gläubig, jedenfalls nach meinem Gefühl. Das Vorbild seiner Schwester Viviane dürfte dabei eine Rolle gespielt haben, sie hat ihm diese Religiosität auf selbstverständliche Weise vorgelebt. Meine Ana hatte schon wegen der gemeinsamen Sprache und ihrer Brasilien-Connection guten Zugang zu Viviane, und als sie einmal von ihr eine Bibel geschenkt bekam, war da nichts Aufgesetztes dabei, keine große Geste oder irgendein erzieherischer Hinweis. Es war einfach schlüssig, daß Viviane jemandem, den sie schätzte, eine Bibel schenkte, und man empfand es als Freundschaftspfand, ganz egal ob man damit etwas anfangen konnte oder nicht.

Was dem Ayrton Senna damals eindeutig fehlte, war das Talent zum Blödsinnmachen. Mit seinen knapp dreißig Jahren war er schon ein sehr, sehr ernsthafter Mensch, der sich richtig schwer getan hat, ein bissl nachzulassen. Er hat einfach nie einen Blödsinn gemacht, sehr im Gegenteil von mir. Später habe ich ihn ganz gut zum Auftauen gebracht, aber 1990 war er noch etwas verkrampft. Man hatte das Gefühl, er könne den puren nutzlosen Spaß an der Freud' mit seinem Image nicht vereinbaren, er war ja doch weltweit schon sehr festgelegt in dem Bild, das sich die Welt von ihm machte.

Dazu kam, daß er grundsätzlich ein ganz anderes Denken hatte als wir alle. Ich führe das auf sein Land zurück, auf diese verhundertfachten Dimensionen Brasiliens.

So wie ich halt zwischen zwei Bergen aufgewachsen bin, wo du rechts drei Kilometer weit gesehen hast und links drei Kilometer, und die Sonne hast du nur gesehen, wenn sie gerade im Himmel gestanden ist, so hat er, wenn er nach links geschaut hat, dreitausend Kilometer gesehen und rechts noch einmal dreitausend. Entsprechend hat er auch gedacht und gehandelt. Wenn ich happy war mit einem Sponsorvertrag über eine Million und versucht habe, fünf solcher Verträge zusammenzukriegen, so hat er einen einzigen Vertrag gemacht und gesagt: Zehn Millionen. Er hat seine Zeit nicht mit Kleinkram vergeudet. Wir machten im Grunde das gleiche, aber er war in einer anderen Größenordnung, da ergab sich keine Ablenkung durch Kleinigkeiten.

Jedenfalls mußte ich ab der Mitte unserer ersten gemeinsamen Saison anerkennen: Das ist der perfekte Rennfahrer. Um damit leben zu können, dachte ich mir, jetzt mußt du halt auch perfekt werden. So habe ich ihn beobachtet und mir Dinge abgeschaut und zum ersten Mal in meinem Leben vor einem Menschen, abgesehen von meinem Vater, wirklich Respekt gehabt. Da aber die Respektlosigkeit ein wichtiger Teil meines Wesens war, verlor ich auch ein bißchen von meiner Persönlichkeit.

Damit sind wir bei Ron Dennis. Er wird ungern dran erinnert, daß er 1967 als Mechaniker-Lehrling bei Jochen Rindt begonnen hatte (das Auto war ein sagenhaftes Ungetüm von einem Cooper-Maserati). Aber gerade davon kommt seine Stärke: Er lernte den Zirkus intensiver kennen als irgend jemand sonst, und seit den frühen achtziger Jahren ist er eine zentrale Figur der Formel 1, als Teamchef von McLaren ein Mann mit Visionen. Daß ihm das eigene Ego manchmal ein bißchen im Weg steht, ist eine Nebenerscheinung, die seine Beliebtheit etwas schmälert, aber das hat ihn noch nie sehr bekümmert.

Ich kannte Ron schon früher privat durch unseren gemeinsamen Freund, den BMW-Rennleiter Dieter Stappert, und beim Schifahren bestand er die Tiroler Härtetests auf eine Art, die uns imponierte, jedenfalls für einen Engländer.

Rons Hartnäckigkeit für Langzeit-Strategien hatte Zug für Zug funktioniert. Indem er etwa Niki Lauda aus der Pension zurück ins Cockpit geholt hatte, wurde eine Dimension signalisiert, mit der sich ein potenter Partner gewinnen ließ. So kam das TAG-Turbo-Projekt des Mansour Ojjeh auf die Welt, und McLaren zu den drei Weltmeistertiteln von 1984 (Lauda), 1985 und 1986 (Prost).

In der folgenden Ära gab es wieder nur einen einzigen richtigen Partner, den man gewinnen mußte: Honda. Ron Dennis sprengte die Japaner weg von Williams, gewann Senna und war wieder allen voraus. Er war also schon eine große Figur, als ich mich auf ihn einließ und neugierig war, ob ich von seiner Erfahrung profitieren konnte.

Dennis allerdings war an Fahrer wie Lauda, Prost und Senna gewöhnt, allesamt fertige Piloten und gestandene Persönlichkeiten. Niki und Prost haben ihn ja schon als kleinen Mechaniker gekannt, die sind nicht auf den Bauch gefallen vor ihm. Ich glaube, er hat auf den Augenblick gewartet, wo er selber einen Fahrer formen und zum Weltmeister machen konnte, und da kam ich ihm gerade recht als Objekt seines Ehrgeizes.

Ich wiederum hatte bisher in meinen Teams lauter Bezugspersonen gehabt, die gut mit mir umgehen konnten, etwa Charly Lamm und Herbert Schnitzer bei den Tourenwagen, Peter Collins bei Benetton. Die hatten ein Gefühl dafür, ob ich eher eine Streicheleinheit oder einen Tritt in den Hintern brauchte.

Ron Dennis hat es sich sicher nicht leicht gemacht, aber er hat seinen „Rohdiamanten" leider an der falschen Stelle geschliffen. Er kam und sagte, ich hab dich draußen beobachtet, du bist viel zu quer über die *curbs* gekommen, du mußt sauberer

Enzo Ferrari, 1898 – 1988

Der Papst in
Maranello 1988

Sieg in
Portugal
1987.
Am Start
Berger
vor Senna

Imola 1989: Der Ferrari fährt in der Tamburello mit 280 km/h geradeaus

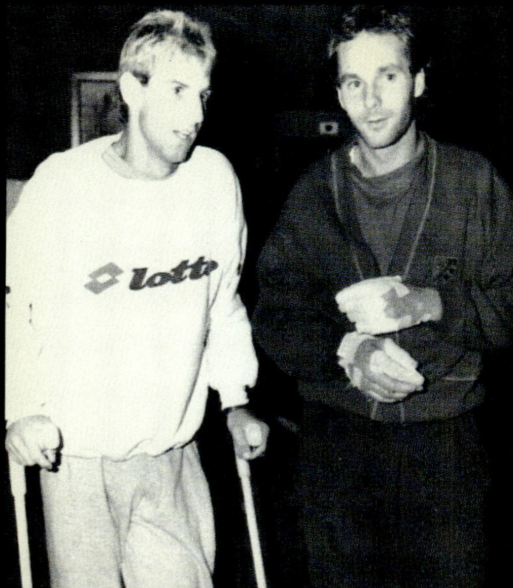

Thomas Muster nach seinem Key-Biscane-Unfall

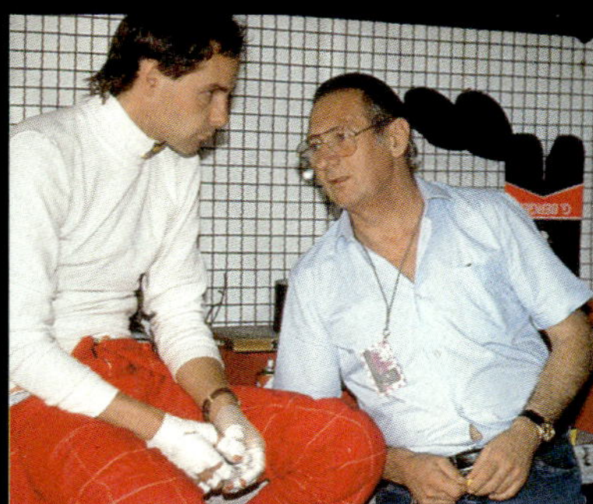

Champion der Fitmacher: Willy Dungl

Nigel Mansell

Nelson
Piquet

Barry Sheene

Alain Prost

Die Liebe der Fans in Italien

„Schreib deinem Lieblingsfahrer“-Aktion von „Autosprint“

fahren, disziplinierter. Er hat mir genau das eingetrichtert, was von meinem Naturell her einfach nicht in mir drinsteckt: Disziplin!, Disziplin!, und ich hab versucht, es trotzdem anzunehmen. Dadurch habe ich Ecken verloren und bin runder geworden, aber in unserem Sport brauchst du keine Rundungen, nur scharfe Ecken. Ich habe zwar schon etwas dabei gelernt, aber doch auch ein gutes Jahr meiner Rennfahrerkarriere verloren.

Ich traf später einmal in Kanada den Michael Andretti, der hat mir genau das gleiche erzählt: Ron Dennis wollte ihn 1993 formen und biegen und zu einem stromlinienförmigen McLaren-Fahrer machen, aber der junge Andretti ist völlig daran zerbrochen, hat den Fuß nie auf den Boden gekriegt. In 13 Rennen kam er auf sechs Abflüge und schied dann völlig frustriert aus dem Team.

Senna begriff bald, daß ich der ideale Teamkollege für ihn war. Ich überraschte ihn mit dem reinen Speed und kam ihm dabei näher als irgend jemand sonst, auch viel näher, als Prost es je geschafft hatte. Trotzdem war ich keine wirkliche Bedrohung für ihn, weil er mich auf Grund seiner Perfektion im Griff hatte. Somit wurde er immer lockerer und lockerer und öffnete sich mir gegenüber immer mehr. Da sind zwar viele Leute zu mir gekommen und haben mir gute Tips gegeben, du machst das falsch, du darfst ihn nicht als Freund akzeptieren, sondern mußt ihn zum Feindbild aufbauen, mußt ihn bekämpfen auf jeder Ebene, aber das ging mir gegen den Strich, ich konnte einfach nicht den Feind in ihm sehen, dazu mochte ich ihn zu gut leiden. Solche Dinge sind sehr unüblich in der Formel 1, aber es war eben so.

Natürlich war Ayrton Senna ein sagenhafter Egoist, bloß: Das wird weitgehend als normal empfunden, weil du ja grundsätzlich ein extrem Ich-bezogener Typ sein mußt, um es überhaupt bis in die Formel 1 zu schaffen. Früher mag das anders gewesen sein, da sind vielleicht noch Talente mit künstlerischer Leichtigkeit nach oben gekommen, die sich leisten konnten, kultiviert und ritterlich zu sein. Wenn mir jemand erzählt, daß es einmal im Ferrari-Team eine Szene gab, wo ein Junger und ein Alter gleichermaßen Chancen auf den WM-Titel hatten, dann im entscheidenden Rennen das Auto des Alten Defekt hatte und der Junge ihm sein eigenes Auto anbot, einfach aus Respekt und weil er selber ja noch so jung sei und Zeit genug habe, um später noch Weltmeister zu werden, dann frage ich: Wann soll das gewesen sein? Das war 1956*, höre ich dann, und da muß die Welt wohl noch anders getickt haben. Selbst wenn es laut Reglement möglich wäre: Solche romantische Ritterlichkeit wäre heute undenkbar, keiner könnte damit etwas anfangen.

Senna hat immer und überall für sich das Beste beansprucht, ob es im Rennen oder im Privatleben war, ob es um große Dinge oder Nichtigkeiten ging. Wenn er mich aus Brasilien anrief, dann war's meistens zwei Uhr in der Früh, bei ihm gerade Abendzeit. In solchen Dingen auch an den anderen zu denken, das war bei ihm nicht drin. Aber wenn man darüber Bescheid wußte, konnte man damit leben.

Da bei ihm sehr viel Schläue und Intelligenz dazukamen, ist man oft erst später draufgekommen, wie vorausschauend er schon seine taktischen und politischen Kraftlinien gelegt hatte. Da half ihm seine Magie, die einfach Bestandteil seiner Aura war. Davon ließen sich nicht nur die Massen, sondern auch die größten Wirtschaftsbosse der Welt beeindrucken. Ron Dennis hat noch längst nicht gerochen, daß sich Honda aus der Formel 1 zurückziehen werde, er machte noch die ganz großen Planungen mit Honda, da sagte mir Senna schon: Gib acht, die hören auf.

Die Japaner fuhren ganz besonders auf das „Magic" des

*1956 fuhren Juan Manuel Fangio, der 45 war, und Peter Collins, 20 Jahre jünger, für Ferrari. Damals konnte man innerhalb der gleichen Marke noch während des Rennens Auto tauschen. Im letzten Rennen, Monza, hatten sowohl Fangio als auch Collins Chancen auf den Titel. Fangio schied mit Defekt aus, Collins kam zum Reifenwechsel an die Box, sah Fangio und übergab ihm unaufgefordert sein Auto. Dank der sechs Punkte des damit erzielten zweiten Platzes wurde Fangio Weltmeister. Collins konnte die Gunst seiner Jugend aber nicht nützen, um den Titel nachzuholen. Er stürzte zwei Jahre später, 27jährig, auf dem Nürburgring zu Tode.

Senna ab, aber wenn ich heute mit Patrick Faure rede, dem Präsidenten von Renault, dann verdreht auch der noch die Augen, wenn die Rede auf Senna kommt. Manchmal hatte ich das Gefühl, Senna würde durch seine schiere Präsenz die Leute in Trance versetzen, wie es wohl bei ganz besonderen Volkshelden oder auch bei demagogischen Führern gewesen sein muß. Senna hatte diese Ausstrahlung, und daher wurde er, der ohnehin der Stärkste war, noch weiter gestärkt, mit allen Ressourcen, die man braucht in der Formel 1.

Gegen Ende 1990 rückten wir noch näher zusammen, hatten immer öfter privaten Kontakt. Er kam zu uns aufs Boot, das war die Maria Rosa 27. Wir lagen vor Sardinien, hatten unsere Hetz und fuhren Jet-Ski wie die Blöden. Zu meiner Ana, die ja in Brasilien aufgewachsen ist, hatte er einen besonders guten Draht. Manchmal kam mir vor, als würde er nicht verstehen, wie ein Windbeutel wie ich zu so einer wunderbaren Frau gekommen war.

Im Jet-Ski-Fahren kamen wir wirklich ans Limit (er hat noch jedesmal den Vergaser eingestellt), und manchmal mußten wir einander auch aus dem Wasser fischen, weil sich das Gerät einfach aufgelöst hatte.

Er lud mich dann zu sich nach Brasilien ein, zu seinem Haus in Angra, phantastisch gelegen, direkt an einem Sandstrand. Ein Betonsteg führte hinaus ins Meer, und wenn die Wellen nicht zu hoch waren und man den Kopf einzog, konnte man mit dem Jet-Ski unten durchfahren. Senna war sehr gut in dieser Disziplin, schon wegen des Trainingsvorteils. Für einen Gast war's eher eine mulmige Sache. Mir ist schon beim Zuschauen schlecht geworden, aber es mußte wohl sein.

Sennas Haus am Meer war wunderschön, hatte aber keinesfalls jene mystische Dimension, von der überall zu lesen und zu hören war. Indem er den Besitz ordentlich abschirmte und niemanden nahekommen ließ, konnte die Legende wuchern, ohne daß Senna sich drum kümmern mußte. Alles kriegte den Senna-Faktor, und wenn er 15 km lief, stand am nächsten Tag in der Zeitung: Senna lief 35 km im Sand bei glühender Hitze.

Die Wahrheit war eindrucksvoll genug. Ich lernte Ayrtons

Bekannte kennen, auch seinen Wahlonkel Braga, auf den die brasilianischen Dimensionen des Reichtums tatsächlich zutrafen. Es war auch die Zeit, wo Josef Leberer jenes besondere Verhältnis zu Senna aufbaute, das dann bis zu dessen Tod halten sollte. Joe war einer jener gesamtheitlichen Masseure und Fitness-Fachleute, die im Kielwasser des berühmten Willy Dungl in die Formel 1 gekommen waren und bald unverzichtbar wurden. Vorerst war der Joe im McLaren-Team noch für beide Fahrer zuständig, später bei Williams nur für Senna. Seine Begabung zum Clown-Spielen war ein wünschenswerter Nebeneffekt der Massage und Heilkunde, und Senna hatte wohl einigen Nachholbedarf an Blödelei ohne tieferen Zweck und ohne Sorge ums Image.

Wenn ich dann wieder in Europa war, telefonierten wir alle paar Tage, er erzählte auch immer mehr über sein Privatleben. Er war damals sehr verliebt in Xuxa, sprich Schuscha, sozusagen die Kindertante des brasilianischen Fernsehens, unheimlich populär im ganzen Land. Sie war jedenfalls oberste Liga in jeder Beziehung und dürfte eine der wenigen Menschen gewesen sein, die auch dem Ayrton Senna gewachsen waren. Sie war sein Traum, scheint sich aber nicht ganz so nach ihm gerichtet zu haben, wie er es gebraucht hätte, und so gab es mehr Krisen in seinem Gefühlsleben, als man ihm zugetraut hätte.

Dann tauchte Christine auf, auch eine Brasilianerin, lustig und viel plappernd, mit ihr schloß sich dann wieder der Kreis bei Sennas Aufenthalten auf meinem mittlerweile neuen Boot, der Pia. Wir lagen vor Ibiza, dampften auch eine Menge herum. Das liest sich vielleicht ein bissl nach Millionärsferien, tatsächlich waren es unendlich kostbare Tage, weil sie dem Stress des Rennkalenders abgejagt wurden. Wenn wir wirklich einmal drei oder vier ungestörte Tage hatten, war's ein Traum mit einer Intensität an Erholungswert, wofür andere drei Wochen brauchen.

Für die Umstände der Formel 1 war das schon eine bemerkenswerte Beziehung. Sie bedeutete aber nicht, daß wir einander blind über den Weg trauten. Es passierten auch komische Dinge im Hin und Her der Verhandlungen. Immerhin warnte er mich sehr früh, schon im Winter 1991/92, daß McLaren für 1993 keinen Honda-Vertrag mehr kriegen würde.

Bei aller Pragmatik des japanischen Geschäftslebens kommen doch sehr viele große Entscheidungen aus dem emotionalen Bereich, und da dürfte sich Ron Dennis ein paar Schwachheiten gegenüber den Honda-Bossen geleistet haben. Kawamoto schien mit Dennis gegen Ende ein echtes Problem gehabt zu haben.

Umso enger waren die emotionalen Verbindungen zwischen Senna und den Japanern. Man muß sagen, daß Senna dieses Instrumentarium grandios beherrschte. Da gab's eine Situation, da hätte ich ihn in den Hintern treten können. Wir hatten eine Autogrammstunde in Tokio und schrieben nebeneinander unsere Karten, da kam Frau Honda. Ihr Mann, der alles überschattende Soichiro Honda, war erst kurz vorher gestorben. Senna schrieb eine spezielle Autogrammkarte für Frau Honda: *To my mother in Japan, big love* undsoweiter. Ich hab geglaubt, ich spinn', TO MY MOTHER IN JAPAN, so ein Lavendel! So etwas hätte ich nie sagen oder schreiben können, aber ihm ist das flüssig von der Feder gegangen. Solche Aktionen waren schon auch Teil seines Erfolgs.

Auf meiner Seite der Front gab es auch Fortschritte. Ich führte Ayrton Senna in meine Art des Schmähführens ein, in die Leichtigkeit des Lebens, wie ich sie kannte.

Es ging vom Flachs des Small Talks bis zu wahren Kunstwerken des Einander-Reinlegens, anderseits auch bis zu wilden Windschattenspielen an den Trainingstagen der Rennen. Er ließ sich da durchaus mitziehen, aber ich war immer noch einen Tick verrückter als er, obwohl ich meine, daß ich die totale, die hundertprozentige Unbefangenheit mit meinem Imola-Unfall von 1989 schon verloren hatte. Und dann natürlich die dauernde Disziplinierung durch Ron Dennis! Trotzdem: Ich war der Verrücktere, er war der Perfektere, das war die Rollenverteilung, die uns jene Tage nie fad werden ließ.

Für mich war bis dahin das ganze Leben, mit ein paar Ausnahmen, eine Abfolge von practical jokes gewesen, verschärft durch die Einflüsse des Tirolerischen. Die Scherze der Tiroler haben schon etwas unglaublich Handfestes, und der Ungeübte tut sich manchmal schwer, Schmerz und Scherz auseinanderzuhalten. Was bei uns ein lustiger Schmäh ist, gilt auf der halben Welt als Züchtigung.

Australien 1990, etliche Tage vor dem Rennen. Nach dem Abendessen haben wir begonnen, die Leute samt Gewand in den Pool zu schmeißen, und ich hab mich gut gewehrt und bin nicht reingeflogen, aber etliche andere sehr wohl. Senna lief davon, damit wir ihn nicht erwischen. Wie ich dann an seinem Zimmer vorbeigegangen bin, hat er mich ganz verschämt und neckisch mit einem Glasl Wasser angeschüttet. Als Tiroler wirst du da nicht einmal feucht, aber immerhin, es war sein Zeichen, daß er mitspielen wollte. Somit war er dran.

Mit einem Schlauch bastelten wir eine Verlängerung eines Feuerlöschers, und die führten wir ihm um drei Uhr früh unter der Tür ein. Wir hatten noch ein paar Zuschauer eingeladen und drückten dann ab. Senna kam beim Fenster raus wie eine Rakete. In dem Zimmer hat's ausgeschaut, als ob eine Bombe eingeschlagen hätte. Es gab einen Riesenwirbel, die Leute sind aufgewacht und haben den Senna zusammengeschissen, weil er soviel Lärm macht. Dem war das unglaublich peinlich.

Am nächsten Tag hielt er mir einen Vortrag, daß da Chemikalien drin sind und daß er sterben hätte können. Aber immerhin hat er sich zur Revanche aufgerufen gefühlt und manchmal wieder einen neckischen kleinen Scherz probiert, wofür ihn natürlich jeweils die hundertfache Rache traf.

Hübsch war die Käse-Geschichte von Mexiko. Zur Vorbereitung auf die Höhenlage waren wir schon eine ganze Woche vorher dort, also konnte man die Sache mit aller Liebe aufbauen. Karlheinz Zimmermann besorgte einen passenden Fisch und einen besonders streng riechenden Käse, beides ließ ich eine hübsche Weile in der Sonne liegen. Es hat so brutal gestunken, das kann sich kein Mensch vorstellen. Das Zeug haben wir dem Senna unters Bett gelegt, aber ein paar Extraportionen noch in den Lüftungsschächten verteilt. Natürlich ist er auf das Zeug unterm Bett draufgekommen und hat es weggetan, den weiteren Gestank hielt er für eine Nachwirkung, die bald abnehmen würde. Aber klarerweise hat es genauso brutal weitergestunken. Selbst draußen am Gang wurden die Hotelgäste blaß. Das Hotel war absolut voll, Senna konnte nicht einmal ausziehen. Obendrein hatte ihm jemand gesagt, Mexiko sei das Land der schwarzen Magie, und als Brasilianer hielt er es daher für schlauer, nachts die Fenster nicht offen zu lassen.

Für kurze Zeit war er ziemlich beleidigt, aber im großen und ganzen gewöhnte er sich an eine abwechslungsreiche Art des Umgangs miteinander.

Etwa, wie er sein Zimmer im australischen Port Douglas voller Frösche fand, Frösche im Bett, in jeder Schublade, in jeder Tasche. Du bist ein richtiges Arschloch, sagte er in der Früh, ich hab die halbe Nacht nichts anderes getan, als die Kröten ins Freie zu bringen.

„Und wo war die Schlange?"

So fand er auch die zwei nächsten Nächte wenig Ruh.

Die Nummer, die Senna am meisten verblüffte, weil sie einfach in seinen Kopf nicht reinging, war die Aktenkoffer-ex-Hubschrauber-Sache.

Wir wohnten wie üblich in der Villa d'Este am Comer See und hatten einen Helikopter für den Flug nach Monza. Ron Dennis und Senna waren stundenlang beinandergehockt, hatten unter großen Schmerzen ihren neuen Vertrag ausgetüftelt und unterschrieben. Senna steckte diese Papiere in seinen 8.000-Dollar-Aktenkoffer. Er war sehr stolz auf seinen Koffer, und wir alle wußten, daß er achttausend Dollar gekostet hatte und daß es in Amerika eine Fernsehwerbung gab, bei der man einen Elefanten draufsteigen ließ.

Senna flog den Helikopter selbst, sonst waren noch Ron Dennis, seine Frau Lisa und ich an Bord. Als wir mit dem Landeanflug in Monza begannen, machte ich die Tür auf und schmiß den Koffer raus. Senna kriegte das gar nicht mit, die anderen waren völlig entgeistert und brachten keinen Mucks raus. Ich machte die Tür wieder zu und schaute dem Aktenkoffer nach, wie er 150 Meter unter uns aufschlug und eine kleine Staubwolke produzierte.

Der Einweiser vom Heli-Landeplatz in seinem orangen Overall dachte offensichtlich, der Hubschrauber hätte was verloren, und rannte zu der Aufschlagstelle. Mittlerweile landeten wir, Senna suchte seinen Koffer und lachte, so wie einer halt lacht, dem man seinen Aktenkoffer versteckt hat. Die beiden anderen stellten sich tot, Senna ging rund um den Hubschrauber und suchte den Koffer. Da hörte man schon das Geschrei des orangen Mannes von weit her, er kam mit dem Aktenkoffer angerannt. Plötzlich kapierte Senna, daß das sein Aktenkoffer war, und er schaute abwechselnd auf den Koffer, in die Luft und auf mich und konnte es einfach nicht packen.

Es stellte sich allerdings heraus, daß das Ding tatsächlich noch intakt war, da war ich wiederum perplex und stand als Verlierer da. Beim Aufmachen sah man aber, daß die Füllfedern und Kugelschreiber explodiert waren und eine Riesensauerei angerichtet hatten, insofern war die Aktion kein totaler Flop.

Senna jammerte zwar über die achttausend Dollar (denn unbrauchbar war das Zeug allemal), aber er war nicht wirklich angefressen. Irgendwie beschäftigte es ihn, daß jemand so durchgeknallt sein konnte, Ayrton Sennas Aktenkoffer aus dem Heli zu schmeißen.

Ich muß dazu sagen, daß ich heute keine Aktenkoffer mehr aus dem Hubschrauber fliegen lassen würde, es war einfach typisch für die damalige Zeit und wie wir einander mit Blödsinnigkeiten überboten.

Ende 1990 gab es eine große Keilerei zwischen Senna und Prost, und es war schon die zweite große Keilerei zwischen den beiden.

Daß ein Typ wie Senna auch Feindschaften kultivierte, liegt in der Natur eines Weltstars, der die Menschen polarisiert. Das konnte dann eben keine beiläufige Antipathie sein, sondern wurde tief und schwerblütig empfunden. Senna pflegte drei solcher Anti-Beziehungen: Piquet, Prost, Stewart.

Am unerbittlichsten standen einander wohl die beiden brasilianischen Super-Champs gegenüber, Piquet und Senna. Die Sache mag ganz normal aus der Situation gewachsen sein: Piquet war acht Jahre älter, beide waren brasilianische Superstars, und Ende der achtziger Jahre war einer davon auslaufend, der andere aufsteigend. Da braucht's nicht viel, um einen Mega-Wickel herbeizuführen.

Senna jedenfalls war der Meinung, daß Piquet schlecht über ihn redete, ihn als Homosexuellen darstellte und eine Affaire mit einem Lotus-Mechaniker kolportiert hatte. Da die Sache voll von der brasilianischen Presse aufgegriffen wurde, kriegte sie entsprechendes Drehmoment. Ich kann dazu nur sagen, daß ich nicht weiß, ob Piquet das wirklich verbreitet hat. Ich jedenfalls habe nie bemerkt, daß Senna für Männer mehr empfand, als in einer normalen Freundschaft unterzubringen ist. Wie auch immer: Piquet und Senna waren sehr ernsthaft überkreuz.

Dagegen war die Stewart-Situation geradezu Kinderei. Jackie Stewart hatte ihn als Fernsehkommentator ein paarmal kritisiert und gesagt, Senna baue zu viele Unfälle. Senna hatte null Knautschzone in dieser Richtung und war daher sauer auf Stewart, ich glaube auch, daß die beiden von ihrem Wesen wirklich nicht gut zusammenpaßten. Es war leicht einzusehen, daß Senna für Stewart nichts übrig hatte.

Was Alain Prost betrifft: Senna hatte rein menschlich etwas gegen ihn, er konnte irgend etwas an Prosts Charakter nicht ausstehen. Als Rennfahrer respektierte er ihn für seine Art des Auto-Abstimmens und für seine Strategie; in punkto Schnelligkeit hielt er herzlich wenig von Prost, aber vielleicht gehörte das auch schon zum Spiel der subtilen Beleidigungen, denn gar so langsam war der Franzose nun ja wirklich nicht.

Wir sind also im Oktober 1990, und wie im Jahr zuvor war der Punktestand in der Weltmeisterschaft derart, daß eine Rempelei im vorletzten Lauf, also Suzuka, die WM vorzeitig entscheiden konnte. Der jeweils punktemäßig Führende (1989 Prost, 1990 Senna) hatte ein Motiv für einen gemeinsamen Unfall, wenn man das so sagen kann.

Über die beiden Vorfälle ist seinerzeit endlos geschrieben worden, meine Sicht schaut so aus:

Prost und Senna haßten einander mit genügender Intensität, um sich nicht mit irgendwelchen Zärtlichkeiten aufzuhalten. 1989 waren die beiden noch im gleichen Team (McLaren), Prost provozierte den Unfall, weil ihm das Mittel der Kollision nicht zu schlecht war und er wirklich sehr, sehr gern Weltmeister werden wollte.

1990 saß Prost schon im Ferrari. Senna inszenierte die Revanche kaltblütig, meisterhaft und sicherlich mit reinem Gewissen, weil er ans Vorjahr dachte. Die Aktion war elegant genug, um nicht als Absicht nachweisbar zu sein, und ich habe mich damals gewundert, daß sich Prost überhaupt in die Situation begab, daß es passieren konnte.

Senna hatte Pole, Prost war Zweiter, aber der Pole-Vorteil war mehr als fragwürdig, denn es war die Innenbahn. Sennas Antrag, dem Pole-Mann jene Position zu geben, die er selber für die günstigste hielt, wurde von der FIA abgelehnt. Also, erste Reihe: Innen Senna (McLaren), außen Prost (Ferrari), dahinter Mansell (Ferrari), Berger (McLaren). Daraus wird schon klar, daß der jeweilige Teamkollege durchaus zum Mitspielen eingeladen war.

Ich hatte vor dem Start mit Senna besprochen, daß ich mich sofort an Prost vorbeipressen würde, („er wird sicher nachlassen, weil er in diesem Rennen bestimmt kein Risiko eingeht"), ich dachte, bei dem kann ich alles riskieren, der macht um jeden Gegner einen Riesenbogen. Und dann, am Start, denk ich, ich seh nicht recht, wie Prost nach innen zieht – das kann doch nicht wahr sein, daß er es drauf ankommen läßt. Dadurch hat er erst Senna die Chance gegeben, es krachen zu lassen. Wenn's schon krachen muß, dann natürlich dort, wo die Gefahr am geringsten ist, am besten gleich nach dem Start, weil dort normalerweise die Geschwindigkeit nicht so arg ist. In Suzuka sind es aber fast fünfhundert Meter bis zur ersten Kurve, da sind wir längst im fünften Gang.

Trotzdem war es ein kalkuliertes Risiko: Prost war vorn und zog immer weiter nach innen, Senna mußte nur auf seiner Linie bleiben und Gas stehen lassen, beide Autos flogen in den Sand, ohne größeres Drama als das, daß Prost nicht mehr Weltmeister werden konnte. Senna durfte sagen: Prost wollte in ein Loch fahren, wo keines war, und keiner konnte dem Ayrton Senna das Gegenteil beweisen. Senna war zum zweiten Mal Weltmeister, und er fand das sehr gerecht.

Vermeidbare Kollisionen, die aber dann doch nicht vermieden werden: Die gab es immer und wird es weiter geben, und man braucht sich nicht allzu schrecklich entrüsten. Natürlich, Sport soll *clean* sein, vielleicht sogar *charakterbildend*, aber Spitzensport braucht auch Killer-Instinkt, und wenn es da im Grenzbereich einmal kracht, wird deswegen nicht die ganze Moral des Sports in Frage gestellt. Und wenn es wirklich Spitzenleute sind, die sich auf eine solche ultimative Entscheidung einlassen, wie Prost und Senna, später Damon Hill und Schumacher, kann man auch annehmen, daß es keine Verletzten geben wird, dazu sind alle Beteiligten zu clever, zu geschickt und letztlich auch vernünftig genug. Ich glaube, durch den Schumacher-Villeneuve-Crash in Jerez 1997 ist das Thema für einige Zeit vom Tisch: Die Optik des Vorfalls im weltweiten Fernsehen war derart ungünstig, daß sich die FIA zu einer gewaltigen Drohgebärde aufrichtete. Wenn Schumacher auch vergleichsweise günstig davonkam, so weiß der nächste, daß er dramatische Konsequenzen riskieren würde.

Ich selbst bin in der Formel 1 nie in die Situation gekommen, wo ich wirklich jemanden wegräumen mußte (außer zwei Grenzfälle mit Eddie Irvine), ich kann mich bloß an einen klaren Fall in der Tourenwagenzeit erinnern. Nicht, daß ich so stolz drauf wäre, bloß der Vollständigkeit halber:

Es war 1985, ich fuhr einen BMW 635 CSi für das Schnitzer-Team. Das Team Walkinshaw setzte damals Rover ein, die zumeist einen Tick schneller waren als die unsrigen, aber als schnellster BMW schaffte ich es meistens in die erste oder zweite Startreihe. Ein paarmal war mir schon aufgefallen, daß einer der Rover besonders dann im Weg herumstand, wenn ich in meiner wichtigsten Qualifying-Phase war. So war es auch wieder in Brünn, und ich hab alles getan, damit wir möglichst weit auseinanderkommen, aber der Bursche hat richtig auf mich gewartet, war wieder im Zuckeltempo unterwegs und hat mich wieder in einer Kurve blockiert. Und als er bei einem späteren Versuch noch einmal vor mir auftauchte, wieder im Bremsertempo, hab ich die Hände vom Lenkrad genommen, damit ich keine Prellungen krieg, und bin ihm mit der vollen Wäsche hintenreingedonnert. Manchen Leuten muß man einfach klarmachen, daß man notfalls auch durch ihr Auto durchfahren würde, sonst kapieren sie es nicht. Solche Typen schaffen es natürlich nicht bis zur Formel 1, darum erübrigen sich dort solche Gewaltaktionen, die auch niemand tolerieren würde.

Wenn mich Senna 1990 gut im Griff hatte, so kam es 1991 noch ein bißchen kräftiger. Ich hatte zwar sechs Podiumsplätze, ein paar Poles und Schnellste Runden, aber zum neuerlichen Weltmeister Senna war der Abstand doch deprimierend. Umso leichter tat sich der Champ, auf privater Seite seinen ganzen Charme und sein Charisma zur Geltung zu bringen. Ich hatte wirklich keine Chance, irgendwelche Haßgefühle aufzubauen, die für das sportliche Ziel vielleicht wünschenswert gewesen wären.

Von seinem Verhalten her gab es nur ein einziges Ärgernis in jener Saison, das war, als er mir den Sieg in Japan schenkte. Es war eine unnötige Geste.

Wir beiden hatten das Rennen von Anfang an im Griff gehabt, ich von der Pole aus, er dann in Führung, wobei ich zumeist unter seinem Getriebe hockte, aber keine echte Überhol-Chance bekam. Es war ein wunderbarer, harter Fight zwischen zwei ebenbürtigen Gegnern. Nach Halbzeit brach bei mir der Auspuff, ich verlor Leistung, mußte nachlassen und war bereit, mich mit dem zweiten Platz zufrieden zu geben. Es wäre alles in Ordnung gewesen, wenn wir eins-zwei ins Ziel gefahren wären, ein großer Sieger und ein höchst respektabler Zweiter. Statt dessen verlangsamte er unmittelbar vor der Ziellinie, ich hatte keine Zeit zum Nachdenken, mußte einfach vorbei, es hätte ihm ja auch der Sprit ausgegangen sein können.

Die „große Geste" war öd, denn wenn es ihm ein wirkliches Herzensbedürfnis gewesen wäre, mir als Ausgleich für meine verpatzte Saison etwas Gutes zu tun, dann hätte er ja zehn Runden vor Schluß nachlassen können, wir hätten gemeinsam eine Show gemacht und am Ende hätte ich halt gewonnen. So aber hat er der ganzen Welt gezeigt, wer der Herr im Haus ist, und daß er sich's vom Stand der WM her leisten kann, auch dem kleinen Berger etwas Nettes zukommen zu lassen. Die Tatsache, daß ich durch meinen Auspuff wirklich gehandicapt war, wurde damit völlig weggewischt, und es blieb nur die brillante Demonstration seiner Stärke und seiner herzensguten Großzügigkeit.

Offiziell mußte ich natürlich gute Miene dazu machen, aber innerlich war ich angefressen. Ich glaube, er hat das auch gespürt, jedenfalls sprachen wir nachher kein einziges Wort darüber, ich hab mich also nicht bedankt, und er hat sich auch nicht drüber ausgelassen, was er mit der Aktion bezwecken wollte.

Unsere Freundschaft hat darunter aber nicht gelitten, es bestärkte mich bloß in jenem Quentchen Mißtrauen, das ich ihm gegenüber behielt, zumindest solang wir im selben Team waren.

Die Senna-Jahre waren für mich das Ende der Unbeschwertheit, aber sie prägten mich enorm positiv als Rennfahrer, auch wenn ich das mit Ergebnissen nicht hundertprozentig nachweisen kann.

Ich begann ernsthaft zu arbeiten, um den Rennsport so komplex zu begreifen, wie er heutzutage nun eben ist. Senna und Prost hatten mir unendlich viel an investiertem Fleiß voraus, aber nun klinkte ich mich voll ein. Mir kam vor, als wär' ich vom Märchenland direkt ins Bergwerk gekommen, so dramatisch war der Wechsel in den Arbeitsumständen. An schierer Speed, der Grundeinheit des extremen Rennfahrens, hatte mir Senna nichts voraus, das ließ sich immer wieder an den Computerausdrucken ablesen: An den haarigsten Stellen, an den 250-km/h-Passagen, war bei mir noch öfter als bei ihm der glatte Strich des voll durchgetretenen Pedals zu sehen, auch in Runden, wo er letztlich die bessere Zeit fuhr. Er nahm mir die Zeit ab, weil er der rundere, perfektere Mann war, nicht der schnellere.

Nach dem Training war ich gewohnt gewesen, bei Ferrari meinem Ingenieur zu sagen, du, mein Auto übersteuert hier und untersteuert dort, und ein bissl zu hart ist es auch, dann hab ich ihm auf die Schulter geklopft und gesagt, das ist jetzt dein Job, und morgen in der Früh sollt's nimmer übersteuern und nimmer untersteuern, und dann bin ich Schmäh führen gegangen.

Plötzlich bedeuteten diese Tage an der Rennstrecke volle Arbeit von der Früh bis sieben am Abend, endlose Analysen der Computerwerte, endlose Diskussionen mit den Ingenieuren. Senna wußte von jeder Schraube das Anziehmoment, er wollte einfach alles wissen und überall mitdenken können, und einen Stabi drehte er zehnmal hin und her, bevor er ihn einbauen ließ.

Sobald ich mich an diese intensive Arbeit gewöhnt hatte, war ich eigentlich froh darüber, es interessierte mich, und ich wollte da mittendurch. Ich fühlte mich plötzlich erwachsen, jedenfalls in meinem erlernten Beruf als Rennfahrer.

Körperlich legte ich natürlich auch ein Schäuferl zu. Ich brachte es zwar nie auf die Überwindung des Senna mit seinen Läufen in der Hitze, aber ich quälte mich ungleich mehr als zuvor.

In unserem dritten gemeinsamen Jahr bei McLaren stieß auch der Senna-Faktor an seine Grenzen. 1992 war das Jahr der Williams-Renault und ganz besonders das Jahr des Nigel Mansell, der gleich einmal die ersten fünf Rennen en suite gewann.* Der Grund für diese sagenhafte Überlegenheit war das perfekte Zusammenspiel dreier Faktoren und deren fehlerlose Umsetzung durch Team und Fahrer. Williams hatte den besten Zugang zum Mysterium der aktiven Radaufhängung, Renault baute

*Im Buch der Rekorde steht Mansell damit ex aequo mit Jack Brabham (1960) und Jim Clark (1965) an zweiter Stelle hinter Alberto Ascari, der auf Ferrari in den Jahren 1952/1953 neun Grand-Prix-Rennen en suite gewann.

einen Supermotor, und elf fand die brisanteste Treibstoff-Formel, damals herrschte ja weitgehende Freiheit für das Mixen des Benzins.

Ungefähr passend zur McLaren-Entwicklung sagte Senna schon im Frühjahr:

„Paß auf, Ron will dein Gehalt kürzen."

Ich habe ja schon erwähnt, daß wir in Gelddingen besonders gut harmonierten, ich bewunderte die Gnadenlosigkeit seiner Forderungen und seinen Weitblick, was die Umsetzung von bislang utopischen Vorstellungen betraf. Das Preis-Lizitieren des Senna war ein Kunstwerk, das über das reine Geld hinausging.

Auch wenn wir stundenlang quatschten, war es meist nur ein schmales Gebiet, weil sich die Gedanken ja doch um nichts anderes als ums Erfolghaben drehten. Das Thema war eigentlich immer: Wie man noch mehr Erfolg haben kann und eine Sache nach der anderen in den Griff kriegt. Wir konnten einander stundenlang zuhören, wenn jeder über seine Art des Verhandelns und Verträge-Abschließens erzählte. Unsere Positionen waren ja nicht zu vergleichen, er hatte fünfmal soviel Erfolge vorzuweisen und den Riesenmarkt Brasilien im Rücken, aber es gefiel ihm, wie ich fightete und die Möglichkeiten ausreizte. Und was ihn betraf, so war es ein Wahnsinn, welche Explosion der Formel-1-Gehälter er zuwege gebracht hat. Es war jene Dimension von Sprüngen, wie sie vor ihm nur Niki Lauda und nach ihm nur Michael Schumacher geschafft hatte.

Oder: Wie er über mehrere Jahre hinweg Ron Dennis gegen Frank Williams ausgespielt hatte. Williams war auf dem Weg zu einem Top-Team, mit dem richtigen Motor (Renault, vor allem angesichts des möglichen Honda-Rückzugs), mit den richtigen Ingenieuren und dem richtigen Biß, ganz allgemein. Was fehlte, war der Top-Fahrer von der Statur eines Prost oder Senna. Prost war mehr oder weniger an Ferrari gebunden. Senna wollte eigentlich vorerst bei McLaren bleiben, also spielte er gegenüber Ron Dennis mit der Begehrlichkeit des Frank Williams.

Er sagte zu mir:

„Ich werde *soundsoviel* verlangen", das waren vierzig

Prozent über dem Plafond der Formel-1-Gagen, wie ihn Alain Prost erreicht hatte.

Ich war hingerissen und gratulierte allein zu dem Entschluß, solche Summen in die Welt zu setzen.

Nächsten Morgen, beim Frühstück, sagte er:

„Ich hab mir's überlegt. Ich verlange *soundsoviel*." Das waren noch einmal 20% drauf.

„Du hast einen Vogel. Unmöglich."

„Du wirst sehen."

Die Verhandlungen zogen sich dann endlos, sie müssen eine unsägliche Pein für Ron Dennis gewesen sein. Aber Senna kriegte seine Fabelsumme, wobei ihm weniger am Geld lag als an der Befriedigung, das Doppelte des Alain Prost erzielt zu haben. Das Doppelte des Prost, noch dazu aus dem Sack von Ron Dennis, man stelle sich das vor!

Dennis war dementsprechend ein paar Wochen lang in erbärmlichem Zustand, weil er nicht wußte, wo er das Geld herkriegen sollte. Das war dem Senna natürlich wurscht.

Wenn Senna nun also sagte, daß ich eine schiefe Ebene für meine Vertragsverlängerung mit McLaren zu erwarten hatte, dann wußte er sicherlich, wovon er redete. Noch wichtiger: Senna wußte dank seiner intimen Japan-Connection, daß Honda 1993 nicht mehr dabeisein würde.

Ohne Honda-Motoren würde McLaren seinen Stand gegenüber Williams-Renault noch dramatischer verschlechtern.

Senna bestärkte mich sofort in meinem ersten Instinkt, zu Ferrari zurückzugehen. Ich bin nicht ganz sicher, ob er mich da quasi als Vorposten hinschicken wollte, um erst einmal die Dinge aussortieren zu lassen und ein, zwei Jahre später selbst nachzukommen. Denn im Grund stellte er sich das als ultimative Climax seines Rennfahrerlebens vor, die Magie von Ferrari mit der Magie von Ayrton Senna zu paaren und zu einem sensationellen Kunstwerk zu verschmelzen. Dazu brauchte er aber ein Top-Ferrari-Team, nicht in dem ungeordneten Zustand, in dem der Rennstall damals war, trotz Prost.

Egal: Ich tendierte sowieso zu Ferrari. Damals wollte ich es nicht zugeben, aber Zeit heilt Wunden: In Wahrheit hatte ich das Gefühl, Senna nicht noch länger ertragen zu können. Sein Können, sein Standing, seine Persönlichkeit, alles hatte ich bislang ganz gut ausgehalten, aber der Gedanke an ein weiteres Jahr machte mich krank. Ich sehnte mich danach, wieder aus seinem Schatten herauszutreten, meine eigene Persönlichkeit zu sein, für ein Team die Hauptrolle zu spielen.

Ferrari machte es mir leicht. Die wollten mich sehr und *wirklich.* Ich kriegte ein tolles Angebot und unterschrieb es noch im Mai. Beim Grand Prix in Kanada sagte ich Ron Dennis, daß ich ihn verlassen würde. Ron war null drauf vorbereitet, er war sich meiner sehr sicher gewesen.

Zufällig brachte Kanada auch noch ein geiles Rennen, das die Fadesse der Williams-Prozessionen dieses Jahres durchbrach. Senna lockte Mansell in ein Überholmanöver, das sich nicht ausgehen konnte, ich fightete Patrese nieder, hetzte Senna, bis er Probleme kriegte, verteidigte die Führung gegen Schumacher und gewann mein erstes McLaren-Rennen seit der Senna-Höflichkeit von Suzuka. Ich habe das Wochenende auch deswegen in guter Erinnerung, weil ich die Kanada-Reise als erweiterte Flugpraxis angelegt hatte und mit der kleinen Citation I über Grönland gedüst bin. Die Rückreise werde ich nie vergessen:

Die Idee, gleich in Montreal noch auf den Putz zu hauen, flimmerte nur ganz kurz auf. Nein, wir würden dabei bleiben, gleich die erste Etappe nach Goose Bay zu fliegen. Von Erschöpfung war nichts zu spüren, außerdem war ich ja nur Co und hatte Sigi Angerer als Kapitän. Also strömten wir Richtung Labrador.

Goose Bay mag für die Luftraumüberwachung von Labrador und Northern Territories ein essentieller Stützpunkt sein, jedenfalls stehen mehr Bomber-Fighter aufgefädelt, als du je sehen willst, aber ansonst fällt mir nicht viel ein. Auch im Juni sind die Eisbären los, und den Winter mag sich keiner ausmalen. Bis der Flieger versorgt war, war's knapp Mitternacht, und ein Taxi, das perfekt zur ganzen Szene paßte, die auch in Sibirien hätte spielen können, brachte uns ins Hotel, das folgenden Namen führte:

„Hotel Labrador".

Zu essen gab es nichts mehr im Hotel, aber wenn wir uns beeilten, könnten wir es noch bis zu einem Wirtshaus schaffen, zu Fuß natürlich, denn das Taxi war ja schon weg.

Also gingen wir an ein paar Baracken vorbei, bis uns Beleuchtung den rechten Weg wies. Das Restaurant hieß:

„Hongkong".

Ich hätte mir als Krönung des Tages Wiener Schnitzel mit Ketchup und Pommes Frites gewünscht, mußte aber umdisponieren: Geschnetzeltes Beef, aber immerhin samt Ketchup und Pommes Frites. Dazu tranken wir das beliebte „Labbat's Blue"-Bier.

Ich hatte eine klare Idee, was ich mir am Abend eines solchen Sieges wünschen tät: Förderband, das mich jetzt direkt vom Tisch ins Bett schieben würde, und zwischendurch sollte eine Waschanlage eingebaut sein, wie bei den Autos, mit Bürsten und Shampoo, und ich würde auf der anderen Seite rauskommen, gewaschen und getrocknet.

In der Früh gab's einen grauslichen Wetterbericht, und es kam noch dicker: Narsarsuaq auf Grönland verschlechterte sich rapid und lag auf Nullsicht, als wir in der Gegend waren. Es gab nur zwei Chancen zum Ausweichen, und Captain Angerer entschied sich für das weiter nördlich gelegene Gothab.

Es war unglaublich.

Als wir durch die Wolken rumpelten, empfing uns Schneesturm, und die längste Zeit konntest du gar nichts sehen, und als man was sehen konnte, waren es die bleigrauen Umrisse eines erfrorenen feindlichen Planeten. Als Sigi die Nase noch einmal energisch runtertauchte, hätte er den Flieger genausogut ins Meer schmeißen können, aber plötzlich war da doch ein Kreuz und eine Landebahn, schrecklich kurz zwar, aber der Captain preßte den Flieger mit einer grandiosen Bestimmtheit durch die Böen haargenau an den Beginn dieses Strips, und es polterte ein bissl kräftiger als sonst, aber das war's auch schon.

Triumphal hatten wir Gothab genommen, ein irres Gefühl.

Auch aus Bodensicht war dies ein längst erfrorener trostloser Planet.

Weil mir der Junge, der uns betankte, so leid tat, wollte ich was Nettes sagen, und was mir einfiel, war:

„Nice place here."

Draufhin strahlte der junge Mann im Schneesturm und sagte mit wunderbarer Überzeugung:

„Yes. Only the weather is bad."

Diese Relativität von „nice place" hat mich ziemlich beschäftigt. Ob es den anderen auch so geht? Daß ich zum Beispiel Tirol toll finde, und der Senna, der aus Rio kommt, denkt sich: So eine arme Sau.

Wir verließen Gothab mit Kurs auf Island, das uns wie eine südliche Insel erschien. Von Keflavik flogen wir nach Luton, dem günstigsten Jet-tauglichen Flughafen für Silverstone. Es war genau Mitternacht.

Die nächsten zwei Tage testete ich die aktive Radaufhängung des McLaren und ein paar aerodynamische Nuancen. Ich hoffte, eine weitere Sekunde auf die Williams zu gewinnen, aber das war eine Illusion.

Mit Hondas nun auch offiziell erklärtem Rückzug erlebte das Team McLaren den nächsten Dämpfer, und zwischendurch sagte auch Senna dem Ron Dennis, daß er ihn Richtung Williams verlassen werde. Allerdings blieben diese Gespräche vorerst stecken, wohl dank der politischen Macht des Alain Prost, der noch ungestört seinen vierten Weltmeistertitel einfahren wollte. Senna mußte noch die Saison 93 bei McLaren anhängen – mit Ford-Motoren, wie sich rausstellte, und mit einem seltsamen Vertrag, der nur von Rennen zu Rennen galt.

So fuhren wir 1993 in verschiedenen Teams, Senna bei McLaren mit dem nicht so tollen Ford-Motor (und letztlich chancenlos gegen Prost im Williams-Renault), ich bei Ferrari.

Damit fiel das letzte Quentchen Reserviertheit weg, wie es innerhalb eines Teamgespanns in der Formel 1 halt unvermeidbar ist, und es blieb die unbelastete Freundschaft. Durch unseren gemeinsamen Fitness-Freund Josef Leberer war schon längst ein Dreieck draus geworden, in dem sich ein Schmäh entwickelte, wie ihn Senna einfach nicht gekannt hatte. Mit „Schmäh" meine ich eine Leichtigkeit des Umgangstons, das Verblödeln all jener Situationen, die nicht in den vollen Ernst unserer Arbeit fallen. Es ist eine Art von Alltags-Schlitzohrigkeit, aus der sich eine kleine Kunstform entwickelt, die letztlich für die Eingeweihten zu einem Zustand wird. Für mich war dieser Zustand normal, weil ich mein Leben lang nichts anderes gewöhnt war, aber für Senna war es eine neue Lebensqualität, weil sie ihn davon befreite, immer so Weltstar-mäßig todernst, charaktervoll und politisch korrekt zu sein.

Jedenfalls ist er auf diesen Schmäh, auch wenn nur ein paar Minuten dafür Zeit war, unheimlich abgefahren. Josef wurde zu einem wesentlichen Menschen im Leben Sennas, viel mehr als bloß Masseur oder Fitness-Betreuer, sondern ein echter Vertrauter, und unser „Dreieck" blieb natürlich auch quer über die Teams bestehen. Denn als ich zu Ferrari zog, war klar, daß Joe bei Senna bleiben würde, und ich holte Heinz Lechner zurück, der mich schon bei Ferrari I betreut hatte. Heinz ist ein perfekter Physio-Therapeut, ebenfalls aus der Riege der Dungl-Jünger.

Mein Bild von Senna war mittlerweile abgerundet. Ich hatte mir ja lang eingebildet, quasi automatisch auf dem Weg zum weltbesten Rennfahrer zu sein, und daß sich aus meinem Talent heraus alles logisch ergeben würde. Bis ich irgendwann kapierte, daß es keinen Weg an Senna vorbei gab.

Das kann man nur wirklich verstehen, wenn man ihn sehr gut gekannt und mit ihm gearbeitet hat. Jean Alesi zum Beispiel phantasierte öfter, daß er sich zutraue, den Senna zu biegen, und ich sagte ihm, du träumst, du bist nicht einmal in der Nähe davon. In manchen Momenten, in gewissen Kurven, klar, da konnte man ihn packen, aber insgesamt war nicht dran zu denken.

Um diese Gesamtheit geht es. Die Zeiten, wo man einen Rennfahrer nur nach seiner Schnelligkeit und seinen Reflexen beurteilte, sind vorbei. Bei Ayrton Senna war es das Zusammenspiel von Verstand, Konzentration und Kraft. In seiner

Fähigkeit, sich aufs Rennfahren zu konzentrieren, war er zwei oder drei Stufen über uns allen, es war eklatant.

Natürlich habe ich ihn belauert und immer wieder drüber nachgedacht, worin das Geheimnis liegen und wie ein pfiffiger Tiroler Bursch es nachvollziehen könnte. Da war höchstens seine Religiosität, aber mit der konnte ich nichts anfangen. Er hat ja immerhin auch Leute mit Tempo 200 von der Piste gerempelt, so wahnsinnig religiös war das auch nicht, drum bin ich da nicht ganz klargekommen. Religion und Kämpfer-Sein, das ist irgendwie ein Widerspruch, aber natürlich gehen auch religiöse Leute in den Krieg und erschießen einen und sagen, das ist meine Pflicht. Ich versteh zuwenig davon, ich hab bloß immer alles respektiert, was mit seiner Religiosität zusammenhing. Aber es war nichts, woran ich mich selber anhalten konnte.

Ein Jahr nach mir verließ auch Senna das McLaren-Team und ging zu Williams. Es war eine Aktion mit der Brechstange, die Ayrtons Totalität entsprach: Williams hatte für 1994 bereits einen gültigen Vertrag mit Prost, aber das war dem Senna wurscht, wenn er sich einbildete, unbedingt einen Williams zu fahren, weil er den und keinen anderen für das Weltmeisterauto hielt. Wenn sein Killerinstinkt so richtig durchkam, war ihm auch die extremste Aktion nicht zu steil.

Es ergab sich dieser perverse Deal, daß Senna Prost herauskaufte, oder anders gesagt, einen Jahresvertrag zum Nulltarif machte, vielleicht sogar eigenes Geld drauflegte, damit Williams dem Alain Prost die vertragsmäßige volle Kohle bezahlen konnte, fürs Nichtfahren. Sennas Vertrag war längerfristig, und 1995 wäre dann sicher wieder eine Supergage drin gewesen. Ein Jahr nichts zu verdienen war jedenfalls kein Problem für ihn.

Dabei stand zu Saisonbeginn gar nicht fest, daß Williams so unbedingt das Maß der Dinge sein mußte. Das Auto war nunmehr hysterisch in seiner Abstimmungsbalance und reagierte störrisch auf minimale Änderungen der Bodenfreiheit. Trotz der Ausfälle in den ersten beiden Rennen, Brasilien und Aida, schien es aber nur eine Frage der Zeit zu sein. Senna würde die

Ingenieure bald derart im Griff haben, daß sie ihm das rundum beste Auto jener Tage hinstellen sollten, fit für ein paar WM-Titel hintereinander. Die brillante Weise, in der er ansatzlos gleich die Pole Positions von Interlagos, Aida und Imola herausfuhr, sah man schon als Indiz für bevorstehende goldene Zeiten.

Imola, 30. April 1994, Qualifikation, Samstagnachmittag.

Ich saß angeschnallt im Auto in der Box, parat zum Ausfahren, hatte den Monitor vor mir und mußte die Herzmassage für Roland Ratzenberger ansehen. Allein an den Bewegungen der Sanitäter konnte ich ablesen, was los war. Ich war außer mir. Ich stieg aus, ging ins Motorhome, zitterte. Ich war zum ersten Mal damit konfrontiert, daß einer im Rennauto starb. In meiner ganzen Formel-1-Zeit hatte es keinen Todessturz mehr gegeben. Ich sah nur zwei Möglichkeiten: Sofort heimfahren und den ganzen Sport vergessen, oder den Schalter umlegen und mir irgend etwas einreden. Zum Beispiel: Wenn du auch so stirbst wie der Roland, dann ist es wenigstens bei dem, was du am liebsten tust auf der Welt. Solche Sachen fielen mir ein, und ich mußte rasch entscheiden, ging raus, hockte mich ins Auto und fuhr eine schnelle Runde, wie zum Selbstschutz.

Die Telemetrie sagte nachher, daß der Simtek des Roland Ratzenberger mit Tempo 308 in die Begrenzungsmauer eingeschlagen war. Man hatte Roland nach der Notversorgung ins Maggiore-Hospital nach Bologna geflogen, aber er hatte keine Chance mehr.

Der Unfall war in der Villeneuve-Kurve passiert, keine 500 Meter von meiner Unfallstelle fünf Jahre zuvor. Vieles spricht dafür, daß beide Unfälle die gleiche Ursache hatten: Frontflügel gebrochen, kein Abtrieb, unlenkbares Auto.

Irgendwo tief in unseren Herzen hatten wir alle gehofft, die goldene Serie einer Formel 1 ohne tödliche Unfälle würde ewig weitergehen. Und jetzt ausgerechnet Roland! Er hatte mich noch auf seiner Anreise nach Imola auf dem Boot in Monaco besucht. Ich mochte seine natürliche, offene Art, diese leise Fröhlichkeit von innen heraus. Roland war auf dem besten Weg gewesen, eine echte Bereicherung der Formel-1-Szene zu werden.

Imola, 1. Mai 1994. Josef Leberer war, wie üblich, an der Startaufstellung bei Senna, als der schon mit Helm im Auto saß. Über Lautsprecher wurden die Startpositionen angesprochen, es gab Applaus bei „Senna", Applaus bei „Schumacher", dann besonderen Applaus bei „Berger". Josef hat mir gesagt, daß dieser Sonderapplaus den Senna richtig erheitert hat, jedenfalls konnte Josef durch das Helmvisier erkennen, daß Senna über beide Ohren grinste.

In der sechsten Runde huschte ein Schatten auf mich zu, und es tat einen Schlag am Auto. Ich konnte aber nichts Gravierendes spüren, fuhr weiter, und bevor ich groß nachdenken konnte, waren die roten Fahnen draußen: Rennabbruch.

Ich ließ die vordere Aufhängung checken, man sah sofort eine schwere Beschädigung und daß das Zeug nur noch an der letzten Faser hing. Die Mechaniker begannen an der Startaufstellung mit dem Wechseln der Aufhängung. Ich erfuhr, daß das Chaos, das ich in der Tamburello-Kurve gerade noch aus den Augenwinkeln wahrgenommen hatte, einen Unfall von Ayrton Senna bedeutete. Das Auto mußte von dort entfernt werden. Und ganz offensichtlich stammte der Teil, der meine Aufhängung getroffen hatte, vom weggerissenen Frontflügel des Senna-Autos.

Wie schwer, der Unfall?

Das konnte hier keiner sagen. Die Monitore in den Boxen hingen am internen Netz der Rennstrecke, jeder Fernsehzuschauer irgendwo auf der Welt hatte in diesem Moment eine bessere Übersicht über die Situation, konnte zumindest feststellen, daß es kein Dutzendunfall gewesen sein dürfte, sondern eine wirklich ernste Angelegenheit. Ich hatte jedenfalls keine Schwierigkeit, die Sache zu verdrängen, ein Zwischenfall halt, wie's viele gibt. Ich konzentrierte mich auf den neuerlichen Start.

Am Vorstart fragte ich noch einmal nach Senna. Ja, er sei zu Bewußtsein gekommen, gerade aufgestanden, und im Hinterkopf dachte ich, „aufgestanden und weggegangen ... er weiß schon, wie man eine Show abzieht". Dann kam Bernie zu mir und sagte *shit weekend*, und ich fragte, was ist los, er hatte das Funkgerät dabei und wollte den Professor Watkins erreichen, aber der arbeitete gerade, derweil grammelte das Funkgerät, und ich versuchte mich zu konzentrieren.

Neuerlicher Start, null Gedanke an Senna oder irgendwas Schreckliches. Nach ein paar Runden überholte ich Schumacher und war damit in Führung. Plötzlich, in der Acqua Minerale, brach das Auto hinten aus. Schumacher ging an mir vorbei, ohne daß ich mich groß wehrte, ich wollte erst einmal checken, was da los war hinten am Auto. Auf der Geraden sah ich Funken im Rückspiegel und dachte, daß ich zuvor keine Funken bemerkt hatte, war verärgert über mich selber: träumst jetzt, oder was? Irgendwo ganz hinten im Hirn eines Fahrers kriegt man solche Abweichungen mit: Hoffentlich hast keine *slow puncture*. Ich dachte, ich sollte die neuen Reifen gleich abholen, obwohl der Boxenstop erst drei, vier Runden später geplant war, und so hab ich es auch gemacht.

Beim neuerlichen Rausfahren hatte ich Untersteuern, das vorher nicht da war, und war verunsichert, ob das vielleicht mit den neuen Reifen oder dem Auftanken zu tun hatte, das Auto war ja nun schwerer, ich mußte die Bremspunkte ändern. In der schnellen Schikane, wo Barrichello seinen irren Unfall gehabt hatte, brach das Auto wieder aus, und ich mußte über die Wiese, und da war ich mir noch immer nicht sicher, ob am Auto etwas los war oder ich bloß zu schnell für die neuen Verhältnisse gefahren war. Irgendwas sagte mir, jetzt kommt die schnelle Gerade, wenn dir da was passiert, das kannst net brauchen.

Also fuhr ich an die Box und ließ nachschauen. Die Burschen meinten, da paßt alles, aber ich sagte, wenn ich mir einbilde, da fehlt was, kann's auch nicht ganz richtig sein. In diesem Augenblick kam schon Jean Todt und sagte: Steig aus.

Später sagte er: „Ich hab dir angesehen, daß du aussteigen wolltest", und das wollte ich wirklich.

Dann hockte ich in der Box und hatte plötzlich das Gefühl, daß alles so still war, obwohl draußen das Rennen dröhnte, und ich begriff auf eine Weise, die ich nicht erklären kann, daß Ayrton Senna im Sterben lag.

Nun sickerten erste Nachrichten über den Ernst der Lage auch bis zu den Boxen durch. Herauszuhören war, daß Senna noch ums Überleben kämpfte, die Schlacht aber eigentlich schon verloren sei. Ich hatte in diesem Moment nur ein einziges Gefühl: Ich wollte ihn noch einmal sehen. Ich weiß nicht, was ich mir davon erwartete, aber ich wollte es einfach, unbedingt. Braga und mein Vater hatten den Marlboro-Hubschrauber organisiert, der uns ins Krankenhaus nach Bologna brachte.

Was ich in der Klinik verstand, war wiederum, daß der Kampf der Ärzte chancenlos, aber noch nicht vorüber sei. Ich mußte eine Zeit warten, die uns ewig schien, dann wurden Josef Leberer und ich zu ihm gelassen. Ayrton war mit einem grünen Tuch bedeckt, das einen Teil der Wunden an der Stirn freiließ. Die Hand, der Fuß, den ich sah, waren die eines Toten, nach meinem Gefühl. Zwei oder drei Ärzte machten sich im Bereich der Stirnverletzung zu schaffen, und wir waren wieder im unklaren, ob Ayrton noch lebte.

Diese Unklarheit hat mich später sehr beschäftigt, weil die Umstände all dieser vagen Angaben irgendwie seltsam waren. Als dann die Diskussion losging und vor allem aus Brasilien die schweren Vorwürfe kamen, daß die Zeit des Todeseintritts manipuliert worden sei, um die Durchführung des Rennens zu retten, hatte ich eine Zeitlang den Verdacht, ich sollte dazu benützt werden, einen späten Zeitpunkt zu bestätigen. Die Sache ließ für mich seltsame Fragen offen, aber doch nicht so sehr, um mir wirklich schwerwiegende Zweifel an den offiziellen Angaben zu erlauben. Außerdem war Chefarzt Sid Watkins ein echter Freund des Ayrton, er hätte sich für keine Manipulation hergegeben.

Josef Leberer blieb im Krankenhaus, und er blieb von da an bei Ayrton Senna, es war der ausdrückliche Wunsch der

Familie, er begleitete den Sarg zum Flugzeug, saß im Flugzeug neben dem Sarg und war bis zum Begräbnis bei Ayrton. Es war ein ganz unendlich tiefer Abschied.

Meine Mutter hat oft Redensarten verwendet, die mir deshalb auffielen, weil ich absolut nichts damit anfangen konnte und ich sie höchstens sinnentleert nachplapperte und dachte, vielleicht begreife ich einmal, was damit wirklich gemeint ist. Einer dieser Ausdrücke war „ich bin schockiert". Als ich am Tag nach Sennas Tod aufwachte, wußte ich zum ersten Mal, wie das sein kann.

Es ist wie taub zu sein in unheimlicher Leere, und wenn ich rundherum schaute und zu horchen versuchte, war auch alles nur leer.

Welch ein unglaubliches Horror-Wochenende: Am Freitag crasht Barrichello mit 240 km/h in die Reifenmauer, das Video ist ein einziger Alptraum. Am Samstag Ratzenberger, am Sonntag eine Startkollision, bei der ein Rad in die Zuschauer fliegt und einen Mann schwer am Kopf verletzt, dann der Senna-Unfall, und während ich noch in der Box sitze, fliegen drei Mechaniker durch die Gegend, getroffen vom schlampig montierten Rad des Alboreto bei der Boxenausfahrt.

Diese Ballung von Dramen zeigte die ungeheure negative Kraft, die plötzlich frei wird, wenn es in die falsche Richtung läuft. Die guten Jahre der Formel 1 waren wie weggewischt.

Nachdenken war das einzige, was ich tun konnte.

Hatte ich mir vom Anblick des toten Freundes vielleicht im Unterbewußtsein einen Hinweis darauf erwartet, wie es mit mir selber weitergehen sollte? Wenn ich in den nächsten Tagen draufkäme, daß es der richtige Moment zum Aufhören wäre, dann würde ich mit mir selber kämpfen, und dann würde mir dieses Bild die Entscheidung – die bessere, die richtigere – leichter machen ... vielleicht auf die Art, wie wenn du ein Kind hast und dir furchtbare Sorgen wegen der Drogengefahr machst, da nimmst du das Kind und führst es zu Plätzen, wo du Drogenkranke siehst, zur Abschreckung. Aber ich bekam aus der

Situation im Krankenhaus keinen Hinweis, war bloß froh, daß ich Ayrton noch einmal sehen hatte können. Die Schädelverletzungen, soweit sichtbar, drängten sich aber überhaupt nicht ins Bild vom toten Freund, der blieb unverletzt für immer.

Das Bild von Ayrton Senna.

Ich glaub, er war glücklich. Sicher sogar. Er hatte das gleiche wunderschöne Leben wie ich, und obendrauf noch drei Weltmeistertitel. Ich weiß nicht, vielleicht wollte er sechsmal Weltmeister werden, um Fangio zu übertreffen. Aber das war auch schon alles, was ihm gefehlt haben könnte.

Er hatte etwas Übernatürliches. Eine Ausstrahlung, als ob er vom anderen Planeten käme und deswegen mehr Überblick hat, mehr Gehirnzellen, mehr Kraft, mehr Energie. Wenn er auch nicht grundsätzlich die Aura von Warmherzigkeit hatte, schon gar nicht die von Kumpelhaftigkeit, war doch so viel Charisma in seiner Erscheinung, in seinen Augen, seinem Lächeln, daß die Menschen ihn nicht nur bewunderten, sondern auch liebten.

Er hatte eine neue Linie in die Formel 1 gebracht, eine ganze Stufe weiter. Er führte die technische Arbeit eines Lauda und Prost auf bisher unerreichte Höhe.

Für uns wirkte er unantastbar, was ja irgendwie auch unverwundbar bedeutet, aber ich glaube nicht, daß er sich selber so sah. Er hatte nicht die wahnsinnige, endgültige Furchtlosigkeit eines Gilles Villeneuve. Er ist oft zu mir gekommen mit einem Computerausdruck, wo ich irgendeine Ecke voll gefahren bin, und hat gesagt, du spinnst. Wenn du da abfliegst, bist hin... nein, absolute Furchtlosigkeit war nicht seine Stärke. Er war nicht der wilde Hund, sondern der perfekte und der konzentrierteste Rennfahrer, der mit dem überdimensionalen Überblick, ohne Vergleich. Sein Tod war für die Formel 1, wie wenn die Sonn' vom Himmel fallt.

Die Frage nach der Unfallursache war nicht wirklich zu klären, jedenfalls nicht in einer Schlüssigkeit, die die ganze Welt überzeugen könnte. Da half letztlich nicht einmal eine aufwendige Gerichtsverhandlung drei Jahre später in Italien.

Ein einziger Aspekt ist wirklich eindeutig: Die Sturzzone im Bereich der Tamburello-Kurve war zu gefährlich und entsprach nicht dem Sicherheitsstandard, den die Formel 1 einfach braucht. Man wird nie Unfälle wegen Defekten oder menschlichen Fehlern ausschließen können, drum müssen wenigstens die Sturzräume passen.

Am Video war zu sehen, daß der Wagen auf den Bodenwellen durchschlug und ausgehoben wurde (was noch nichts besagen muß), dann nicht mehr in die Linkskurve einlenkte, sondern geradeaus zerschellte – laut Telemetrie waren es 264 km/h beim Anprall. Aus meiner Sicht deutet alles auf einen Lenkungsbruch hin. Ein Foto, das später in einem brasilianischen Magazin erschien, stärkt diese Ansicht: An Schultern und Armen sieht man die typische Haltung des Piloten, der nach links einlenkt, aber die Vorderräder bleiben geradeaus.

Ich glaube schon, daß es wichtig ist, die wirkliche Ursache zu kennen – aber nur für das Team selbst, für die Techniker, die daraus lernen müssen. Daraus ein gerichtliches Spektakel mit weitreichenden Konsequenzen zu machen, widerspricht dem ganzen Geist der Formel 1: Alle Beteiligten lassen sich auf ein Risiko ein und tun gleichzeitig alles Menschenmögliche, um es zu minimieren. Wenn man beginnt, die letzten Unwägbarkeiten zu kriminalisieren, ist die ganze Formel 1 in Gefahr. Einem Toten kann man jetzt natürlich alles unterschieben, aber ich glaube, im Bild, das sich Ayrton Senna von seinem Sport machte, wäre eine Gerichtsverhandlung nicht vorgekommen.

Das Begräbnis in São Paulo hatte mit einem normalen Begräbnis nichts zu tun, es war so obendrüber wie der ganze Senna. Von jedem roten Teppich bis zu jedem Flieger, der drübergedonnert ist, bis zum weißen Kleid der Mutter, es war alles Senna-mäßig, als ob er dirigieren tät, was jeder zu tun hat. Während der Tage nach seinem Tod standen mir die Tränen in den Augen, beim Begräbnis selbst aber sicherlich nicht. Es war ja mehr wie eine Ehrenparade, wie wenn sich ein Volk bei seinem König bedankt, der es in die gewonnene Schlacht geführt hat. Nicht einmal sein Vater hat beim Begräbnis geweint, es sollte wohl auch nichts Trauriges sein, sondern ganz was anderes, was Höheres, was Mystisches. Und trotzdem hat alles dran gestimmt, es hat Stil gehabt, und es verdreifachte noch einmal diesen Mythos, den Senna schon als Lebender hatte.

Vor dem Begräbnis waren die Diskussionen wieder aufgeflammt, ob der Zeitpunkt des Todeseintritts falsch angegeben worden war. Tatsache ist, daß es für einen Rennveranstalter, besonders in Italien, sehr viel einfacher wird, wenn der Tod eines Verunglückten nicht an Ort und Stelle, sondern nach dem Abtransport festgestellt wird, etwa im Krankenhaus. Andernfalls muß die Strecke sofort gesperrt werden, ein Neustart ist nicht möglich.

Vor allem Ayrtons Bruder verbiß sich in eine Schuldzuweisung an Bernie Ecclestone. Er schien überzeugt gewesen zu sein, daß Ayrton bereits an Ort und Stelle tot war. Ich habe vorhin erwähnt, daß die Angaben an jenem Nachmittag tatsächlich recht vage waren, anderseits hätte es eine ganze Kette von Personen geben müssen, um die Lüge durchzusetzen, und daran glaube ich nicht wirklich.

Ich nahm im Zweifelsfall Partei für Ecclestone und fand es nicht richtig, daß er trotz Anreise nach Brasilien nicht zum Begräbnis zugelassen wurde. Abgesehen von der Demütigung, war es eine todtraurige Situation: Die Begräbnisgäste aus Europa wurden mit Wagen und Bussen vom Hotel abgeholt, die Gruppe der Wartenden wurde immer kleiner, bis am Ende Bernie Ecclestone mit seiner Frau allein übrigblieb. Immerhin wußte ich positiv, daß Ayrton und Bernie gut miteinander gekonnt hatten. Trotz aller Sachkonflikte hatten sie einander respektiert und sogar gemocht. Wenn Senna letztlich zum lieben Gott des Rennsports aufgestiegen ist, so war es immerhin Ecclestone, der ihm eine entsprechend gewaltige Bühne bereitgestellt hatte, und Senna wußte das sehr genau. Ich meine, wenn Senna das von oben anschauen hätte können, hätte er den Bernie sehr wohl zum Begräbnis gebeten.

Demgegenüber war es seltsam, daß Prost und Stewart, die Senna immer als seine Feinde angesehen hatte, in der ersten Reihe mitmarschierten. Nur Nelson Piquet blieb sich selber treu und dem Begräbnis fern.

Zwei Tage nach Imola wurde ich von Ferrari angerufen. Man hatte meinen Wagen untersucht und herausgefunden, daß ein Dämpfer hinten gebrochen war und Gas verloren hatte. Außerdem war ein Schwinghebel gebrochen, und es gab schon Anzeichen von Folgeschäden.

Daß ich wegen meines unguten Gefühls aufgehört habe, bringe ich insofern mit Senna in Verbindung, als ich normalerweise solche Situationen ignoriere und einfach probiere, ob es nicht doch geht. Hier war es das erste Mal, daß ich nach einem frühen unbestimmten Gefühl an die Box gefahren bin. Ich bin nicht abergläubisch, aber ich meine doch, daß es irgend etwas mit Telepathie zu tun hatte, und mit Senna.

Ich kam tagelang nicht aus dem Grübeln raus. Die Trauer um Ayrton vermischte sich mit totaler Unsicherheit über meine eigene Zukunft. Vielleicht hatte ich auch ganz einfach Angst. Als Rennfahrer tut man sich schwer, von Angst zu reden, denn da müßtest du ja in der gleichen Sekunde mit der Rennerei aufhören.

Wie auch immer, ich dachte an Dinge, die mich vorher nie beschäftigt hatten, etwa daß sich in jüngster Zeit aus meinen schweren Stürzen und Beinahe-Katastrophen eine regelrechte Serie ableiten ließ.

1993: Kollisionen mit Andretti (Interlagos), Hill (Monaco), Brundle (Budapest), Blundell (Spa), allesamt im grünen Bereich, dann aber schwerer Test-Unfall in Imola, danach das unglaubliche Mißverständnis mit Alesi in der Monza-Auslaufrunde bei Tempo 330, jetzt reicht's aber, dachte ich damals, weil irgendwann wird dein Glück vorbei sein, aber ich bin wieder eingestiegen, und ein Rennen später, in Estoril, fahr ich aus den Boxen raus und das Ding biegt ab, weil ein Computer falsch programmiert war, die Kiste biegt ab, und ich fahr zwischen zwei Autos durch, die beide mit 310 daherkommen, wo du normal einen NASA-Rechner brauchen würdest, um zu kalkulieren, wie du da durchkommst, und ich sitz' wieder daheim und mir fehlt nix, dann denkst halt doch noch einmal nach.

Es gibt ja statistisch nur eine Anzahl von Glück und eine Anzahl von Pech; und wennst die erste Partie so gut erwischt hast wie ich, dann kommt automatisch irgendwann die zweite Reihe der Statistik, und die ist Pech. Und jetzt also Imola mit wieder einer Doppelportion Glück für mich, meine Radaufhängung ist nach dem Schlag von Sennas Flügel nur noch an einem kleinen Ding gehangen, dazwischen bin ich schon 260, 270 gefahren, und wenn nicht die rote Flagge kommt, erwischt es mich vielleicht genau an der Senna-Unfallstelle, weil dort die Materialbelastung eben am größten ist.

Anderseits hatte ich auch ein Riesenproblem mit dem Gedanken an sofortiges Aufhören. Ich brachte nicht die Phantasie auf, mir irgend etwas auszumalen, was an die Stelle des Rennfahrens treten und mein Leben ausfüllen könnte. Drum wollte ich nicht überstürzt entscheiden, sondern so lang wie möglich in mich hineinhorchen.

Es war kein Haß auf die Formel 1 in mir, aber Taubheit und Leere. Eine unglaubliche Leere. Ich mußte mich hintreiben lassen auf die Situation. Auf welche? Ich werd's wissen, wenn sie da ist, dachte ich damals, im Mai 1994.

Zwölf Tage nach dem Tod Roland Ratzenbergers, elf Tage nach dem Tod Ayrton Sennas verunglückte Karl Wendlinger schwer.

Es war im Donnerstag-Training von Monaco, seine 22. Runde, Schikane am Hafen: Also raus aus dem Tunnel, über Bodenwellen, die Sauber-Telemetrie nennt 262 km/h beim Bremspunkt. Zuvor dürfte er rechts ganz leicht die Leitplanken gestreift haben, jedenfalls hat es den Wagen ausgehoben, er war mit allen Rädern in der Luft, und bei 260 kann man sich vorstellen, wie schnell sie sich drehen. Ein Radl berührt dann früher den Boden als das andere, und schon biegt das Auto im rechten Winkel ab. Jedenfalls flog der Sauber mit etwa Tempo 150 breitseits auf ein Leitschienen-Eck zu, das mit drei Reihen Plastiktanks gepolstert war. Karl wurde geborgen und in eine Klinik gebracht. Er war im Koma, sein Zustand ernst, und das blieb er auch sehr, sehr lange.

Ich mag Wendlinger gut leiden. Er kommt aus einer alten Kufsteiner Rennfahrerfamilie, da ist jeder bis zum Urgroßvater schon Rennen gefahren. Als ich mit der Rennerei anfing, war auch sein Vater aktiv, und wir haben uns oft in Kufstein getroffen, um zu den Rennen zu fahren. Der Bursch, wenn er schulfrei gehabt hat, war natürlich dabei und ist lieber bei mir im Auto gehockt als beim Vater. Dann war es ganz logisch, daß er auch mit dem Rennfahren angefangen hat, und ich hab ihm geholfen, so gut es ging, seit der GoKart-Zeit, über Formel-Ford, bis er gemeinsam mit Schumacher und Frentzen ins Mercedes-Junior-Team kam und sich die Sauber-Connection ergab.

Wir zwei sind wie Tag und Nacht. Er ist ruhig, zurückhaltend, ein braver Bursch. Als Rennfahrer war er kein Schnellstarter, er brauchte Zeit, konnte sich dann irrsinnig steigern, hatte einen ruhigen, sauberen Fahrstil. Da wir gleich groß sind – 185 cm –, hatten wir immer die gleichen Qualen mit der Sitzposition im Formel 1.

Unter alptraumhaften Umständen wurde das Rennen in Monaco gefahren, Sieger Schumacher, Berger Dritter, es war völlig egal. Wir erlebten die Agonie der Formel 1.

Ayrton Senna, 1960 – 1994

GOODYEAR
Shell
COURTAULDS
Marlboro
Shell
COURTAULDS
Shell
Marlboro
McLAREN INTERNATIONAL
Shell
Ayrton
OMP
Senna

BOSS
HUGO BOSS
Marlboro
McLAREN INTERNATIONAL

Suzuka 1991, Senna, Berger, Patrese

McLaren-Honda-Team 1990

Bernie Ecclestone

Marlboro
McLAREN INTERNATIONAL
Ron Dennis
Shell
BOSS
HONDA
Marlboro
McLAREN INTERNATIONAL
Marlboro
BOSS
TAG
HEUER
GOODYEAR

Ron Dennis

Marlboro
HONDA
Shell

Hungaroring, fast ein Heim-Grand-Prix

Ferrari II

1993, 1994, 1995

1993 bei Ferrari wieder frisch anzufangen, hielt ich aus drei Gründen für schlau.

Erstens wegen der Kohle. Ferrari hatte sich innerhalb weniger Jahre vom schlechtest- zum bestzahlenden Team gewandelt, jedenfalls für den Nummer-eins-Fahrer. Das entsprach der Kluft zwischen der peinlichen Erfolglosigkeit und dem Druck, unter dem sie standen.

Zweitens, weil Ferrari eben Ferrari ist, mit all den wunderbaren Emotionen, die dahinterstehen.

Drittens, weil ich mich mit meinen 34 Jahren und meiner Senna-Erfahrung genügend erwachsen und technisch reif fühlte, um ein desolates Team aus der Krise zu führen. Die Krise lag nicht in der längstdauernden Sieglosigkeit der Ferrari-Geschichte, das war nur ein Symptom. Wirklich dramatisch war der Rückstand an Technologie, und was da ganz grundsätzlich an Power fehlte. Es gab richtige Versorgungsposten unter den Ingenieuren, von denen sich etliche einen Teufel drum scherten, was da gerade in England oder Japan an Wunderdingen ausgeheckt wurde. Der Mythos Ferrari hockte mittlerweile auf einem dicken Hintern.

Die wirklich hellen Köpfe waren viel zu gut bezahlt, um

ihren Kopf weit rauszustecken. Es gab viel Privilegien und wenig kreatives Reibungspotential, obendrein eine Blockade-Situation zwischen ganz persönlichen Interessen. Die alte Praxis des Wasserballspielens (die Tritte unterm Wasser siehst du nicht), wie sie schon Niki Lauda beschrieben hat, wurde in Höchstform ausgetragen.

Als Luca Montezemolo, der Ferrari-Rennleiter der frühen Lauda-Jahre, zum Ferrari-Präsidenten berufen worden war, hatte er gleich die alte Achse installiert und Niki als Berater geholt. Das war insofern richtig, als Lauda sich nicht um das italienische Geklüngel scherte, sondern Klartext redete, er konnte die verfilzten Strukturen durchbrechen. Anderseits gab er hauptsächlich Ferndiagnosen ab, weil Ferrari für ihn nur ein Nebenjob neben seiner Airline war, da verpuffte natürlich etwas Wirkung. Trotzdem, er kapierte, daß man Barnard als technischen Vorausdenker zurückholen mußte und daß man einen Fahrer wie Berger brauchte, der den Ingenieuren was Gscheites mitteilen und sie auf Trab bringen konnte. Das fahrerische Genie Alesi sollte bleiben, von Capelli trennte man sich, Larini blieb in Reserve.

Also ließ ich mich auf den Job ein, sah 1993 als Aufbaujahr und erwartete prächtige Ernte für 1994, schlechtestenfalls noch ein Jahr später.

Der Vertrag wurde wie üblich schon zur Mitte der Vorsaison unterschrieben, und ich hatte genügend Zeit, mir im vorhinein ein paar Gedanken zu machen. Am meisten Sorgen machte mir Ferraris Motor. Er war eindeutig zu schwach, aber allein eine solche Erwähnung rührt an den Stolz der Italiener. Du darfst eher sagen, der Papst hat eine Freundin, als daß dem Ferrari-Formel-1-Motor die PS fehlen. Unserem wackeren Präsidenten ging ich mit meiner Ansage „Euch gehen hundert PS ab" schon so auf die Nerven, daß er sich am Telefon verleugnen ließ.

Für einen Menschen, der von McLaren kommt und die ganze Honda-Power noch im Gefühl hat, war das besonders schmerzlich. Die Japaner zogen sich zurück, obwohl (Honda sagt: „weil") sie das wunderbarste Triebwerk der Formel 1 hatten. Anläßlich des Japan-Grand-Prix ging ich mit dem Honda-Präsidenten Kawamoto essen.

Kawa hat ein Riesenherz für den Sport und ist daneben auch ein Berger-Fan, wir reden uns also ziemlich gut. Er sagte, daß Honda die nächsten vier Jahre keinesfalls zurückkommen werde, also hakte ich ein: Ob er sich nicht vorstellen könne, Teile seiner Technologie an eine Firma wie Ferrari zu verkaufen. Kawa machte durchaus freundliche Nasenlöcher, redete von einem möglichen Tausch, weil ihn umgekehrt auch einige Ferrari-Details interessierten. Das Reizwort „Ferrari" wirkt in Japan immer wieder Wunder.

Daheim konfrontierte ich Montezemolo mit der Idee. Er hielt mich für verrückt, auf die Art von:

„Wie schaut denn das aus? Ferrari mit Honda-Technologie, spinnst du?" Das war der springende Punkt: Wie schaut denn das aus?

Ich sagte ungefähr, daß es längst nicht mehr um das Ego der Firmen ginge, sondern um die Wirkung, die sie erzielen können. Ich hatte schon einen Hauch von Globalisierung begriffen. Immerhin versprach Luca, drüber nachzudenken.

Erste Reaktion: „Wie könnten wir es einfädeln, um uns das näher anzuschauen?"

Montezemolo selbst wollte sich unter keinen Umständen exponieren. Aber Lauda war vergleichsweise unverdächtig, also wurde Niki um die Weihnachtszeit 1992 nach Tokio entsandt. Der war hellauf begeistert von der ganzen Perspektive, denn er war ja auch grundsätzlich gegen alle Probleme angetreten, die sich aus dem komplizierten Ferrari-Ego ergaben. Lauda war der Pragmatiker, ohne dickes Ego. Für ihn zählten die Facts. Der Honda-Stand in Dingen wie variable Lufttrichter, Zylinderkopf-Airflow und pneumatische Ventilführung wäre aus reinen Ferrari-Ressourcen nicht (oder zu spät) erreichbar gewesen.

Lauda arbeitete mit Kawamoto tatsächlich einen Rahmen aus, wie der Technologie-Transfer funktionieren könnte, vor allem ohne Gesichtsverlust für Ferrari. Ich glaube, das war das Allerwichtigste. Die Schlagzeile „Ferrari kauft Honda-Know-how" hätte Luca Montezemolo nicht ertragen.

Der Deal wurde geschlossen, Technologie lief von Ost nach West, und unsere Motoren machten tatsächlich innerhalb eines halben Jahres einen 80-PS-Sprung (auf etwa 750, damals aus 3,5 Liter Hubraum). Unser Motorenchef Lombardi bedankte sich zwar förmlich, aber ich bin sicher, daß er mich und meine Idee und jedes Honda-Detail zum Teufel wünschte.

Mittlerweile hatte sich die gesamtheitliche Situation aber noch ärger als befürchtet herausgestellt. Die ersten Testfahrten waren eine reine Katastrophe, und die Verantwortlichen Postlethwaite und Lombardi machten gar nicht den Eindruck, daß sie da großartig etwas ändern wollten. Ich kam mir vor wie ein Störfaktor in beschaulichen Techniker-Karrieren.

Ich warf mich in den Strom der Politik, so gut ich konnte, und in die Tagesarbeit von Test und Technik.

Die Führung, oder Nichtführung des Teams war dann schon so chaotisch, daß sich sogar Zirkusdirektor Ecclestone Sorgen um seine Glanznummer Ferrari machte. Jedenfalls zog er plötzlich einen Mann aus dem Hut, der aus dem Rallyesport kam und damals noch Sportdirektor bei Peugeot war: Jean Todt. Das ist der Mann, den Ferrari braucht, sagte er.

Ich war nicht sonderlich begeistert, denn eine französische Achse Todt/Alesi mußte nicht unbedingt hilfreich für mich sein. Ich hatte ohnedies den Fehler gemacht, zu wenig auf meinen Teamkollegen zu achten. Da wir ja nur um sechste oder zehnte Plätze fuhren und die beiden ersten Startreihen für Ferrari geradezu tabu waren, war die interne Rivalität eher zweitrangig. Wegen des gemeinsamen Leids hatte ich Alesi viel freundschaftlicher mit auf den technisch-taktischen Trip genommen als üblich. Er hatte damals null Ahnung von den Zusammenhängen, und es wäre leicht gewesen, ihn im Regen stehen zu lassen.

Statt dessen sah Jean noch einen Hauch besser aus als ich (zwar auch ohne Resultate), weil sein Fahrstil besser mit der aktiven Aufhängung zurecht kam, die damals aus der Formel 1 ein Narrenhaus machte.

Wie auch immer: Montezemolo und Lauda waren pro Todt, und somit hatte Ferrari ab Juli 1993 einen neuen Sportdirektor.

Meine ersten Befürchtungen waren unbegründet. Todt hatte eine sehr gesunde Skepsis gegenüber allem, was bei Ferrari lief, und tauchte erst einmal in die Materie ein. Danach hatten wir sofort die gleiche Wellenlänge und haben sie auch nie verloren.

Heute weiß ich, daß das Comeback Ferraris zwar noch länger dauerte, als je abzusehen war, daß es aber eindeutig mit jenem Tag begonnen hat, als Jean Todt kam.

Alptraum Nummer eins (es war wirklich nicht mein Jahr, stellte sich immer deutlicher heraus): Qualifying in Monza.

Es ist der dreizehnte Lauf der WM, und endlich ist unser Vierventilmotor fertig. Wir sind halbwegs in der Nähe der Musik, zwischendurch in der Saison hatten den Ferraris auch schon mal vier Sekunden auf die Spitze gefehlt. Spitze, das bedeutete Prost (Williams-Renault) und Senna (McLaren-Ford), fallweise auch schon Hill (im zweiten Williams) und Schumacher (Benetton-Ford).

Also, endlich wieder ein Motivationsschub.

Qualifying ist fertig, die Flaggen sind draußen, ich bin noch auf der Piste. Ich hab von der Ziellinie den vollen Speed mitgenommen, um noch einmal die Zeit für T1 und T2 zu kriegen, bloß für unsere interne Information, weil ich gegen Ende des Qualifying noch etwas ausprobiert hatte. Es gibt jetzt drei Zwischenzeiten auf der Strecke, T1, T2 und T3, und die entsprechenden Zeiten lassen Rückschlüsse auf manche Details zu.

Es gibt kein Speed Limit auf der Auslaufrunde, solang du bloß die Einfahrt zu den Boxen schaffst. Ich fahre voll zu T1 und T2. An der schnellsten Stelle der Strecke, knapp über 330 km/h, sehe ich Alesi vor mir, der eine normale Auslaufrunde fährt, jedenfalls auf der richtigen Linie. Ich saug mich an ihn ran, um dann auszuscheren wie im normalen Rennvorgang. Jean schaut aber erst in diesem Moment in den Rückspiegel (er hat den Fans zugewunken, wir sind immerhin in Monza), erschrickt und will mir die Ideallinie freimachen, aber es ist schon viel zu spät. Er geht genau auf die von mir eingeschlagene Linie, ich seh sein Hinterrad und denk, nur das nicht!

Das steckt im Unterbewußtsein eines Rennfahrers: Bloß nicht übers Hinterrad! Wenn ich bei Tempo 330 mit meinem Vorderrad an sein Hinterrad komme, hebe ich unweigerlich ab. Was dann passiert, wissen wir unter anderem vom Todessturz des Gilles Villeneuve. In meinem Fall wäre ich ungefähr bis Sydney geflogen.

Du kannst in dieser Sekunde nicht denken, was du tun *willst*, sondern nur, was du *auf keinen Fall willst*, der Rest passiert dann automatisch und ohne weitere Gestaltungsmöglichkeit des Fahrers.

Nur nicht aufs Rad! Ich stell das Auto quer, komm um ein paar Zentimeter am Hinterrad vorbei, aber das ist auch schon die letzte Korrekturmöglichkeit. Dann der Einschlag in die Mauer (328 km/h, wird die Telemetrie sagen), zum Glück in spitzem Winkel, der Wagen wird zurückgeworfen, jetzt schon in der Luft und voller Kreisel-Energie. Wie das Rotorblatt eines Hubschraubers dreht sich der Wagen über die Fahrbahn, so schnell, daß ich fast bewußtlos werde. Dazwischen immer kurzes Aufkommen am Boden, wie ein flacher Stein, ein *Plattler,* der übers Wasser tanzt. Ich weiß nicht, wo ich bin und wohin's geht, das Auto wird auch nicht langsamer, fliegt dann über die Auslaufzone der Geraden.

Stimmt es, daß man in solchen Momenten zum Denken kommt?

Irgendwie schon. Erster Gedanke: *Rad vermeiden,* dann: *aah, aber das überlebst trotzdem nit, 's wird nit langsamer, jetzt muß der Bäng kommen, ujj, seitlich, jetzt ist das Genick ab.*

Der Anprall war brutal, sicher mit Tempo mehr als 200, aber doch gemildert durch einen fünflagigen Reifenstapel. Als erstes probierte ich ganz leicht, ob sich der Kopf noch bewegt, ja, und nochmal, bewegt sich, da waren bloß Ringe vor den Augen, und auf einem Auge sah ich fast nichts, und da waren schon Leute, um mich aus dem Wrack zu ziehen. Ich setzte mich hin, um ein paar Bewegungen zu probieren, alles ging, bloß das eine Auge streikte. Die Ambulanz war schnell da, brachte mich ins Circuit Hospital, und nach zehn Minuten funktionierte das Auge wieder. Eine Stunde später ergab der Check der Ärzte: Alles okay.

Ich war steif und kaputt, aber es gab keinen echten Grund, das Rennen am nächsten Tag nicht zu fahren. Ich schied mit Defekt sowieso bald aus.

Was Alesi betraf, so hatte es wenig Sinn, nachträglich ein großes Gezeter zu machen. Eben wegen der schrecklichen Unfälle, die schon passiert sind, haben wir in der Formel 1 die Regel, nie die Spur zu wechseln, außer im direkten Zweikampf, wenn zwischen Kampf- und Ideallinie gewechselt wird. Hier hatten wir einen Tempounterschied von schätzungsweise 200 km/h, da darf man nicht wechseln, auch wenn es noch so gut gemeint ist.

Keine Frage auch, daß ich mein Leben dem Kohlefaser-Chassis verdankte. Wir mußten uns damals anhören, daß die Fahrer allzu leichtsinnig geworden seien, weil sich jeder auf die Lebensversicherung des praktisch unzerstörbaren Carbon-Monocoques verläßt. Mag sein, daß im Unterbewußtsein der wärmende Gedanke mitfährt: Wenn was passiert, wird's vielleicht trotzdem zu überleben sein. Aber ich kann mich an keine Situation erinnern, wo ich deswegen bewußt mehr riskierte. Und im speziellen Fall hätte mir alles nichts genützt, sobald ich einmal über Alesis Hinterrad aufgestiegen wäre.

Alptraum Nummer zwei: Estoril, nur zwei Wochen nach Monza.

Als ob die generelle Ferrari-Krise nicht gereicht hätte, kam die Absurdität der aktiven Radaufhängung dazu. Es war jene Zeit, wo das Reglement einem Auto erlaubte, den Ablauf der Rennstrecke elektronisch zu speichern. Das Auto konnte diesen Ablauf wiedererkennen und mit ebenfalls gespeicherten Befehlen selbsttätig Fahrwerksänderungen durchführen, in voller Fahrt.

Unter den vorprogrammierten Funktionen war zum Beispiel auch die Absenkung des Fahrwerks. Wenn der Wagen eine lange Gerade „erkannte" (und wußte: hier sind keine Bodenwellen), senkte er die Bodenfreiheit um ein paar Millimeter ab, dadurch verbesserte sich die Aerodynamik, und die Kiste lief um 5 km/h schneller, sagen wir 330 statt 325 km/h. Das konnte entscheidend sein, ob man am Ende der Geraden ein Überholmanöver wagte oder nicht.

Unseren Computermenschen unterlief ein kleiner Schnitzer: Sie vergaßen, in der Elektronik des Wagens neben der Zielgeraden auch die parallel laufende Alternative der Boxenzufahrt zu programmieren. Das Elektronenhirn nahm einfach nicht zur Kenntnis, daß man sich auf der welligen Boxenstraße befand, sondern behauptete, man sei jetzt auf der langen frisch asphaltierten Geraden, und gab Befehl zum Absenken des Fahrwerks. Da ging's um ein paar Millimeter, also um einen nicht direkt spürbaren Vorgang.

Für die Boxenzufahrt herrschte damals beim Training ein Tempolimit von 50 km/h, aber freie Fahrt beim Rennen. Somit blieb der Programmfehler vorerst unentdeckt.

Als ich im Rennen an die Box kam, schlitterte das Auto schon auf der Zufahrt komisch, aber ich dachte an ein Reifenproblem, und die Räder wurden nun sowieso gewechselt.

Mit Vollgas raus aus der Box, über die Bodenwellen zur Hauptfahrbahn, Tempo 200 etwa, plötzlich biegt das Auto rechtwinkelig ab, ansatzlos und unlenkbar, schießt quer über die Fahrbahn und kracht in die gegenüberliegende Mauer. Ich versteh überhaupt nichts, steig schnell aus und geh weg, und da kommen schon Leute, die sind fassungslos und gratulieren mir zur Wiedergeburt.

Alles war so schnell gegangen, daß ich nicht einmal realisieren konnte, wie das mit dem Querverkehr war.

Es stellte sich heraus, daß ich haargenau zwischen zwei Autos durchgeschossen war, offensichtlich in der einzig möglichen Hundertstelsekunde. Wenn ein Auto mit 200 durch eine Lücke von zwei 300-km/h-Autos schießt, kommt der Querfahrer nicht einmal bis zur Wahrnehmungsschwelle. Die beiden anderen Piloten hatten genauso wie ich nix kapiert und gerieten nicht einmal in die Nähe einer Reaktionsmöglichkeit. Derek Warwick kam nachher zu mir und sagte, es habe nur einen Flash in seinem Hirn gegeben, als er mich abbiegen sah: Jetzt ist alles vorbei. Dann sagte er noch (es war ja erst zwei Wochen nach Monza): „Was läßt du dir fürs nächste Rennen einfallen? Jetzt gibt's ja eigentlich keine Steigerung mehr."

Stimmt. Als ich mir am Abend das Video anschaute, wurde mir richtig schlecht. Der Zufall, daß es hier keinen alles zerfetzenden explosionsmäßigen Unfall gegeben hatte, war in seinem Wahrscheinlichkeitsverhältnis überhaupt nicht auszudrücken. Da brauchst einen NASA-Computer, um das auszurechnen.

Millionen Fernsehzuschauer konnten sich das Ding natürlich überhaupt nicht erklären: Berger schießt aus der Box und biegt links ab. Ferrari brauchte bis zum Abend, um die Ursache zu finden: Fehler an der Programmierung. Für die Bodenwellen der Boxenausfahrt lag der Wagen zu tief, saß auf, bockte, verlor die Haftung, wurde unlenkbar.

Ich wollte dann mit der aktiven Radaufhängung nichts mehr zu tun haben und verlangte für die ausstehenden Rennen ein konventionelles Auto mit Stoßdämpfern und Federn. Solche Abweichungen waren aber in der damaligen Ferrari-Politik noch nicht vorgesehen und wurden nicht erlaubt. Als ich einmal die Chance eines Vergleichs hatte, stellte sich raus, daß ich mit dem alten Zeug eine Sekunde schneller gewesen wäre.

Mit Ende der Saison war der Spuk vorbei: Auch der FIA waren die Geister, die sie gerufen hatte, unheimlich geworden. Als eindrucksvollste Dokumentation dieser Irrungen bleibt jedenfalls das Video von Estoril: Berger im Querverkehr.

Diese jüngsten Unfälle steckte ich nicht mehr so leicht weg wie frühere Zwischenfälle. Ich hatte nun schon ein paarmal Riesenglück gehabt und wollte mein Budget an Glücksfällen nicht überziehen. Rein statistisch müßte jetzt ja auch einmal eine Pechsituation kommen. Anderseits hatte ich meine beste Zeit als Rennfahrer erst vor mir, glaubte ich. Also verscheuchte ich die blöden Gedanken, zumindest für ein halbes Jahr.

Inzwischen hatte sich Jean Todt als Sportdirektor etabliert. Eine vernünftige Rollenverteilung zwischen Lauda und Todt hätte vielleicht funktionieren können, aber mit einem

Präsidenten wie Montezemolo werden solche Konstellationen nicht einfacher. Er will aus allen Richtungen das Gras wachsen hören und ist nicht sehr hilfreich, wenn es um die Vermeidung von Mißverständnissen geht. Seine Umwelt, auch seine Freunde können aber damit umgehen und lassen sich nicht abhalten, ihn als sympathischen Paradiesvogel zu sehen, jedenfalls als Mann mit Stil und Grandezza.

Aus Todts Sicht war es so, daß Niki am Rennwochenende in der Boxenstraße spazierenging und g'scheite Interviews gab und dann wieder heimflog. Für einen, der vierzehn Stunden am Tag rackert, um den Karren mit verbissener Detail-Arbeit flottzukriegen, war das keine tolle Perspektive. Außerdem störte ihn wohl der Budgetposten Lauda, auch wenn Niki eher den Eindruck erweckte, dies sei ein Freundschaftsdienst für seinen alten Kumpel Luca.

Aus Nikis Sicht war's ärgerliche Undankbarkeit. Denn wenn er den Jean Todt schon nicht erfunden hatte, so hatte er dessen Engagement doch immerhin gefördert, und der Herr Rennleiter möge jetzt doch bitte einen ordentlichen Job tun und nicht gegen Lauda motzen und dessen strategischen Weitblick in Frage stellen.
Montezemolo dachte in dieser Angelegenheit: Mal so, mal so. Drum blieb es vorerst sozusagen beim freien Spiel der Kräfte.

Der Ferrari für die Saison 1994 hieß 412 T1, war von Barnard konstruiert und sollte die Welt niederreißen.

Von wegen niederreißen: Mit deprimierender Regelmäßigkeit fehlten uns anderthalb Sekunden auf die Williams-Renault (Senna, dann Hill) und auf Schumacher im Benetton-Ford.

Vielleicht ist es eine zu subjektive Erklärung, aber ich meine, daß wir überlegene Weltmeister der Ohne-Windkanal-Wertung waren. Leider hatten Williams und Benetton beschlossen, die ultimative Form ihrer Autos in unendlicher Kleinarbeit im Windkanal herauszufinden. Ferrari indes hatte den seinerzeitigen Windkanal stillgelegt und sich auf das technische Genie Barnard verlassen. Der baute einen wunderschönen, superschlanken Boliden mit hochgezogener Nase, dem bloß das letzte Quentchen Aerodynamik fehlte. Es war von Anfang an mühsam.

Als Feuerwehr wurde während des Jahres Gustav Brunner aktiviert, der vielleicht begnadetste Improvisierer unter den Konstrukteuren. Seine Modifikationen ermöglichten zur Saisonmitte tatsächlich ein Näherkommen an die Spitze. Barnard durfte inzwischen vorausdenken für den nächsten Geniestreich.

Hockenheim 1994 ragt wie ein Leuchtturm aus jener Ferrari-Epoche. Ich hab immer ein gutes Gefühl in Hockenheim, die Strecke mag mich. Unser Auto war quasi runderneuert, einerseits durch Brunner, anderseits durch einen neuerlichen Schub an Motorentechnologie, Ex-Honda-Mann Osamu Goto war inzwischen bei Ferrari. Wir hatten 830 PS und drehten schon 16.000, jetzt ging's nur noch um die Haltbarkeit. Es ist der durchaus übliche Weg in der Formel 1, zuerst einmal Performance vorzulegen und dann die Standfestigkeit hinzukriegen.

Ich hatte also schon ein sehr klares Gefühl, daß ich Hockenheim gewinnen wollte. Wenn irgendwo, dann hier und jetzt. Ausgehungert waren wir alle: Ferrari hatte seit 59 Rennen nichts gewonnen, ein einmaliges Tief in der Geschichte der Marke. Ich selber hatte auch schon anderthalb Jahre Pause.

Schumacher führte mit dramatischem Vorsprung in der WM, und die Schumi-Begeisterung erlebte ihren ersten Höhepunkt.

Dann war alles fast ein bißchen banal. Ich hatte das Glück, daß die grundsätzlich überlegenen Williams das ganze Wochenende irgendwie vermurksten. Ich fuhr Pole Position, führte vom Start weg, Schumacher war an meinem Getriebe dran, konnte nicht überholen, hängte sich aber unverdrossen in meinen Windschatten, bis seinem Motor die Luft ausging.

Dann war ich quasi allein mit meiner Angst, ob unser Motor halten würde. Er hatte ja noch keine einzige Renndistanz geschafft, aber diesmal war er so ferrari, wie ein Ferrari nur sein kann, stark und tapfer und brillant, und er hielt noch immer, als das Meer der gelb-schwarzen Fahnen im Motodrom die Farbe wechselte, als hätten alle Schumi-Fans auf ihre geheime zweite Liebe gewartet. Sie hatten die Ferrari-Fahnen unter dem Hintern, und die holten sie dann raus, bis das Motodrom ferrarirot war. Als Fahrer kriegst du das in einer erstaunlichen Dichte mir, und es baut dich unheimlich auf.

Man kann ja über Ferrari sagen, was man will, aber eins ist unbestritten: Mit keinem Auto ist das Siegen schöner.

Der Rest der Saison war dann immerhin besser als der Anfang, aber von der prachtvollen Ernte, auf die ich mich so gefreut hatte, war noch keine Rede. Außerdem wurden schon wieder falsche Weichen gestellt. Die 3,5-Liter- wurde von der Dreiliter-Formel abgelöst, und Ferrari hielt auch für den kleineren Hubraum am V12-Prinzip fest, vorerst. Ein verlorenes Jahr, sollte sich rausstellen.

Anfang 1995 begann sich bei Ferrari jenes Szenario aufzubauen, das letztlich zum Schumacher-Deal führte.

Ich fühlte mich zwar heimisch bei Ferrari, hatte auch mittlerweile ein höchst angenehmes Verhältnis zu Jean Todt, war aber immer noch unzufrieden mit der technischen Situation: Falls die Richtung überhaupt stimmte, passierte trotzdem alles zu langsam. Die Sprunghaftigkeit des Luca Montezemolo in seinen Äußerungen gegenüber der Presse machte die Sache auch nicht leichter, jedenfalls tauchten da unnötige Irritationen auf.

Noch dazu hatte ich meine Wut über die vorjährigen Verhandlungen noch nicht ganz verdaut. Da hatte ich schlechte Karten gehabt wegen meiner mageren ersten Saison. Kein einziger Sieg, keine einzige Pole – und der technische Druck, den ich sicherlich ins ganze Team eingebracht hatte, litt unter dem Schönheitsfehler, daß ich in punkto aktive Aufhängung auch keine große Hilfe war. Alesi mit seinen Superreflexen war unter diesen Umständen der bessere Mann, er dachte nicht lang nach, sondern hatte eben die Gabe, auch das verrückteste Auto einzufangen.

Jedenfalls hatte ich mich schlecht wehren können, als mir Ferrari schon Anfang 1994 die Gage für 1995 kürzte („schlechter Geschäftsgang der ganzen Firma", was ja stimmte). Ächzend hatte ich einem Abschlag für das dritte Ferrari-Jahr zugestimmt und war nun besonders kampflustig für eine Revanche.

Mittlerweile hatte ich zwar auch nur einen einzigen Sieg vorzuweisen, aber mein Standing war nun ungleich besser als im Jahr zuvor: Der Spuk mit den verrückten Autos war vorüber, ich war schnell, und ich arbeitete so hart wie nie zuvor am technischen Umfeld eines Autos. Ich spannte mich vor den Karren, war zu jedem Test und zu jedem Sondereinsatz bereit und brachte mich total in die laufende Entwicklungsarbeit ein. Die Ferrari-Leute wußten das sehr wohl zu schätzen, die Ingenieure ebenso wie Jean Todt und Luca Montezemolo. Also war die allgemeine Stimmung: Luca, mach mit dem Berger einen Deal, bevor er uns abhaut.

Auf die Hilfe Niki Laudas wollte ich diesmal verzichten, weil ich das Gefühl hatte, daß Ferrari ihn nur mehr nach eigenen Wünschen manipulierte. Er wurde mit genau jenen Informationen bestückt, die der Ferrari-Politik hilfreich waren. Mir tat diese Art des gezinkten Informations-Transfers im Magen weh.

Jedenfalls offerierte mir Montezemolo einen sehr ordentlichen Jahresvertrag, bei dem die Kohle nun auch wieder stimmte. Sie würde mich wieder zum Bestverdiener in der Formel 1 machen.

Kurz vor der Unterschrift hatte ich noch eine Eingebung und forderte eine Ausstiegsklausel für mich, falls ein zweiter Fahrer ins Team käme, der mehr verdiente als ich. Kein Problem, sagten die Ferrari-Herren, wir zahlen dir ja derart mordsmäßiges Geld, daß wir gar nicht in der Lage wären, noch mehr zu zahlen. Außerdem, so eine teure Nummer Zwei gibt's ja gar nicht, also kannst du die Klausel ruhig in den Vertrag kriegen.

So geschah es, und der Vertrag für 1996 wurde unterschrieben, noch vor dem ersten Rennen der 95er-Saison.

An Schumacher als Person habe ich zu diesem Zeitpunkt wirklich nicht gedacht, es war eher meine Marotte, daß ich irgendwie stolz drauf war, während meiner ganzen Karriere die Nummer Eins im jeweiligen Team gewesen zu sein, mit der Ausnahme Sennas. Aber Senna war eben Senna, da hatte ich kein Problem.

Irgendwann kam das Thema des zweiten Fahrers auf. Von Alesi wollten sie sich trennen, weil er in seinen Emotionen so undiszipliniert und unberechenbar war. Die Grund-Idee war, zwei Jahre lang an meiner Seite einen Jungen aufzubauen, der dann nach meinem Abgang die Statur für die Nummer Eins hätte. Da fielen Namen wie Barrichello und Salo.

Zwischendurch einmal fragte mich Todt, was ich von der Idee hielte, Prost zurückzuholen. Ob ich Schwierigkeiten damit hätte?

Kein Problem, sagte ich, „im Gegenteil, ich finde das super".

Mein Hintergedanke war, daß das ganze Team von einem Mann wie Prost profitieren könnte, daß ich ihn aber trotz allem im Griff haben müßte. Natürlich darf man einen Alain Prost nie unterschätzen, aber mit 41 würde er sicher nicht mehr den mörderischen Speed haben, der 12 Jahre zuvor dem Niki das Leben sauer gemacht hatte. Außerdem interessierte mich der finanzielle Aspekt an dem Deal, vielleicht würde sich ein frischer Poker ergeben, bei dem noch etwas abzustauben war.

Da taucht die Frage auf, was eine Firma dran hindern sollte, einen Geheimvertrag auszuhandeln und der dritten Person gegenüber eine falsche Summe zu nennen. Nun gibt's zwar tatsächlich jede Menge geheime Vorverträge und Geheimklauseln, aber es wäre etwas anderes, einen Vertragspartner in einem wichtigen Punkt bewußt anzulügen. Da sind zu viele undichte Stellen in der Formel 1, und ein Unternehmen wie Ferrari würde sich wahrscheinlich nicht drauf einlassen, eine Millionenklage am Hals zu haben, die man nur verlieren kann, wenn man nicht ganz dreist weiterlügt. Vertrags-Schummeleien dieser Kategorie sind heute eher die Ausnahme, dazu ist das Ecclestone-Reich zu straff organisiert.

Im Frühjahr 1995 lief alles in Richtung „Prost-Comeback bei Ferrari". Todt führte ein Gespräch mit Alain, der zeigte sich interessiert. Mir gefiel das sehr gut.

Unvermittelt fragte mich Montezemolo einmal, was ich von Schumacher hielte. Sag' ich, ich hab auch mit dem Schumacher kein Problem.

Darauf hörte ich von Montezemolo und Todt: „Naja, wir müssen Schumacher wenigstens pro forma fragen, weil der ist jung und Weltmeister, wird unter Umständen wieder Weltmeister, ist sauschnell, der deutsche Markt ist inzwischen der größte für Ferrari, Fiat bringt den Bravo heraus, das würde alles gut ins Konzept passen, es ist eigentlich unsere Pflicht, mit ihm wenigstens zu reden, bevor wir Prost/Berger fix machen."

Dagegen konnte ich wenig sagen.

Nun redete Lauda mit Schumachers Manager Willy Weber, das Ergebnis war:

„Der Weber spinnt. Er will 28 Millionen Dollar im Jahr. Ich hab ihm gleich gesagt, das kann er vergessen."

Ab diesem Zeitpunkt dürfte sich Jean Todt Ferrari-intern so weit durchgesetzt haben, daß Lauda aus allen wesentlichen Entscheidungen herausgehalten und auch nur halb oder gar nicht oder falsch informiert wurde. Am Rand kriegte ich mit, daß Todt mit Weber im Gespräch blieb.

Wenn ich von Montezemolo oder Todt etwas hörte, dann dies, daß Schumacher sowieso nicht in Frage käme, weil solche Summen nicht zur Diskussion stünden.

Dann hörte ich eine ganze Weile wieder nichts.

Morgens beim Aufstehen habe ich meistens die helleren Gedanken, und einmal in der Früh war die erste Idee: Es riecht nach Schumacher.

Alles war viel zu ruhig, es gab keinen Informations-Transfer mehr, nicht einmal einen gezinkten. Auch von Prost wurde kaum noch geredet.

Also sagte ich in Silverstone versuchsweise zu Journalisten:

„Schumacher hat für Ferrari unterschrieben."

Daraufhin ging genau jener Riesenzirkus bei Ferrari los, aus dem der Eingeweihte schließt: Es stimmt. Montezemolo und Todt waren völlig aus dem Häuschen und machten mich zur Schnecke, aber an der Art ihrer Reaktion konnte ich ablesen, daß ich haargenau ins Schwarze getroffen hatte.

Jetzt konnte ich in Ruhe abwarten, wie Ferrari mit der „Besserverdiener-Klausel" in meinem Vertrag umgehen würde.

Es war ja nichts Unkorrektes passiert: Todt hatte in Monaco mit Schumi einen Vorvertrag geschlossen, und es war Ferraris gutes Recht, das geheimzuhalten, solang es ihnen beliebte. Aber wenn bei Ferrari die Geheimnisse platzen, sind sie immer ganz schrecklich aufgescheucht und dementieren gleich aus automatischem Reflex, und je lauter, desto mehr tut's ihnen weh. Hier mußten sie zusätzlich dem Schumacher erklären, daß es keine undichte Stelle gab, sondern daß es mein Privatvergnügen war, News zu verlautbaren, die ich gar nicht wissen konnte.

Lauda, der überhaupt nicht eingeweiht war, erklärte mich inzwischen für verrückt und sagte in der Zeitung, der Berger soll nicht phantasieren, sondern lieber g'scheit Gas geben.

Irgendwann mußte Ferrari mit der Wahrheit rausrücken. Sie konnten natürlich nicht das Gesicht verlieren und den Vorvertrag bestätigen, sondern mußten sich scheibchenweise den Tatsachen nähern, zumindest mir gegenüber. Der Öffentlichkeit gegenüber würden sie schweigen, so lang wie möglich, da Schumacher mit Benetton um die Weltmeisterschaft kämpfte und keine internen Irritationen brauchen konnte.

Langsam verdichtete sich die Wahrheit der Schumi-Gage, es waren tatsächlich jene 28 Millionen Dollar, die auch für einen an Geld gewöhnten Menschen ziemlich atemberaubend waren. Natürlich bin ich auf der Seite der Verdiener und freue mich über jede Eskalation bei den Gagen, aber da stieg mir doch die Erinnerung an Ferraris vorjährige Feilscherei und Preisdrückerei ein bissl sauer auf.

Ich hatte gleich nach dem Silverstone-Zirkus begonnen, die Situation bei Williams auszuloten. Es sah gut aus, und Frank wollte mir in Budapest Bescheid sagen.

Was er mir dort allerdings sagte: Er hatte Villeneuve verpflichtet und wollte Hill nicht rausschmeißen, weil der mitten im Kampf um die Weltmeisterschaft steckte. Also war ich doch nicht schlau genug gewesen, den Überblick über den gesamten Formel-1-Poker zu haben.

Den intelligentesten Spielzug hatte ich einfach übersehen: Daß Bernie Ecclestone mit einem Kanadier einen Brückenschlag zwischen dem amerikanischen und dem europäischen Rennsport versuchen würde. Einen solchen Fahrer konnte er sinnvollerweise nur im besten Team unterbringen. Genial von Bernie, gut für Williams, super für Villeneuve, scheiße für mich.

War's der größte Fehler meiner Karriere, hier nicht rechtzeitig besser taktiert zu haben? Mag schon sein.

Dann begann ich das erste Mal über Benetton nachzudenken, und was dabei herauskam, gefiel mir nicht schlecht. Vor allem die Renault-Motoren imponierten mir, absolut die gleichen wie bei Williams. Gleich beim ersten Gespräch mit Flavio Briatore kamen wir rasch und gut weiter. Unterschreiben wollte ich aber noch nicht.

Irgendwann kam der Tag, da mir Ferrari endlich eröffnete, daß sie Schumacher engagiert hatten. Ah, große Überraschung.

Da Schumi ganz offensichtlich mehr Geld (viel mehr Geld) als ich kriegen würde, begann laut meiner Vertragsklausel mit dem Tag dieser offiziellen Verständigung eine Zweiwochenfrist, innerhalb der ich meinen Ferrari-Vertrag für 1996 einseitig auflösen konnte.

Ich sagte, daß ich die Schumi-Lösung toll für Ferrari fände, und meinte das wohl auch ehrlich. Ob es auch für mich das Beste sein würde, war eine andere Frage, ich würde drüber nachdenken. Todt und Montezemolo hielten das aber eher für eine Formsache und waren sich meiner vollkommen sicher.

Es gab auch kein Problem mit der angeblichen Besserstellung von Schumi, wie sie in den Medien beschrieben (und dann gegenüber Irvine praktiziert) wurde. Schumacher hatte einen schlichten Passus im Vertrag, der besagte, er habe in allen Fragen von Material und Taktik das Recht „to get the same or better" gegenüber dem anderen Fahrer. Das ist eine sehr praktische Passage für jedermann, und ich hätte tadellos damit leben können. Da in meinem Vertrag Schlechterstellung (gegenüber wem auch immer) ausgeschlossen war, hätte es bloß Gleichbehandlung bedeutet.

Ich wollte eindeutig die sportlich bessere Lösung für mich, und die war schwer abzuwägen zwischen Ferrari-mit-Schumacher-am-Hals und Nummer-1-bei-Benetton. Ich ging mit Montezemolo essen, er legte noch eine Million drauf und war dann fast beleidigt, daß ich bei der Nachspeise nicht den Deal besiegelte, sondern sagte: danke, ich werd's mir überlegen. Luca ist der Typ, der solche Geschichten gern am Wirtshaus-

Tisch finalisiert, locker und smart.

Mittlerweile wurde draußen das Ferrari-Team Schumacher/Berger quasi schon als fix verkauft, es gab in der Branche keine Zweifel, und bei Ferrari schon gar nicht.

Ich legte noch eine Pokerrunde ein, und sie gingen nochmal höher, nicht nur mit der Gage, sondern auch mit dem Gesamtpaket aller Bedingungen innerhalb des Teams. Ich war ziemlich erstaunt, daß Ferrari zu zwei derartigen Superverträgen imstande war, die in Summe bei weitem alles übertrafen, was es bislang in der Formel 1 gegeben hatte.

Im Kopf spielte ich noch einmal durch, wie es sein würde: Tolle Kohle, klar, neuer V10-Motor, der sicherlich mehr bringen wird als der alte V12, anderseits bin ich schon mit dem alten Motor so oft ausgefallen, wie wird das erst mit dem neuen werden? Es wird also viele Ausfälle geben, Schumacher und ich werden uns nicht sehr sympathisch sein, und Weltmeister werden wir sowieso nicht, wegen der Kinderkrankheiten. Eigentlich halte ich eine Saison wie die jetzige nicht mehr aus, ich will's nicht mehr. Also Gerhard, jetzt pfeifst einmal auf die maximale Kohle, ziehst die beste sportliche Lösung an Land, Williams ist weg, bleibt nur noch Benetton.

Also Benetton.

Ich fuhr zu Flavio, sagte, wenn du mir ein gescheites Angebot machst, bin ich bei dir.

Das Angebot lag um eine hübsche Scheibe unter dem von Ferrari, war aber fair genug.

Als kleine Revanche für alles Theater, das Ferrari mit mir gespielt hatte, ließ ich sie jetzt auch ein bissl anlaufen. Montezemolo saß in seinem Büro, um mit Minardi wegen der Zwölfzylinder zu verhandeln, und als er zufällig auf seinen Monitor schaute, sah er in den Nachrichten, daß Gerhard Berger für Benetton unterschrieben hat. Luca kriegte einen Anfall und brüllte mit Jean, der hatte auch keine Ahnung und war ganz verdattert. Das Timing war also geglückt.

Das nachfolgende Theater dauerte nur zwei Tage. Montezemolo wußte ja selbst, daß wir eine offene Rechnung aus dem Vorjahr hatten, die nun geschlossen war. Somit kam auch die gegenseitige Sympathie rasch wieder durch, wir gingen ein paar Tage später abendessen und konnten wieder quatschen und lachen wie früher. Luca sagte sogar, Gerhard, wen würdest du jetzt nehmen als zweiten Fahrer? Da gab's ein paar Namen, und Irvine war auch darunter.

Allein die Leichtigkeit, mit der wir nach Monaten des Täuschens und Pokerns wieder gut Freund sein konnten, zeigte mir, wie sehr mir Ferrari zur Heimat geworden war. Wir hatten einfach die richtige Chemie füreinander, und kaum war die Trennung wirklich und endgültig beschlossen, kamen mir auch schon Zweifel, ob das schlau war. Von der sportlichen Seite her hatte ich geringere Zweifel. Aber emotional war's unheimlich schwierig: Es war ungefähr so, wie wenn man eine Frau hat, auf die man unheimlich steht, die man aber trotzdem verlassen muß aus irgendwelchen anderen Gründen, die nichts mit dem Urgefühl der Beziehung zu tun haben.

Die Emotionen für Ferrari erschöpfen sich nicht im Fahnenschwingen und Kappltragen der Fans. Es ist, vor allem unter den Italienern, auch eine stillere Liebe mit Zwischentönen. Als ob Ferrari ein genereller Begriff für „Gefühl", „Liebe", „Leidenschaft", „Begeisterung" wäre, und wenn du antippst, gerät irgend etwas Schönes zum Schwingen, und das hat überhaupt nichts mehr mit Autos oder Rennen zu tun.

Als Ferrari-Pilot mußt du weitgehend versuchen, dich selbst da rauszuhalten, weil du sonst gefressen wirst mit Haut und Haar, aus purer Liebe.

Es würde mir also sicher nicht einfallen, einen spontanen Vergnügungs-Trip in Italien zu machen, eher würde ich diese Stunden oder Tage zum Entspannen in meiner Privatsphäre verwenden.

Aber da war plötzlich Fluglotsenstreik in Italien.

Ich hatte meinen alten Freund Burghard Hummel dabei, und dessen Sohn Sigi, dem ich, wie versprochen, das Ferrari-Werk gezeigt hatte. Nun saßen wir flügellahm in Bologna: Mein Pilot, Hummel 1, Hummel 2, Berger.

Unter normalen Umständen hätte ich nie die Phantasie für eine romantische Reise gehabt, so aber fiel mir ein: Da kann's doch nicht weit nach Riccione sein.

Riccione war das Zauberwort meiner Kindheit, jedes Jahr zwei Ferienwochen mit Vater, Mutter, Schwester. Wir hatten in einem Hotel in der vierten Reihe begonnen, und als wir nach ein paar Jahren vorn direkt am Strand wohnten, begriff ich: Unser Vater hat's geschafft. (Ob erste oder vierte Reihe: Riccione war süßeste Kindheit, Riccione war das Tollste auf der Welt).

Also, 1995: Fahr'ma nach Riccione, schau'ma, ob's das Hotel noch gibt.

Das Hotel gab's noch, mit Linoleumboden und durchhängenden Betten, gerade passend zum Anlaß der Reise. Das Essen in einem Restaurant am Strand geriet erst zum Volksfest, dann zum Belagerungszustand: BERGER, FERRARI!!!

In der Früh erinnerte ich mich an die GoKart-Bahn, etwas außerhalb von Riccione. Dort hatte ich als Achtjähriger glühend gekämpft, dorthin hatte ich als Fünfzehnjähriger schon Nostalgiereise Nummer eins gemacht: Einen Abstecher mit dem Lkw unserer Firma. Weder der Chauffeur noch ich hatten Geld, und so bezahlten wir mit der einzigen Währung, die wir dabeihatten.

Der Lkw hatte Paprika geladen.

Mit der Fortdauer des Tages, an dem ich mir auf der Kart-Bahn von Riccione den Schliff für künftige Heldentaten holte, wuchs der Stapel an Paprika-Steigen neben der Hütte des Bahnbetreibers. Wir konnten uns alle sehr gut leiden, ich liebte die Bahn, die Italiener liebten meine Freude am Fahren, und es war ein wunderbarer Tag. Als wir Richtung Wörgl abdampften, standen die Paprika viele Meter hoch.

Gut zwanzig Jahre später: Würde die Bahn überhaupt noch existieren? Würden wir hinfinden?

Wir fanden hin, und bei der Anfahrt versuchte ich, mich an die beiden Typen des Paprika-Tages zu erinnern. Zwei alte Männer, aus der Sicht des Fünfzehnjährigen, der eine der Chef, der andere der Fahrdienstleiter.

Wir kamen zur Bahn, es war Vormittag und noch kein

Betrieb. Es waren nur zwei Männer dort: Der Chef und sein Fahrdienstleiter, zwei nun wirklich alte Burschen.

Sie erkannten mich nicht, und wir begannen zu fahren, Sigi, Burghard, der Pilot Steve und ich. Ich war gut drauf und hatte ein hartes Match mit Sigi.

Zwischendurch stellte sich der Hummel Burghard zu den beiden Alten und fing zu quatschen an. Irgendwann fragte er sie nach der Paprika-Sache.

Ja, sagten sie, und reckten die Hände in die Höh: „So hoch gingen die Paprika-Kisten, und der Bursch war gar so ein Netter."

Darauf feierten wir Wiedererkennen, da waren sie sehr erfreut und gerührt.

Darauf sagte der Hummel Burghard: „Und das ist jetzt der Berger, der für Ferrari fährt", da haben die beiden Alten derartig geheult, daß es kaum zum Aushalten war.

Die letzten Rennen der Saison verstärkten beide Arten von Gefühlen: Schade um alle positiven Emotionen, die mit Ferrari verbunden sind, weniger schade um die sportliche Performance, zu jener Zeit. So paßte auch der Herbst ins enttäuschende Gesamtbild.

Gerade in Monza war das Beste von Ferrari knapp vor dem Aufkochen, Berger führt vor Alesi, vermurkster Boxenstop, dann Alesi vor Berger, also gar Ferrari-Doppelsieg im heiligen Monza?

Statt dessen (die Wahrnehmung stellt in solchen Momenten auf Zeitlupe um):

Ausgedrehter sechster Gang, also Tempo 330, ich bin eine Sekunde hinter Alesi. Ich sehe, wie sich aus seinem Kopfbereich etwas löst, denke an den Rip-Off der Sichtfolien, das Zeug kommt näher und fliegt wie ein Geschoß, nicht wie eine Folie, scheiße, das ist die Kamera, ich muß ausweichen, aber in der gleichen Zeitlupe meines Wahrnehmens läuft auch die Reaktion ab, ich kann den Wagen nicht mehr an dem Ding vorbeilenken, es schlägt in meine Radaufhängung ein, fetzt sie weg.

Zehn Zentimeter weiter rechts, und das Zeug wäre mir wie eine Kanonenkugel in die Birne gefahren. Unsere Bordkameras sind das oberste Stück jedes Autos, hinter und über dem Helm (wo in der Lauda-Zeit die Lufthutzen waren), sie sind nicht als Kameras zu identifizieren, sondern 2 Kilo schwere Aluminiumkörper, aerodynamisch verfeinert, glatt und windschlüpfig wie Raketen.

Ich hockte entnervt im Sand und sagte zu den Streckenposten: „Schauts einmal, ob ihr hier irgendwo eine Kamera findet."

Die dachten, zuerst schmeißt der Berger das Auto raus, und dann spielt er verrückt.

Es ist nie vorher und nie nachher passiert, daß ein Formel-1-Auto seine Kamera verloren hat; und wenn schon im komplexen Fall des Senna-Unfalls ein Strafprozeß angestrengt würde: Welche Art von Konsequenzen müßte es dann geben, wenn ein Fahrer durch solche Umstände zu Tode kommt?

Im Finale der Saison 1995, und damit meines insgesamt sechsten Ferrari-Jahrs, kam es zu einem Rennen, das in vielerlei Hinsicht ein „letztes" war. Es gibt ein gutes Beispiel für den Ablauf eines Race Days und führt uns auch zu ein paar technischen Abläufen.

Alles zum letzten Mal: Das letzte Rennen der Saison 1995, die letzte Grand-Prix-Veranstaltung in dem von mir heißgeliebten Adelaide (ab 1996 Melbourne, wahrlich auch nicht schlecht), mein letztes Rennen für Ferrari, vor allem aber der letzte Auftritt eines Ferrari-Zwölfzylinders in der Formel 1: Sein letzter Murrer.

Zwölfzylinder sind der Anfang und das Kernstück der Ferrari-Legende*, und auch nach dem Ende der Turbo-Ära in der Formel 1 war wieder eine neue Ferrari-V12-Generation ent-

* Enzo Ferrari fuhr in seinen jungen Jahren einen Packard V12 (7 Liter, 75 PS) und pflegte von da an zu sagen: „Die Vorzüge des Zwölfzylinders sind unvergleichlich." Ein Vierteljahrhundert später wurde der erste Wagen, der den Namen Ferrari trug, mit einem nur 1500 ccm großen V12 bestückt, einer Konstruktion von Gioachino Colombo. Die ersten fünf Jahre, also bis 1950, gab es überhaupt nur Zwölfzylinder bei Ferrari. Dann auch Vier- und Sechszylinder, und V8, aber mächtigster Stamm aller Verästelungen blieb immer der Zwölfzylinder, sowohl im Rennsport wie auf der Straße.

standen. Sieben Jahre lang war dieses Triebwerk der Mittelpunkt der Lebensinteressen in Maranello, bis die Entscheidung fiel, für die Saison 1996 einen V10 zu entwickeln, der für die Gesamtheit des Autos ein besseres Paket bieten sollte.

Auftritt Ferrari V12, der letzte. Am 12. November 1995 in Adelaide. Verfolgen wir das Weekend im Detail.

V12 in 75° mit 2997 ccm. Zwei obenliegende Nockenwellen per Zylinderbank. 48 Ventile. Verdichtung 12,8:1. 730 PS bei 16.500/min, dreht bis 17.200/min. Das für Straßenautos wichtige maximale Drehmoment ist für Rennautos eine vernachlässigbare Größe: 360 Nm bei etwa 14.000/min. Alles ist auf *top end*-Leistung und Drehzahlen ausgelegt.

Beschleunigung: 4,8 Sekunden für Null auf Zweihundert.

Bremsleistung: 3,2 Sekunden für Zweihundert auf Null.

Mein Motor hat die höchsten Weihen aus Maranello. Er ist statistisch der beste Motor seines Wurfs, seine gesammelten Daten und Toleranzen sind die besten des Jahrgangs '95. Er ist anderthalb Stunden auf dem Prüfstand gelaufen.

Die Maschine wird am Samstag um 15.00 Uhr, eine Stunde nach dem Qualifying, in den vorderen Bereich der Box gerollt. An allen drei Autos, also auch am T-Car, beginnt der Motortausch. An *jedem* Rennwochenende werden nach dem Qualifying alle Motoren getauscht, egal wie gut die Trainingsmotoren waren. Die Rennmotoren sind nach ihren Prüfstanddaten jeweils noch besser. Der Schnellere des Trainings (in diesem Fall ich) kriegt den Motor mit den besten Daten. Die PS-Streuung liegt zwischen 5 und 15 PS.

Am frühen Abend, noch in der Box, bedanke ich mich bei den Mechanikern und Ingenieuren für drei Jahre Teamwork bei Ferrari, dafür hatte ich 36 Uhren der hübscheren Art mit der Gravur „Grazie, Gerhard" parat. 36 Menschen also, die bei Ferrari für mich in irgendeiner Weise persönlich zuständig waren.

Nun werken fünf Mann an meinem Auto, Attila ist der Chefmechaniker. Das Auto wird zerteilt, wie wenn du bei einem Lego-Modell einzelne Blöcke runterziehst. Flügel weg, Radträger/Aufhängungen/Differential weg, Motor weg. Bleibt das Monocoque mit seiner Lebensschnur zur externen Elektronik. Vorn kippen Schnauze und Flügel weg. Die Demontage dauert zwanzig Minuten.

Nicht nur der Motor kommt neu. Laut einer Kilometerliste (die in keinem Fall die Zahl 600 überschreitet) werden alle denkbaren Teile ausgetauscht, wieder Lego-mäßig, wie man was anfügt oder wegtut. Es gibt kaum noch schweres Werkzeug. Außer bissl Öl-Ablassen geht es zu wie bei einem feinen Chirurgen. Im Bereich von zwei vauförmig waagrecht liegenden Würsten spielen sich Stoßdämpfung und Federung ab, mit allen Feinheiten der Einstellung.

Der Motor wird an sechs lächerlich dünnen Bolzen angestöpselt. Nach anderthalb Stunden ist der Hauptjob getan, die neue Maschine ist dran.

Etwa zu dieser Zeit mache auch ich mich mit dem Motor bekannt, theoretisch. Ich kriege alle Daten des Maranello-Prüfstands, bespreche sie mit meinen Ingenieuren und erarbeite die Getriebeabstimmung (jetzt sechs Gänge, zwischendurch gab's auch sieben). Es geht dabei um derartige Winzigkeiten, daß der Power-Verlauf des neuen Motors sehr wohl zu Abweichungen gegenüber der Trainingsabstimmung (des Samstagvormittags, also mit vollen Tanks) führen kann.

Hier sind wir am zentralen Punkt von Glanz und Elend der modernen Grand-Prix-Motoren: Die Nutzbarkeit der Power, wo Renault in der Saison 1995 alle Konkurrenten eindeutig beherrschte.

Im Falle des Ferrari-Zwölfzylinders sah es so aus:

Jene Leistung, die ein Rennfahrer für „wirklich brauchbar" hält, gibt's nur zwischen 14.000 und 17.200/min. Achttausend sind „nix", zehntausend sind „fad", und 11.500 das Minimum, das ich sehen will, wenn ich nach schnelleren Kurven wieder aufs Gas gehe (in Spitzkehren gilt wegen des Räder-Durchdrehens eine andere Rechnung, mit tieferen Zahlen).

Es ergibt aber keinen Sinn, das Getriebe so abzustimmen, daß dir nach jeder Kurve 14.000/min serviert werden, denn je höher die Drehzahl, desto höher die Reibung im Motor, desto hysterischer die Fahrbalance des Wagens. Das heißt, ich fahre eher im höheren Gang und verliere im Kurvenausgang Zeit, weil ich mit der Drehzahl unten hänge (also bei 10.000) und warten muß, bis der Motor Drehzahl aufbaut. Alesi macht es anders: Er fährt mit dem kürzeren Gang, ist im Kurveneingang und in Kurvenmitte langsamer als ich, dafür im Ausgang schneller und nimmt mehr Speed mit auf die Gerade. Das Perverse ist bloß: Unterm Strich kommt dasselbe raus. (Im Jahr darauf, mit dem Renault-Motor, sah das schon anders aus: Der hatte ein breites Drehzahlband, ich konnte meinen hohen Speed eingangs und zur Kurvenmitte nutzen und trotzdem mit vollem Hammer herausbeschleunigen).

Zurück zu unserem Samstagnachmittag von Adelaide: Alesi und ich hocken also im Ingenieur-Zimmer und stimmen unsere Gänge unterschiedlich ab, je nach Fahrweise und Motoreinschätzung. Für jede Kurve liegen Telemetrie-Daten und Alternativ-Rechnungen für jeden einzelnen Gang vor.

Race day. Um sechs Uhr früh geht der Rollbalken an der hinteren Seite der Box hoch. Um 6.30 Uhr kommt mein Auto, offiziell ein Ferrari 412 T2 mit Chassis-Nummer 163 und Startnummer 28, an die Nabelschnur, ist verbunden mit einem fahrbaren Pult. Dies ist die elektronische Außenstelle des Wagens, hier kann alles gecheckt und programmiert werden, von hier geht die Verbindung weiter zur Telemetrie-Zentrale im nächsten Raum der Ferrari-Box.

Der Wasserkreislauf des Motors wird vorgeheizt, nach einer halben Stunde sind 60 Grad erreicht. Eine externe Benzinpumpe bringt das System auf Druck, der Motor wird extern angelassen, läuft zehn Minuten auf 1500/min.

Der Wagen steht auf Holzfelgen, diese sind punktgenau auf Meßscheiben getrimmt. Bodenfreiheit und alle Flügelhöhen werden durchgemessen, entzückend altmodisch mit Wasserwaage. Gleichzeitig werden alle Motordaten am vorderen Pult gecheckt.

7.30 Uhr: Der Motor wird abgestellt. Die Daten des Warmlaufens werden nun in der Telemetrie zum zweiten Mal gecheckt.

7.45 Uhr: Der Motor wird wieder angelassen, extern auf 2500 bis 4000/min eingestellt. 80 Grad Wasser, 50 Grad Öl. Jetzt wird nur noch mit Gehörschutz gearbeitet. Die zehnsekündigen 5000/min für den Ölcheck beißen bereits in den Ohren. Noch keine Rede von Musik des Zwölfzylinders.

Attila steigt ein. Der dritte Check-Durchgang. Attila läuft die Gänge viermal rauf und runter (per Wippe an der Unterseite des Lenkrads, der Mittelfinger kann das). Zwischengas fürs Runterschalten kommt elektronisch. Die Kupplung wird nur noch am Start betätigt, umso wichtiger ist der Lenkrad-Knopf für Neutral-Stellung des Getriebes im Notfall.

Motor wird abgestellt. Ölproben werden genommen, zur Analyse geschickt. Zwei Mann checken wieder die Flügel, zwei Mann wieseln nur mit Spraydosen rund ums Auto.

Erst jetzt kommen auch wir Fahrer dazu. Die hohe Außentemperatur wird diskutiert, zwei Flügeleinstellungen werden verändert. Der Wagen wird aufgebockt, die vorgewärmten Reifen werden montiert, bleiben in Heizdecken.

Der Motor wird wieder angelassen, es ist 8.45 Uhr. Ein Mechaniker zupft rhythmisch zwischen 4000 und 7000/min. Jetzt hör ich zum ersten Mal meinen endgültigen Rennmotor. Es fällt mir nicht viel dazu ein, jedenfalls nichts Schlechtes. Wie soll man das Geräusch beschreiben?

Bedrohlich-schmerzhaftes Grundgedröhne, hornissiges Zischen, selbstsicheres Wuffen der Drehzahlstöße. Aber gegenüber den „musikalischen Jahren" des Rennsports fehlen die Nuancen der Untertöne, das Blubbern und Brabbeln und Spucken und Plotzen, es fehlen die Komplikationen des Sich-Verkutzens und der erlösenden metallischen Spritzer, die alles freiknallen fürs Ur-Getröte.

Dieses Ur-Getröte war es, das uns so wonniglich das Hirn vernebelt hat, bis dann die Dumpfheit des Schmerzes versickerte und kleine Wunderkerzen die Sicht erhellten. Dies alles ist Lärm von gestern.

Die Elektronik ist schuld, sie ist so genial, daß es für jeden Zustand des Motors perfektes Management gibt. Dadurch treten auch bei irren Kompressionen und Drehzahlen bei der Verbrennung des Gemisches keine Unregelmäßigkeiten mehr auf, jeder Vorgang passiert am Grat des Optimums. Und hohe Drehzahlen brauchen nur kurze Auspüffe, daher spielt sich trotz der fehlenden Schalldämpfer auch auspuffseitig nicht so viel ab wie im geilen Gedärm der frühen Jahre – bis auf schieres Gebrüll, natürlich.

Jean und ich machen uns fertig fürs Warm-up des Renntags, steigen ein. Kurzes Zischen, die Maschine bellt fünf- oder sechsmal bis neuntausend. Ich warte auf 70° Wassertemperatur und fahre wuff-wuff aus der Box. Die Motoren haben inzwischen auch fabelhafte Manieren, was das Gasannehmen betrifft, du könntest mit 4000/min wegrollen wie in der Fahrschule.

Praktisch alle Piloten kommen nach der ersten Runde des Warm-ups („Installation lap") wieder an die Box. Da werden die primitivsten Dinge nachgeschaut, zu banal für die Telemetrie: Ob alle Schrauben passen und ob's kein Leck gibt. Dann wieder auf die Piste.

In der noch halbwegs kühlen Temperatur des Vormittags geht die Maschine besonders gut, klingt sympathisch. Am Ende der Stunde werden wieder Ölproben genommen, analysiert, mit den Proben des Morgens verglichen.

Die Telemetrie-Aussagen sind nicht so toll: Mein Motor hat kräftiges „Blow by". Dieser Kompressionsverlust ist ein typisches Leiden, da Rennmotoren zwecks geringerer Reibung mit einem Minimum an Kolbenringen (Ferrari: 2) auskommen. Es gibt einen Toleranzbereich dafür, und dieser Motor liegt am oberen Ende. Zu schlecht zum Glücklichsein, zu gut für neuerlichen Motortausch.

Wegen der aufkommenden Hitze (Änderung der Luftdichte = Änderung am Abtrieb) werden mehr Flügel eingestellt. Ich habe das komische Gefühl, daß mir ausgerechnet im letzten Rennen was Positives passieren könnte („Wirbel in die beiden Williams hineinbringen, Hitze macht alles unberechenbar, 80 Runden sind lang, was weiß der Teufel"), jedenfalls ist das Kribbeln in der Magengegend eher erwartungsfroh.

Vor der Box wird ein offizielles Abschiedsfoto gemacht: Die letzte Fahrt des Zwölfzylinders.

Alesi ist auf zwei Stops ausgerichtet, hat 68 kg (etwa 94 Liter) an Bord. Ich habe mich für drei Stops entschieden, werde mit 55 kg Sprit antreten. Am Start werd ich es zwischen 13.000 und 14.000 schnalzen lassen, ganz so, wie wir uns das Rennfahren vorstellen.

Das Rennen: Jean Alesi hat Schumi *diszipliniert*, nach Frontflügeltausch freut ihn das Fahren nicht mehr, „Wagen zieht nach rechts", was laut Ferrari ein Schmäh war.

Damit bin ich Zweiter, nach dreißig Runden. Der letzte Ferrari-Zwölfzylinder! Enzo, schau oba.

An die 107 Grad Wassertemperatur seit der zehnten Runde habe ich mich gewöhnt, außerdem kann ich eh nix dran ändern.

Wenn der Hill einen Blödsinn macht, kann ich g'winnen, denke ich.

Bei Turn 4 macht es einen Tuscher, wie wenn der Ober mit dem Essen kommt und ihm alles runterfliegt, das Tablett und das ganze Geschirr, der Rückspiegel ist voller Rauch, es fahren Kolben und Ventile der rechten Zylinderreihe aus. Ran an den Pistenrand, raus aus der Kiste. Eine Sache von vier Sekunden.

Ferrari-Formel 1-Zwölfzylinder: So endet eine Epoche der Technik und des Grand-Prix-Sports.

Gleichzeitig endet auch der Job: Berger bei Ferrari. Nicht die Beziehung. Die ist immer wunderbar, mit ein paar Schönheitsfehlern.

Schneller leben

Sehr gute Rennfahrer, deutlich weniger als ein Dutzend in der ganzen Formel 1, werden schnell ziemlich reich. Sie sagen dann, daß sie das eigentlich gar nicht vorhatten, sie wollten nur flott autofahren, und zwar besser als alle anderen. Und dann wollten sie es genau wissen, weil sie den Kampf lieben und die Aufregung und die Bestätigung ihrer selbst – aber die Sache mit dem Geld, die war völlig unbeabsichtigt.

Stimmt, ungefähr.

Es gibt keinen einzigen tollen Rennfahrer, der als erstes an Geld dachte. Kühle Einkommensplanung kann keinem Achtzehnjährigen auf die Sprünge helfen, wenn es darum geht, unter Hunderten der gleichen wilden Rasse derart herauszustechen, daß alle mit dem Finger auf dich zeigen.

Je mehr Chancen du gekriegt hast und je näher du somit zur Formel 1 kommst, desto weiter bist du von deinem ersten verdienten Schilling entfernt. 22jährige oder 23jährige Burschen finden sich in *der* Investitionsphase ihres Lebens: Sie sollen Summen zwischen ein bis drei Millionen Dollar aufstellen, pro Jahr.

Erfunden wurde dieses Modell, allerdings noch zu Diskontpreisen, vor einem Vierteljahrhundert von Niki Lauda. Er trug seinen Bankkredit zum March-Team, verspielte seine Chancen (mehr Defekte als sonstwas), kokettierte eine Sekunde lang mit Selbstmord* und verdoppelte kreditmäßig auf Alles-oder-Nichts. Er gewann, weil Enzo Ferrari vor dem Fernseher saß, als Lauda an einem verregneten Sonntag in Monaco unheimlich gut drauf war, sozusagen mit dem letzten Schilling des Kredits. Hätte es nicht geregnet, wäre es ein banales Rennen geworden, Lauda hätte nicht auffallen können und wäre heute vielleicht Buslenker.

Damals war es noch eine Ausnahme, mittlerweile ist es zur Regel geworden, das Geld der jungen Fahrer in den Budgets der mittleren oder kleineren Teams zu verplanen. An dieser Zwischenfinanzierung der Karriere führt praktisch kein Weg vorbei, da die großen (zahlenden) Teams nur Fahrer mit einiger Formel-1-Erfahrung nehmen.

Die wenigsten haben einen reichen alten Herrn, die meisten treiben Sponsoren auf. Das Wesentliche ist, diese Phase kurz zu halten und dabei einen entsprechend starken Auftritt zu haben, um attraktiv für ein großes Team zu werden. Ansonst wird du das Image eines Zahlers (Dieter Quester hat den Ausdruck „Brennstein" erfunden) nicht mehr los und bleibst in dieser Liga kleben.

So kunstvoll ich auch mit BMWs und Formel 3 herumturnte, hätte ich doch keine Chance gehabt, bargeldlos in die Formel 1 zu rutschen. Arrows brauchte für die Saison 1985 eine Million Dollar, was für einen 25jährigen Burschen aus Wörgl eine eher abstrakte Summe war. Ich hatte umtriebige Freunde wie den Burghard Hummel, und vom Vater das Talent, sich etwas zuzutrauen, und tatsächlich stellten wir Sponsoren auf, die den Großteil der Summe abdeckten. Bei Arrows wäre ich wahrscheinlich *paying driver* geblieben, bis sich der letzte Sponsor verkrümelt hätte, aber 1986 rutschte ich schon mit ein

* „Auf der Strecke vom March-Hauptquartier in Bicester nach London kannte ich eine T-Kreuzung mit einer soliden Mauer dahinter. Ich brauchte nichts anderes zu tun, als voll am Gas zu bleiben, um meine Probleme zu lösen." (Niki Lauda über seine Situation 1972; aus seinem Buch „Das dritte Leben", Edition TAU).

bissl Glück (und der Schubkraft von BMW) ins neuformierte Benetton-Team. Dort wollten sie zwar auch noch Bergers Kohle, aber als ich im dritten Rennen gleich auf dem Podest gestanden bin, hörte ich die goldenen Worte: „Berger, du brauchst nichts zu zahlen." Der dies sagte, war Luciano Benetton, und ich konnte meine privaten Sponsorgelder behalten.

Dann nahm alles den klassischen Weg: Braves Auto, tapferer Fahrer, und bald saß wieder Enzo Ferrari im richtigen Moment vor dem Fernseher, vielleicht im selben Stuhl wie 13 Jahre vorher, als Lauda den BRM übers Wasser getragen hat.

Ich hatte also meine Investitionsphase kurz halten können. Seither bin ich im grünen Bereich und freu mich daran. Die Vermehrung von Geld wird in Tirol durchaus wohlwollend gesehen, und ich fühle mich meiner alten Heimat sehr verbunden.

Vom ersten verdienten Geld kaufte ich einen Flieger.

Wenn jemand 300 Stunden im Jahr europäische Kurzstrecken fliegt, oft zwischen regionalen Flughäfen in der Nähe von Rennstrecken, kann er sich ausrechnen, daß er mit Linienflügen und deren Zeitplan-Gebundenheit, den Wartezeiten, den Transfers und zusätzlichen *ground transportations* ungefähr dreimal so lang unterwegs wäre. Die Differenz berechnet er mit dem Business-Value oder Lebens-Wert seiner persönlichen Stunde, was auch immer er dafür einsetzen mag, und flugs weiß er, ob sich die Sache rechnet. Für mich, wie für jeden in der Racing-Oberliga, überhaupt keine Frage.

Ich übersprang die Turboprop-Liga, die mir damals vielleicht eher entsprochen hätte, kaufte gleich eine gebrauchte Citation I und hab's keine Sekunde bereut.

Wenn ich den Flieger als Arbeitsgerät bezeichne, so waren ein recht hübsches Haus und ein ziemlich nettes Boot schon eher Luxus. Ich glaube, daß es die Erzählungen von Nelson Piquet waren, die mich in Richtung Schiff inspiriert haben. Die MR 27 („Maria Rosa Ventisette") hatte die vernünftige Länge von 22 Metern. Es ließ sich ordentlich drauf leben, trotzdem reichten ein Käptn und seine Frau, um alles in Schuß zu halten, ganz im Gegensatz zur späteren „Pia". Die Doppelfunktion taugte mir. Draußen, zwischen Sardinien, Korsika und Ibiza, war's das ideale Ferienlager für Wassersport, also alles, was sich mit Motoren im Wasser treiben läßt. Als Hausboot mit Heimathafen Monaco war es die mobile Wohnung wo auch immer zwischen Monte Carlo und Bandol.

Das Haus ließ ich auf der Hohen Salve bauen, oberhalb von Söll, 1600 Meter hoch, vielleicht 30 km Luftlinie von Wörgl. Es kauert sich recht unauffällig an den Hang. Vorne hinaus schaust du aufs Kaisergebirge, von der Küche aus hast du die Übungshänge der Skikurse voll im Griff und prämierst die schönsten Hasen. Ein wunderschönes Haus am Berg zu haben, bei dem du mit den Skiern aus der Garage fahren kannst, war die direkteste Umsetzung meiner Jugendvorstellung vom schönen Leben.

Der Genuß von Hochsöll war allerdings ziemlich kurz, der Auszug aus Österreich ließ sich nicht mehr lang vermeiden.

Es begann 1987 mit der Bundesheer-Debatte, an der ganz Österreich mitredete: Soll der Berger zum Heer, oder darf er bei Ferrari bleiben?

Einem Beamten in Wien war aufgefallen, daß ich trotz meiner 28 Jahre noch nicht beim Militär war. Ich kriegte eine Art Vorwarnung, tanzte bei dem Beamten an und erklärte ihm, wie das ist im Profirennsport: Ich verlier den Job und krieg ihn jedenfalls bei Ferrari nie wieder, weil da längst ein Italiener oder Franzose in meinem Auto sitzt. Das ist ihm wurscht, hat er gesagt, weil er verdient 20.000 Schilling im Monat und hat auch zum Heer gehen müssen, der Berger verdient Millionen und will sich drücken, das wär ja doppelt ungerecht.

Grundsätzlich hatte ich gar nichts gegen das Heer. Ich dachte sogar dran, daß sie mich in einer Sportkompanie aufmöbeln könnten und ich endlich eine ordentliche Kondition kriegen würde. Es gab schon Hinweise, daß man mich für Rennen und Tests freistellen würde, aber natürlich ohne Garantie.

„Fliege o.k., Walzer nein!" Opernball 1991

Wunschmotiv für Starfotograf Rancinan

Mansour Ojjeh, meine Trauzeugin Cathie, Kids

Heidis Taufe in Lissabon 1997

Sarah 1997

Ana

Hier bin ich aufgewachsen

Ein großer Segler, Fischer, Taucher

Mit Tochter Christina 1995

Bei Ex-Beatle George Harrison auf Hamilton Island

G.BERGER
Marlboro

Marlboro

Wenn dann einer gesagt hätte, leider können wir dich zu dem Test nicht gehen lassen, weil wir morgen eine wichtige Bergwanderung haben, dann hätt' der Enzo Ferrari wahrscheinlich gesagt, stell ein Kreuz am Gipfel auf und leg dich dazu.

Inzwischen eskalierte die Debatte in der Öffentlichkeit, und der Akt Berger kam zum Minister. Der hieß Lichal und war soweit okay. Er hatte ein Augenmaß für die Situation, mußte aber diplomatisch vorgehen und konnte meinen beamteten Lieblingsfeind, der sich so in mich verkrallt hatte, nicht einfach übergehen.

Interessant war die emotionale Verquickung mit dem Thema Geld. Manche Leute fanden, daß einer, der so viel Geld verdient, *ganz besonders* zum Bundesheer gehen sollte.

Die Diskussion war schon soweit ins Irrationale gekippt, daß auch simple Dinge schwierig wurden. Normalerweise hätte ich mich drauf verlassen können, bei der ärztlichen Antrittsuntersuchung sofort heimgeschickt zu werden. Von meinem Pkw-Unfall 1984 hatte ich noch (und werde sie auch immer haben) eine Silberplatte mit vier Schrauben über dem ersten und zweiten Halswirbel. Ich bin dadurch zwar nicht wirklich beeinträchtigt, aber auch kein Kandidat fürs Militär. Nützte als Argument auch nichts.

Die Medien begeilten sich, und das Fernsehen trommelte eine „Club 2"-Diskussion zusammen. Verteidigungsminister vs. Rennfahrer, ein echter Straßenfeger im Jahre 1987. Ich war ganz gut vorbereitet und kämpferisch eingestellt, aber Lichal hatte gar kein Interesse an einem großen Krach, bei dem das Image des Bundesheeres eigentlich nur leiden konnte, so oder so.

Also nahm er mich vorher zur Seite und sagte die österreichischen Worte:

„Herr Berger, wir werden das Problem lösen, aber wir lösen's nach der Sendung."

So wurde es eine erstaunlich friedliche Diskussion. Lichal redete in staatsmännischer Weise von der tüchtigen Jugend und dem Gleichheitsprinzip, ich hielt meine Klappe, und der einzige, der auszuckte, war mein Lieblings-Referent.

Ich hatte dann noch ein Gespräch mit dem Minister, dem

die Lösung längst klar war: Nachmusterung und „Untauglich" wegen einer Silberplatte in der Halswirbelsäule, wie sie jeden anderen Österreicher auch vom Heer befreien würde.

„Da wäre dann noch etwas, Herr Minister."

„Und zwar, Herr Berger?"

„Ich tät' so gern Reklame für das Bundesheer machen. Könnte ich einen Draken für meine Rennwagenshow in der Stadthalle haben?"

Soviel Chuzpe gefiel ihm, er ließ den Kampfflieger am Flugplatz demontieren, auf Schwertransportern durch die Stadt führen und in der Halle zusammenbauen, und dann stand dieser irre Flieger mitten unter all den Rennwagen.

So war der Berger nicht zum Heer gekommen, aber immerhin die Luftwaffe zum Berger.

Da ich mich in den Wochen und Monaten dieser Diskussion nicht drauf verlassen konnte, daß sie gut ausgehen würde, hatte ich inzwischen meine Auslagerung nach Monaco vorangetrieben. Sie war auch aus steuerlichen Gründen nötig. Seither zahle ich Österreich-bezogene Steuer in Österreich, den Rest in Monaco. Das Haus in Hochsöll verwendete ich dann nur noch als fallweises Feriendomizil, mittlerweile gehört es meiner Mutter.

Ich nahm eine ordentliche, aber nicht aufregende Wohnung in Monaco, und direkt davor ankerte mein Schiff, zuerst die „Maria Rosa", dann die „Pia".

Der Autofan Gerhard Berger fuhr schon als früher Twen schnurstracks ins Paradies und fand sich in einem wunderbaren Land voller Lamborghinis, Porsches, Jaguars und mit allen Ferraris, die einer aufzählen mag.

Ich hatte mir schon als Mechaniker und Alfasud-Cup-Fahrer einen Turbo-Porsche geleistet. Nun, mit Geld und Ruhm und Beziehungen, stopfte ich die tollsten Exoten in meine Garagen, wechselte sie auch rasch, hatte aber doch meist sechs oder sieben Autos gleichzeitig. Da ich sie günstig kriegte und dann als Ex-Gerhard-Berger-Auto verkaufte, hielt sich der finanzielle Aufwand in Grenzen. Manchmal hätte ich sogar Profit draus machen können, ganz sicher jedenfalls beim F-40, aber da sprang ich erst viel zu spät ab, als die Preise schon wieder im Keller waren.

Bei den normalen Autos gab es einen Hang zu den schnelleren BMWs und den vielseitigeren Renaults, bei den Exoten war der Jaguar XJ 220 der teuerste, der Lamborghini Countach der flippigste, der F-40 der brutalste und der Berlinetta Boxer das größte Vieh. Sehr genehm war mir auch der Lamborghini Jeep, der war alles in einem.

Wie man sich das bei einem bescheuerten Rennfahrer korrekterweise vorstellt, bin ich grundsätzlich so schnell gefahren, wie es halt ging. Da waren zwar selten längere Strecken dabei, weil ich ja schon den Flieger hatte, aber wenn Wörgl–Maranello angesagt war, hat sich das Reisetempo ganz normal bei 300 eingependelt.

Am deutlichsten erkennbar wohnte der Wahnwitz im F-40. Entweder man mauerte ihn im Kellerstüberl ein oder bewegte ihn eben auf die Art, wie er es verlangte. Ich hab ihn nicht eingemauert, und das wäre um ein Haar ein gröberer Fehler gewesen.

Es ist acht Jahre her. Ein Nachmittag im November in Bayern, schon dunkel und feucht und kalt. Flott unterwegs im F-40 auf einer nicht allzu breiten Bundesstraße. Ich nahm die Lichter der Entgegenkommenden als Referenzpunkt, weil sonst nicht viel zu sehen war. Auf einer Geraden zwischen zwei Referenzpunkten fehlte aber plötzlich die Straße, denn die legte eine scharfe Linskurve ein. Ich war ungefähr doppelt zu schnell für die Situation.

Bremsen war total chancenlos, also lenkte ich nach links, kam sofort in einen Drift. Das Heck fing zu wandern an, ich konnte es nur mit größeren Bewegungen einfangen, im Pendelschlag von links nach rechts. Die Speed wurde kaum geringer, und ich war noch immer am Pendeln, als Lichter näherkamen. Wenn ich auf der Straße blieb, waren die Chancen 50/50, ob der Pendel auf meiner oder der falschen Seite sein würde. Das hab ich nicht gepackt. Ich ließ den Wagen aus dem Pendel laufen und geradewegs von der Straße springen, ohne wirklich zu sehen, wohin es ging.

Der F-40 sprang in eine Wiese, drehte sich in ein Maisfeld und kam endlich zu stehen. Der Schaden am Auto war lächerlich gering, aber ich hab zwei Tage lang einen Knieschlotterer gehabt. Die Vorstellung, was passieren hätte können, vor allem dem unschuldigen Entgegenkommenden, war um vieles überwältigender als alles, was mir im Rennsport untergekommen ist. Ich glaube, ich bin an diesem Tag ein bissl erwachsener geworden. Hab kapiert, daß man erstens nicht fährt wie die Sau, zweitens als berühmter Sportler schon gar nicht. Und dann hab ich natürlich bemerkt, daß dir auch mit den tollen Reflexen des Rennfahrers die Straße zuwenig werden kann.

Seither gibt es die Wahnsinnsfahrten nicht mehr. Ich tu es nimmer und könnte es auch nimmer. Auch mit dem Motorrad fahre ich ganz anders als früher. Seinerzeit war die streifende Fußraste in Autobahnkurven erst der Beginn der Hetz; jetzt laß ich's vielleicht einmal mit 180 streifen, wie zur sentimentalen Erinnerung, und damit hat es sich schon.

Nach dem F-40-Ausritt begann auch das Interesse am Besitz der Exoten abzunehmen. Ich verbrachte ja viel mehr Zeit im Flieger als auf der Straße, und mit dem Flugschein wurden die Designs von Flugzeugen wichtiger als die von Autos. So begann ich die Prachtstücke wieder loszuwerden, und eines Tages hatte ich nicht mehr den kleinsten Ferrari. Alles weg, ratzeputz. Nur noch Autos zum normalen Fahren, BMWs und Renaults in Portugal und Monaco, und ein paar Motorräder, denn einer meiner Freunde war der Besitzer von Cagiva und Ducati. Und dann hab ich unbedingt die Honda-Sechszylinder gebraucht, wie sie für den US-Markt gebaut wird, Goldwing-Motor in einem fast Chopper-Fahrwerk, ein unglaublich lässiges Motorrad, so geil zum Anschauen und dabei so easy.

Und als ich dann wirklich absolut kein Auto mehr hatte, das über einen 540er BMW oder Renault Espace hinausging, und mir auch nichts mehr abging, fiel mir ein offener Bentley auf. Der Azure! Endlich ein Auto mit Stil, passend zu einem älteren Herrn mit Familie. 6,8 Liter Turbo, knapp 400 PS, wiegt keine dreitausend Kilo, Superauto. In Monaco und Umgebung fällt man auch nicht so sehr auf damit, da stehen die Royces in Rudeln herum. Also hab ich mir einen Bentley Azure bestellt, rechtzeitig fürs Frühjahr 1998. Er wird eine Spezialfarbe haben: Schwarz, das eigentlich grün ist beziehungsweise umgekehrt.

Die Citation I war die denkbar beste Investition, die ich machen konnte. Ohne sie hätte mein Terminplan in den hektischen Rennjahren ganz anders ausschauen müssen. Die Maschine ist ideal für europäisches Augenmaß: Etwa 600 km/h schnell, dreieinhalb Stunden Reichweite, du schaffst also jede Strecke in Europa ohne Zwischenstop, wenn es nicht gerade Helsinki–Lissabon ist.

Ich hatte die Citation I zwar in der „single pilot"-Sonderausstattung, ließ sie aus Sicherheitsgründen aber doch mit zwei Piloten fliegen. Sparsam, wie ich bin, wollte ich den zweiten Mann einsparen, machte daher den Privat- und später auch den Berufspilotenschein.

1994 hatte ich höhere Anwandlungen, verkaufte die Einser und schaffte dafür eine Citation III an. Die stellt für europäische Verhältnisse schon ein bißchen Luxus dar, sie hat auch prachtvoll ausgesehen: Außen Racing-Green, innen Alcantara in der g'wissen Ferrari-Eierschalenfarbe. Trotz höherer Speed und der längeren Reichweite habe ich die Maschine als reinen Europa-Flieger angesehen, mit wenigen Ausnahmen (die aufregendste war jener Fernost-Flug zum Saisonfinale, den Sie aus der Sicht Herbert Völkers im Anhang des Buches finden).

Ich war immer stolz auf meinen Geschäftssinn auch bei den teuren Geräten. Es ist mir gelungen, die Citation I nach acht Jahren (und natürlich akribischer Pflege) sogar noch mit kleinem Gewinn zu verkaufen. Als der Geiz wieder übermächtig wurde und ich ein gutes Gebot für die III kriegte, trennte ich mich auch von ihr, was mir nachträglich leid tat. Die Saison

1997 überbrückte ich mit Leihfliegern, etwa von Schumacher, und dann wurde wieder ein ordentliches Gerät bestellt: Ein Lear 31. Der kommt wieder der Citation I näher, ist zwar moderner, schneller, besser, aber doch mit recht vernünftigen Erhaltungskosten, sozusagen ein BMW unter den Privatjets. Das ist auch ein kleiner Hinweis, daß ich nicht so wirklich in Pension gehen werden. Es werden zwar keine 300 Jahresstunden wie zur Racing-Hochsaison zusammenkommen, mit der Hälfte rechne ich aber doch.

Die „MR 27" wurde 1990 gegen die „Pia" getauscht. Das ist ein 36-Meter-Schiff, auf dem man sich schon ordentlich rühren kann, auch mit Familie und Gästen. Die wenigsten Leute können sich vorstellen, was ein Leben im Hafen, gedrängt mit anderen Schiffen, so praktisch oder angenehm macht, noch dazu für einen Burschen vom Berg. Ich kann es schwer erklären, und vielleicht ist es am hilfreichsten, die Notizen von Herbert Völker abzurufen, als er uns im Frühsommer 1996 in St. Tropez besuchte:

Wer sich die „Pia" als ziemlich ausgewachsenes Schiff vorstellt, das in den bunten Heften Luxus-Yacht genannt wird, liegt ungefähr richtig. Das Boot ist wirklich proper. Sogar der Maschinenraum ist luftig und aufgeräumt wie eine Williams-Box. Er wird von zwei Zwölfzylindern bewohnt, jeder mit 47 Liter Hubraum. Der Käptn ist Franzose und kennt die Sieben Meere, der Schiffsingenieur schaut aus wie der junge Yves Montand, ist daher auch Franzose. Der Matrose heißt Fabio, Koch und Kindermädchen sind aus Österreich, den Service macht Jennifer, die demnach nur aus England kommen kann, wie auch Colin, der Pilot der Citation III, die im nahegelegenen La Molle parkt.

Der Hafen von St. Tropez faßt ein paar hundert Boote. Nur etwa zwanzig von den Größten (zwischen 30 und 45 Meter) werden ganz ins Innere des Hafens gelotst, um direkt am Quai Gabriel Peri festzumachen. Das heißt, du ankerst am

Dorfplatz. Von der Heckreling der „Pia" bis zum Eisgeschäft Barbarac sind es acht Meter, bis zum Café de Paris fünfzig Meter. Das schafft man.

Abends geht Gerhard immer Schifferl-Schauen, man will ja wissen, wer seine Nachbarn sind.

„Lauter Landsleute von uns", fällt mir auf, denn die „Pia" fährt unter der Flagge der Cayman-Inseln und ist in Georgetown registriert, wie gut die Hälfte der Schiffe am Kai.

„Wie fühlt man sich so als Georgetowner?"

Berger: „Ich war noch nie dort."

„Möchtest auch gar nicht hin?"

„Nein."

„Warum nicht?"

„So nicht."

„Wie stellst du dir Georgetown vor?"

„Weißnicht."

„Du mußt dir doch was vorstellen unter deiner Heimat."

„Kannst bitte a Ruh geben mit Georgetown."

„Mmmh."

Ich meine, so schlendern wir an lauen Abenden über den Quai und reden gescheite Sachen. Ungefähr dreitausend nette Menschen schlendern auch über den Quai und sagen Dinge wie:

„Schau, der ist aus Georgetown."

„Mmmh."

„Wo ist eigentlich Georgetown, Pappi?"

„Gib eine Ruh."

„Wieso?"

„Weil ich's sag."

„Krieg ich ein Eis?"

Wenn wir nicht gescheit reden über Motorsport oder Georgetown, reden wir vielleicht über den Taucher.

Jedesmal, wenn wir nach einer Ausfahrt wieder einlaufen, was übrigens sehr aufregend ist, bestellt der Kapitän über Funk einen „plongeur", einen Taucher.

Wozu brauchen wir einen Taucher?

Weil die (relativ) großen Schiffe so eng beisammenstehen (was diese eigentümliche Marktplatzatmosphäre am Quai ergibt), verheddern sich oft die Ankerketten, lockern einander sogar. So braucht man eine „Landlinie", eine direkte Verbindung zur Quaimauer, und die kann nur der Taucher anbringen.

Ich will den Taucher bei seiner Arbeit sehen, oder zumindest beim Dienstantritt. Ich sehe ihn nie, also beschwere ich mich beim Eigner des Schiffes.

„Den sieht kein Mensch", sagt Gerhard.

„Wieso nicht?"

„Der ist per Funk mit der Hafenleitung verbunden und taucht immer dorthin, wo er gebraucht wird."

„Und wenn er nicht gebraucht wird?"

„Dann wartet er im Büro."

„Da könnte ich ihn ja beim Auftauchen sehen."

„Er hat ein Unterwasserbüro."

„Uuuhh."

Das Anlegen ist eine tolle Sache. In dem kleinen Hafenbecken wird das Schiff arschlings gedreht und schiebt dann zentimetergenau in die Parklücke. Die flanierenden Menschen am Quai rotten sich vor der Lücke zusammen und schauen zu, und weil alles so dörflich klein ist, wird das Schiff so überdimensional groß, die Kommandobrücke ist auf Höhe des ersten Stocks vom Fünferhaus, die Perspektive ist aufregender als die der Queen Mary vor Southampton. Nur links daneben, auf der „Lady Jersey", riskiert keiner ein Auge, die spielen immer Backgammon und trinken Rosé, und der alte Herr zieht nie sein Tweed-Sakko aus, auch bei 30 Grad nicht.

Langsam kapiere ich, was Gerhard an diesem Hafen mag. Für einen, der das Schiff als Wohnung sieht, hat das Ankern am Dorfplatz eine logische Qualität. Mitte Juli werden die Menschenmassen so erdrückend, daß Schiff und Mann und Maus ohnedies fliehen, aber bis dahin ist der Charme des Dorfes durchaus wirksam. In der Früh joggt unser Champ zwei Stunden oben in den Weingärten, am frühen Abend marschiert er zum Gym am anderen Ende des Dorfes. Die Kraftkammer heißt „Salle de Musculation", was auch irgendwie gut ist, und neben Gerhard strecken und recken sich die Zweimeter-Restln, lauter Leibwächter für Pimpi und Pompi. Diese Wanderung durchs Dorf führt unweigerlich am Café des Arts vorbei, kleiner Espresso!, und an den Boule-Spielern, die so gnadenlos unberührt sind vom fremden, schauenden Volk.

Ich pflege die Kraftkammer einen Hauch früher zu verlassen und im „Sube" auf Gerhard zu warten. Das „Sube", und damit sind wir schon wieder beim Dorfplatz und Quai, scheint das reizendste Hotel der Côte d'Azur zu sein, hat jedenfalls eine Bar im ersten Stock mit einem ganz kleinen Balkon, und irgendwie trauen sich die Leute nicht so leicht rauf, durchs Hotel, jedenfalls ist auf dem Balkon immer ein Tischerl frei.

Wenn wir jetzt von den Tagen rund um den siebten Juli reden, da geht die Sonne um 21.10 Uhr unter, und zwar genau vis-à-vis vom Balkon des „Sube", über der „Pia" und den anderen Booten, auch über dem stolzen blauen Dreimaster „Alejandra" aus Panama, und die Sonne hockt sich wie ein Spiegelei auf den Spinat der reichlich grünen Berge links von Saint Maxime auf der anderen Seite des Golfs. Dann kommt Gerhard vom Gym zurück und trinkt ein Evian, ich trink einen Martini mit tropfnassen Oliven.

Unsere letzte Ausfahrt führte uns nach Westen, und wir ankerten bei aufkommendem Mistral vor dem Häuschen eines Herrn, der so heißt wie sein Kugelschreiber, von dem er schon einige Stück verkauft hat. Ich mag die Geschichten, die dann so beiläufig beim Lunch auftauchen, wie zum Beispiel, „... und dann hat der alte Herr gesagt, wir müssen Frankreich wieder auf die Landkarte bringen, da müssen wir was tun!", und die Dame des Hauses holt ein Bild von der Wand im ersten Stock: Mit diesem Dreimaster hat Frankreich den „America's Cup" gewonnen.

Und wie nannte der alte Herr den Dreimaster?

Er nannte ihn „Bic".

Auf der Rückfahrt wurde der Mistral immer ärger, und es

war wunderbar, nunmehr bei bleierner See in den Hafen von Saint Tropez zu laufen. Der Taucher, ich hab ihn wieder nicht gesehen, hatte viel zu tun an diesem Abend.

Am Morgen fegten zwischen 7 und 8 Windstärken, und vor dem Eisgeschäft Barbarac war ein großer schwarzer Hund mit langen Zotteln, er stellte sich mit seinem kleinsten Querschnitt in den Wind, und so stand er mit waagrechtem Langhaar wie eine Wandzeichnung in der Physikstunde : „Hund im Windkanal."

Gerhard schaute mich nach dem Frühstück fragend an, weil Jennifer gemeldet hatte, daß wir keinen Wein mehr haben, aber ich war mit Sarah beschäftigt: „Wie macht das Nilpferd?"

Es war Zeit zum Abreisen. Ich kämpfte mich gegen eine zigkilometerlange Schlange gen Nizza, Gerhard nahm die wenig beflogene Route La Molle–Oxford, um, nun gestärkt von klugen Gesprächen, Zweiter in Silverstone zu werden. Der Käptn wartete auf die Ruhe nach dem Mistral, um die Küste von Ibiza zu gewinnen.

Der portugiesische Tiroler

Wir hatten eine nette kleine Wohnung in Kundl, gleich ums Eck von Wörgl, ein paar Minuten vom elterlichen Betrieb. Wir, das waren Rosi, unsere Tochter Christina und ich. Als Vater war ich so früh dran gewesen wie sonst nur in Hockenheim.

Als mich die Rosi anrief und sagte, du, da ist was, was ich dir sagen muß, war ich im Internat der Berufsschule. Ich hab ein paar Nächte nicht geschlafen und dann meine Schwester angerufen: Sie soll's meinen Eltern sagen. Sie hat das aber auch irgendwie *verabsäumt*, sodaß meine Eltern erst dann etwas ahnten, als sie die Rosi mit einem relativ großen Bauch sahen. Diese Zeit war nicht ganz einfach, muß ich sagen, aber damit war das Schwierigste auch schon überstanden. Kinderliebe steckt in mir drin, und Rosi und ich hatten eine Riesenfreud mit der Christina.

Der Grand Prix von Portugal 1987 machte alles sehr viel komplizierter.

Es war jenes saublöde Rennen, das ich eindeutig hätte gewinnen müssen, mit dem Ferrari war ich acht Sekunden vor Prost auf McLaren; noch zehn Runden, meine Reifen waren zwar bedient, aber es wär sich alles ausgegangen. Da hat Ron Dennis seinem Zweit-Piloten Stefan Johansson, der schon immer besonders gut im Weg herumstehen konnte, per Funk gesagt, er soll mich beim Überrunden aufhalten, das hat der tadellos hingekriegt, Prost ist nähergekommen, ich bin übern Häfn gefahren, hab mich gedreht: Sieger Prost, Zweiter Berger, wahrscheinlich war ich mein ganzes Leben nie so angefressen über einen zweiten Platz.

Zwecks rascher Tröstung strömte ich mit zwei Tiroler Kumpels zu einer Party in Estoril. Gerufen hatte Domingos Piedade, portugiesisches Multitalent und Geschäftsführer von AMG in Deutschland. Das erste, was ich beim Reingehen sah, war ein langhaxertes Mädchen von hinten. Sie verstaute Kleidung in einer Garderobe, auf die Art, wie halt Models mit Kleiderbügeln und so weiter umgehen, jedenfalls war ich irgendwie alarmiert. Sie kam dann zu unserem Tisch, war von vorn noch viel aufregender, und Kollege Alboreto hat sofort eine wunderbare Konversation angefangen, italienische Schule. Der Schmäh mit meinen Tirolern ist ordentlich gerennt: Du bist halt schneller auf der Rennstrecke, aber der Alboreto ist bei die Weiberleut' vorn, lauter so Sachen, die du an einem Tag hören willst, wo du deinen ersten Ferrari-Sieg weggeschmissen hast.

Es ergab sich aber, daß sich die Ana von mir zum Tanzen führen ließ. Es war einer der raren Momente in meinem Leben, wo sich Tanzen absolut nicht vermeiden ließ.

Auf einmal war's passiert.

Das nächste Rennen war gleich eine Woche drauf in Jerez, aus unserer Sicht um die Ecke von Lissabon. Für Ana war es trotzdem ein Riesenproblem, denn sie war erst 21 und ihr Vater hat sie unter Verschluß gehalten. Ohne ihren Bruder durfte sie überhaupt nicht ausgehen. Ich wußte gar nicht, daß es so etwas gibt, ich meine, für einen Tiroler war das ein Kulturschock. Aber mit Hilfe ihres Bruders ist sich Jerez ausgegangen, und dann hat sie eine eiskalte Aktion durchgezogen: Daheim sagte sie, sie hätte eine Serie von Modeschauen in Porto, dort setzte sie eine Freundin ans Telefon, die jederzeit alles Beruhigende über Ana sagen konnte. Derweil ist sie nach Thailand geflogen, und wir hatten vor den Überseerennen ein paar Tage für uns in Phuket.

Zufall oder nicht: Zum ersten und letzten Mal im Leben habe ich dann zwei Grand-Prix-Rennen hintereinander gewonnen, Japan und Australien.

Auf der einen Seite hatte es schon so ausgesehen, als sei die Hochzeit mit Rosi vor der Tür, anderseits war mir eigentlich klargewesen, daß eine Beziehung, die ich als Achtzehnjähriger begonnen hatte, kaum fürs Leben halten würde, so sehr ich die Rosi mochte und in unsere Tochter vernarrt war.

Auch bei aller Heftigkeit des Frischverliebtseins in Ana hatte ich nicht den Funken einer Idee, daß es in etwas Endgültiges ausarten könnte. Im Gegenteil, die Entfernung zwischen dem Portugiesischen und dem Tirolerischen erstens in der Geographie und zweitens im Wesen schien mir eher wie eine Versicherung gegen das Heiraten. Das Unterschiedliche an uns beiden entzückte mich zwar, aber doch eher in kleinen Dosen. Ich konnte mir nicht vorstellen, daß ich es ungebremst und die ganze Portion davon haben wollte.

Ana ist Südländerin auf eine Art, wie ich sie als Kind im Kino gesehen hab, meistens in Sizilien vorkommend: Rassig, unentschlossen, mit relativ wenig System, dafür voll mit richtigem Leben, unglaublich warmherzig. Dazu alles, was an Familie, Kindern, Eifersucht unterzubringen ist, immer die volle Menge.

Als ich nach Monaco zog, hatte ich vorerst nur die praktische Seite im Auge. Dann fing es mir langsam an zu gefallen, und irgendwann bekam ich das Gefühl, hier tatsächlich am richtigen Ort zu sein. Es gibt die üblichen Klischees: Das Klima, die Sauberkeit, das Internationale, aber das allein war es nicht. Monaco abseits der Touristen ist relaxed, und gerade wenn du hektisch von irgendwoher kommst, nimmst du diese Relaxedheit dankbar auf, dein Pulsschlag kriegt den Rhythmus der Gegend. Es gibt ein paar Lokale, die ich mag, es ist immer irgend etwas los, du kannst das ganze Jahr Motorrad fahren. Zu den Rennstrecken ist es recht zentral gelegen, Ferrari ist um die Ecke.

Monaco ist auch der halbe Weg nach Portugal, nicht nur von den Kilometern her. Du kriegst eine gewisse Durchlässigkeit für das Südländische, sogar als Tiroler.

Obwohl ich eigentlich ganz gern noch ein paar Junggesellenjahre eingelegt hätte, zogen Ana und ich zusammen. Bei einem Rennfahrer, der dauernd unterwegs ist, bedeutet es ja doch nur Teilzeitgemeinschaft, das mildert den Ernst der Sache.

Ich mußte ja nicht bloß mit den Mentalitätsunterschieden zwischen Ana und mir zurechtkommen, ich hatte ja auch mit meinen eigenen Unterschieden genug zu tun.

Ich bin auf der einen Seite nicht nur ordnungsliebend, sondern ein richtiger Pedant mit Sauberkeits-Orgien, und auf der anderen Seite nicht bloß schlampig, sondern chaotisch.

Einen Moment denk ich, mein Traum von Freizeit wäre ein Surfbrett und Musik am Strand und ein Feuer zum Grillen, mehr braucht der Mensch doch wirklich nicht, und im nächsten Moment denk ich, ob ich nicht meine Superyacht gegen eine Supersuperyacht eintauschen sollte.

Ich hau am Abend früh von einer Party ab, und denk mir, wenn ich zeitig ins Bett geh, dann steh ich auch früh auf, und die Zeit am Morgen ist doch die wertvollste des Tages. Dann wach ich tatsächlich um sieben auf und denk mir, noch zehn Minuten, das nächste Mal wach ich um neun auf und ärgere mich den halben Tag.

In gewissen Bereichen hat die Disziplin von Anfang an funktioniert. Ich hab in der Werkstatt bis vier Uhr früh an einem Auto gezangelt, dann drei Stunden geschlafen und bin in die Schule gegangen, das hab ich gepackt, weil es mir wichtig war, gute Kohle zu verdienen

Als ich für den Berufspilotenschein gelernt hab, bin ich in ein ordentliches Hotel gegangen, das Imperial in Wien, hab mich hingesetzt und gebüffelt, ohne einem Menschen davon zu erzählen. Leute, die dauernd erzählen, wieviel sie arbeiten, gehen mir eher auf den Geist. Da ist mir das Image des Faulen viel lieber. Ich spiel gern den Sonnyboy, dem alles von selber gelingt, dabei war ich aber immer fleißig, quasi Schumacher und Willy Weber in Personalunion. Schon wieder so ein

Gegensatz: Auf der einen Seite finde ich es toll, daß ich auch als Sportler viel Geschäftsarbeit untergebracht habe, auf der anderen Seite bewundere ich den Schumacher dafür, daß er sich so konsequent den Kopf freihält nur fürs Rennfahren.

Die systematische Seite in mir hat langsam die Oberhand gewonnen gegen die Chaos-Partie in meinem Hirn, da hat die Ana gleich noch einmal alles durcheinandergebracht, weil sie das System der Systemlosigkeit hat, und ich hab mir gedacht: So funktioniert das nie. Sie könnt jeden Tag 24 Stunden mit mir verbringen, in der Nacht schlafen bei mir, mit mir aufstehn und frühstücken und viel reden dabei, am Vormittag mit mir ins Büro gehen, zu Mittag mit mir essen, am Nachmittag mit in die Kraftkammer, am Abend miteinand ausgehen, Fernsehen und miteinander schlafen gehen. So ein Ablauf geht bei mir nicht, und daß ich beim Frühstück etwas reden soll, ist ganz besonders schwierig.

Aber Ana hat sich ganz langsam und behutsam gewandelt, und ich hab mich wohl auch ein bissl gedreht, ohne es zu merken, und da war ihre überwältigende Herzlichkeit, die sich über alles gelegt hat, ob nun System oder Nicht-System. Und die Mentalität, von der ich geglaubt habe, die funktioniert nie bei mir, die ist mir jetzt am allerliebsten.

Ich sah nicht die geringste Notwendigkeit, diese harmonische Beziehung in eine Ehe ausarten zu lassen, aber langsam gingen mir die Argumente aus, speziell als unsere Tochter Sarah unterwegs war. Als letzte Rettung sagte ich, ein Rennfahrer hat keine Zeit für all den komplizierten Papierkram, aber wenn du unbedingt heiraten willst, dann kannst du das ja organisieren. Ich setzte große Hoffnungen in das, was ich damals den *Systemmangel* der Ana genannt hätte, aber eines Tages sagte sie, nächste Woche am Samstag um zehn am Standesamt in Monte Carlo.

Meine Trauzeugin sollte Cathy sein, die Frau des Mansour Ojjeh. Mit der Familie war ich schon lang befreundet. Mansour steht am Beginn des TAG-Porsche-McLaren-Wunders, ist Mehrheitsbesitzer von McLaren und Multi-Geschäftsmann in einer Größenordnung, die ich nicht einmal abschätzen kann. Privates und Geschäft hält er rigoros auseinander, und ich hatte selbst zu meiner McLaren-Zeit mit ihm nur privat zu tun, und zwar auf die hetzigste Weise. Mansour, Cathy und die Kids, drei Dirndln und ein Bub, ticken alle ganz normal, wie die besten Kumpels von nebenan. Eine monegassische Freundin war Anas Trauzeugin, und damit war die Party auch schon komplett. Im Renault Espace ging's zum Standesamt von Monte Carlo, Fotografen waren nicht auszutricksen, wurden also rasch bedient, der Vizebürgermeister hielt eine ganz nette Rede, von der ich natürlich nichts verstanden hab, und als letzte Junggesellenblödelei hab ich „Oui" gesagt und dabei den Kopf gebeutelt, aber es hat nix mehr genützt. Im Espace ging's zum Chèvre d'Or in Eze, da gab's gerade eine kleine Nische auf der Veranda für uns, zwei hetzige Stunden, Mansour hat schon sein Matrosengwandl mitgehabt, also sind wir noch kurz auf sein Schiff gegangen, dann auf unsere „Pia", und ich hab die Jeans angezogen und war verheiratet. Besser hätt ich mir meine Hochzeit nicht vorstellen können.

Somit habe ich jetzt eine portugiesische Frau und drei Töchter in den verschiedensten Sprachen.

Christina lebt in Innsbruck, wird bald achtzehn und will dann Kinderärztin werden, oder vielleicht auch Model. Sie ähnelt mir sehr. Wenn ich sag, Christina, was machen die Buam, sagt sie, Papa, mich interessieren Buam überhaupt nicht, und ich schau beim Fenster raus, und da stehn drei mit dem Moped und warten. Oder ich sag, Christina, wie geht's dir in der Schule, sie sagt, hervorragend, und ich geh weg und glaub sie ist jetzt entweder die Beste oder Zweitbeste, bis das Zeugnis kommt, und dann muß halt irgendwo noch schnell etwas schiefgegangen sein. Ganz der junge Berger, und es macht irrsinnig Spaß mit ihr.

Sarah, Jahrgang 1995, ist vom Ausschauen her genau das Gegenteil von Christina, mit gekräuselten dunklen Haaren und dunklen Knopfaugen. Sie hat ein irres Temperament und traumhafte Power. Aus einem Angebot von vier Sprachen (Portugiesisch, Deutsch, Englisch und Tirolerisch) drückt sie eine gewisse Vorliebe fürs Portugiesische aus. Ana spricht zwar mittlerweile gut Deutsch, versenkt aber gottseidank die wunderbare Melodie ihrer Muttersprache im Unterbewußtsein der Kleinen. Es ist eine herzwärmende Kuddel- und Knuddelsprache, und die portugiesischen Kinderlieder sind wie eine Gartenlandschaft aus dem Märchen, mit verspielten Hecken und lustigen Bäumchen und Springbrunnen von Vokalen, die überraschend hochsprudeln.

Gegen dieses sanfte Märchen nimmt sich das Tirolerische wie das Finale von Max und Moritz aus, wo die beiden durch den Trichter faschiert werden und als Körndln in den Bottich rumpeln, *Rickeracke! Rickeracke! geht die Mühle mit Geknacke*. Zumindest muß es für Sarah so wirken, nehme ich an, wenn sie nach dem weichen Singsang der Mutter was Tirolerisches hört. Englisch ist vorerst am besten zum Husten zu gebrauchen.

Heidi, Jahrgang 1997, ist vom Typ her nochmal anders, vielleicht wieder in die blonde Richtung. Sie ist viel ruhiger als Sarah war, womit will sie uns überraschen?

Gleichberechtigte Familiensprachen sind Englisch, Portugiesisch und Deutsch, wobei ich mich aus dem Portugiesischen ein bißchen raushalte.

9

Sport

Gewisse Talente und Vorlieben sind in mir drin. Andere eindeutig nicht, und dann tu ich mir unheimlich schwer, sie trotzdem zu produzieren, weil es eben sein muß.

Wenn ich mit dem Sport beginne, so sind beispielsweise Bewegungssportarten wie Skifahren, Eishockey, Motorradfahren, Jet Ski in mir drin. Eigentlich alles, wo es einen äußeren Beschleunigungsfaktor gibt, und sei es nur die Glätte vom Eis.

Hingegen tu ich mir äußerst schwer mit der athletischen Übung an sich. Sie ist mir wirklich nicht angeboren.

Ohne die Basis solider Plackerei bist du aber heutzutage im Rennsport verloren. Man braucht sagenhafte Grundkondition und muß daneben einzelne Muskelpartien ganz speziell spitzensportmäßig ausbilden. Dazu genügt nicht irgendein hetziger Freizeitsport, sondern du muß dich ordentlich quälen, ein bis zwei Stunden am Tag.

Da reichen auch nicht unbedingt die Programme unserer ständigen Physiotherapeuten, außerdem mangelt's denen ein bissl an Autorität.

Wenn Joe Leberer sagte: „Gemma rennen", konnte er schon manchmal hören: „Geh, renn du allein und erzähl mir, wie's war."

Die Jahre der ersten Ferrari-Zeit hatten mein Konditions- und Kraftmanko recht schonungslos aufgedeckt, und ich kämpfte dagegen an, so gut ich konnte. Mittlerweile bei McLaren, zog ich mich zwar am Beispiel Sennas hoch, aber dessen Selbstüberwindung würde ich nie erreichen, keine Chance.

Also hatte ich die geniale Idee, mir den allerbesten Trainer der Welt zu nehmen. Ich ließ mich beraten und kam auf den Engländer Frank Dick.

Frank war der britische Athletik-Chefcoach bei vier Olympischen Spielen, er war persönlicher Trainer von Boris Becker und Katarina Witt, er hat Daley Thompson zu einem passablen Zehnkämpfer gemacht, sieben Bücher über Motivation und Leistung geschrieben, und die Königin hat ihm den Orden des Britischen Empire umgehängt.

Kurzum: Ein Mann für Gerhard Berger.

Ich begann Frank Dick 1991 zu chartern. Er verbrachte 2 Wochen im Winter mit mir, und dann etliche 3- oder 4-Tages-Törns über die Saison verteilt, egal wo, auch bis Australien.

Er ist selber ein Meister der Motivation, aber am meisten motivierte mich die Gage, die ich ihm zahlen mußte. Mein Geschäftssinn verlangte von mir, aus dem Budgetposten „Frank Dick" den entsprechenden Gegenwert zu gewinnen, und so quälte ich mich in Kraftkammer und Zirkeltraining wie nie zuvor. Dick, fast zwanzig Jahre älter als ich, macht selber alles mit und ist sich gottseidank auch für keine Blödheit zu schade. Er ist einer der wenigen Partner für das, was ich „limit jokes" nenne, also gerade noch ohne körperliche Verletzung.

Frank hatte keine Ahnung vom Skifahren, ist noch nie auf Skiern gestanden. Ich bot mich an, ihn in die Kunst unseres Volkssports einzuführen.

Ich sagte schon, Frank ist grundsätzlich offen für das Neue.

Von irgendeinem Trainingslehrgang hatte ich Klamotten der deutschen Ski-Nationalmannschaft im Haus. Ich kleidete Frank auf die windschlüpfigste Weise, putzte ihn mit japanischen Designer-Gags auf, suchte liebevoll ein paar schockfarbene Details. Als Frank Dick die ersten Ski seines Lebens in die Hand nahm, sah er so aus, wie man sich in Hochsöll einen kanadischen Abfahrtsweltmeister vorstellt. Wir marschierten zur Mittelstation der Hohen Salve und schnallten die Ski an.

Die Tatsache, daß er sofort vom Sessellift stürzte, weil auch dieses Gerät völlig neu für ihn war, konnte uns nicht entmutigen. Der Lift wurde angehalten, Frank wurde geborgen und frisch placiert. Daß er sich mit beiden Armen um den Mast klammerte, war auch schon das einzige Zeichen einer gewissen Ergriffenheit vor unserer Bergwelt, denn Frank ist ein Steher. Oben wurde er vom Sessel geholt und in Fahrtrichtung gestellt.

Ich zeigte ihm die schwarze Abfahrt, sagte, daß jetzt eine Zeit des Leids auf ihn zukäme, vergleichbar meinem Morgentraining unter seiner Führung, und fuhr schon mal voraus.

Frank Dick kam nach ein paar Stunden, und er hatte auch irgendwo die Skier eingebüßt, aber er kam.

Solche richtigen Sportsgeister beflügeln meine Phantasie. Frank war natürlich auch nicht faul, und wir suchten dauernd gegenseitige Challenges.

Eines Tages verließen wir das Gym in Monaco, um mit dem Motorrad zur „Pia" im Hafen zu fahren, wo Franks Transport zum Flughafen vorbereitet war. Ich legte den Hauptschalter der Cagiva um und sagte, der Motor springt manchmal schlecht an, Frank soll mich anschieben, und zwar mit einem kurzen heftigen Sprint. Es klappte nicht, wie denn auch. Wir versuchten es noch einmal, und noch einmal, *es muß ein bißchen schneller gehen, Frank,* und am Ende hatte er mich bis zum Hafen gepusht. Dort erklärte ich ihm den Hauptschalter. Frank war sehr beeindruckt von der Aktion, *well done.*

Und was meine Kondition und Muskelkraft betrifft, so glaube ich, daß ich in den letzten Jahren zum guten Durchschnitt der Grand-Prix-Fahrer aufgeschlossen habe, letztlich doch mit der ganzen Systematik, ohne die absolut nichts geht in diesem Bereich. Dr. Peter Baumgartl, Sportmedizin-Kapazunder aus St. Johann in Tirol, hat mich dann letztlich davon überzeugt, was mir seit Dungl und Lechner ohnedies alle Wissenden gepredigt hatten: Längere Gleichmäßigkeit im Ausdauer-Training statt Spitzenbelastung. Somit spielt sich heute mein ganzes Ausdauertraining im Pulsbereich von 140 ab.

Heute hat jeder Spitzenrennfahrer seinen eigenen Physiotherapeuten, teilt ihn eventuell noch mit dem Teamkollegen. Für meine Ansprüche lautet die Job-Description: Begleiter bei allen Tests und Rennen, Schutzschild für persönliche Wellness in allen Klimazonen und Hotel-Umständen, Koch für gesunde Zwischenmahlzeiten, Masseur, Fitnessübungs-Kumpel, wenn nötig Krankenschwester, allzeit bereit für kleine Hilfsdienste.

Die mittlerweile Selbstverständlichkeit dieses Jobs in der Formel 1 geht zurück auf einen Traktor-Überschlag des Niki Lauda 1975 in seinem Garten in Salzburg. Der verletzte Niki wurde mit Willy Dungl bekannt, der ihm in der Folge aushalf, wenn irgend etwas zwickte. Bei seinem Comeback 1982 legte Lauda schon Wert auf regelmäßige Betreuung. Sparsam wie er war, teilte Niki den Willy zuerst mit Prost, dann noch mit Piquet und 1985 auch mit mir. Lauda trat zurück, Dungl blieb und schickte in der Folge seine Jünger. Mittlerweile sind das Mittdreißiger, allesamt Spitzenleute, einfühlsam, kompetent und mit einem gesunden Talent zum Schmähführen. Heinz Lechner wurde mein Betreuer in der ersten Ferrari-Zeit, Josef Leberer übernahm Senna und mich bei McLaren. Zu Ferrari kehrte ich wieder mit Lechner zurück, bei Benetton war Harry Hawelka der Mann für Alesi und mich.

Die Wehwehchen haben im Lauf der Zeit zugenommen, keine Frage. Der Raubbau, den ich in den frühen Jahren am Körper betrieben hatte, rächte sich. Ich hatte ja nie Zeit gehabt zum Kranksein und etwas ordentlich auszuheilen; ein paar Antibiotika und ab die Post. Wie weit sich Stress in psychosomatischer Weise abgelagert hat, kann ich schwer beurteilen. Ich schätze, da ist schon was dran.

Ich bin ziemlich oft grippig und jetzt sehr auf naturnahe Methoden eingestellt, wie es auch völlig dem Stil der Lechners und Hawelkas entspricht. Manche Probleme erledigen sich im Rennauto erfreulicherweise von selbst. Wenn du zum Beispiel mit einer leichten Angina einsteigst, ist nach dem Rennen nichts davon übrig – weggebrannt vom Adrenalin, nehme ich an. Die Adrenalinwirkung spüre ich auch beim Bartwuchs: Ein Rennen entspricht einer normalen Tagesleistung der Bartstoppeln.

Benetton

1996, 1997

Du kommst in dein neues Team wie in ein neues Büro, schüttelst Hände, schaust herum, läßt dir alles zeigen, kriegst ein erstes Gefühl: So also riecht's bei Benetton.

Sie sind toll in den großen Dingen, klar, sonst wären sie nicht zweimal hintereinander Weltmeister geworden. Sie sind nicht ganz so toll in, zum Beispiel, Teppichböden. Der Boden im Motorhome ist ziemlich verfilzt, und der ganze Raum stinkt nach Zigaretten, und am Massagetisch stellt jeder seinen Kaffeebecher ab.

Ich merke, wie wichtig mir die Kleinigkeiten im Lauf der Zeit geworden sind. Wie verwöhnt du bist, wenn du ein paar Jahre Ferrari und McLaren hinter dir hast. Roter Samtbezug auf dem Massagetisch macht dich zwar keine Zehntelsekunde schneller, aber er wärmt, wenn du mit der Nase drauf zu liegen kommst, und ich finde es ganz gut, wenn sich ein Team auch in seinem Innenleben formeleins-mäßig begreift. (Bei Ferrari kam noch die technische Kultur des John Barnard dazu, seine Liebe zur Ästhetik des Details. Daß er im genußvollen Verlegen von Kabelsträngen besser sein mochte als im aerodynamischen Konzept, ist eine andere Sache.)

Bevor es aber noch zur ersten Massage im Benetton-

Motorhome kam, schmiß ich schon das weltmeisterliche Auto hinaus. Der Wagen war einfach ausgebrochen – und weg –, so schnell konnte ich gar nicht schauen. Es war beim ersten Test in Estoril, und der Crash war so mordsmäßig, daß es drei Tage Unterbrechung gab, weil sie das Auto nach England schicken mußten.

Alle lachten und klopften mir auf die Schulter: Hey, dein erster Benetton-Crash, als ob's ein gutes Omen wär. Als das reparierte Auto zurückkam, regnete es, wir warteten, entschieden uns dann aber, im Regen rauszufahren und einfach das Auto ein bissl kennenzulernen.

In der dritten Runde pickte es mit dem Hintern voran in der Leitplanke. Wieder Schrott.

Das Lachen vom ersten Crash war jetzt schon ein dünneres Grinsen. Mein Kollege Alesi verabschiedete sich zwar genauso oft, erwischte aber immer freies Gelände beim Kreiseln, hat also nichts demoliert.

Der nächste Test war in Barcelona. Ich ging die Sache sehr ruhig und analytisch an. Wie am ersten Estoril-Tag hatte ich kein schlechtes Gefühl mit dem Auto. Es fehlte bloß eine volle Sekunde, ich mußte näher ans Limit.

Nächster Abflug.

Der war natürlich schon voll peinlich, und an den Gesichtern der Mechaniker und Ingenieure konnte ich eine gewisse Sehnsucht nach Schumacher ablesen.

Der Gedankenaustausch mit meinem neuen Chef war auch nicht sehr ersprießlich. Flavio Briatore fegte mit grandioser Oberflächlichkeit über alles hinweg. Er redete zwar über Technik, aber während des Redens kriegte man den Verdacht, er könne ein Lenkrad nicht von einem Wagenrad unterscheiden. Vom Rennfahren hat er absolut nichts im Blut, er lebt nur für die Vermarktung, vorrangig seine eigene.

Flavio Briatore war der von der Benetton-Familie eingesetzte Chef des Ganzen, das in eine englische Seite (Technik) und eine italienische (Marketing) zerfiel. Die Techniker waren die besten der Formel 1, allerdings ausgelaugt von den zwei gewonnenen Riesenschlachten der Weltmeisterschaften 1994 und 1995. Außerdem hatte sich alles nur um Schumacher gedreht, sie waren quasi auf ein Ein-Auto-Team fixiert. Alesi, der mit seinem Vertrag vor mir dran war, hatte sich mit Pat Symonds den besten Renningenieur gesichert. Alles in allem litt die Benetton-Technik des neuen Jahres unter einem Erschöpfungs-Syndrom, an Verspätung im Anlauf und an zu geringen Kapazitäten.

Der solideste Baustein war der Renault-Motor auf der Höhe seiner technischen Reife. Die Performance der Franzosen war eine moderne Übersetzung der Honda-Leadership in der vorangegangenen Generation. Sie waren nicht nur auf Power und Drehzahl versessen, sondern hatten ein sehr feines Gefühl für die *drivebility* des Motors im weitesten Sinn. Sie hatten auch jede Menge Sportsgeist, weit über Technik und Erfolgsstatistik hinaus.

Der Motor jedenfalls war nicht das Problem. Ich sagte den Herren Cheftechnikern ungefähr, ich bin jetzt dreimal abgeflogen und nehm's auf meine Kappe, aber es muß euch doch klar sein, daß das Auto ein Problem hat, und vielleicht könnt ihr freundlicherweise noch einmal die Computer anwerfen.

Das Mysterium ließ sich tatsächlich einkreisen. Das Auto ging bei full speed auf Bodenwellen *„in stall"*, wie ein Flugzeug, bei dem die aerodynamische Wirkung abrupt abreißt. War diese Bodenwelle in einer schnellen Kurve, dann konnte der Wagen übersteuernd ausbrechen *(„snap oversteer")*. Diese Eigenschaft des Benetton war sicherlich nicht neu. Johnny Herbert war 1995 deswegen ein paar Mal abgeflogen und traute sich dann einfach nicht mehr an die Grenze heran. Und Michael Schumacher hatte eine Art übersinnlichen Reflex für die Situation gehabt, er hat das dann auch erklärt: Er nahm das Gegenlenken auf der Bodenwelle automatisch vorweg, hatte diesen Ablauf schon in sich gespeichert.

Spätestens zu diesem Zeitpunkt nahm ich den letzten Rest von Reserviertheit gegen Michael Schumacher zurück: Wer dieses Auto auch im Grenzbereich so souverän im Griff hatte, mußte absolute Extraklasse sein.

Es war klar, daß wir dem Auto dieses Verhalten austreiben

mußten, und insofern hatten meine drei Abflüge auch etwas Gutes: Die United Forces of Benetton besannen sich ihrer Möglichkeiten. Die Lösung lag wie so oft im Unterbodenbereich. Je höher die Geschwindigkeit, desto stärker die Saugnapf-Effekte am Unterboden. Seit dem Verbot der „Flügelautos" und der Reglementierung des Unterbodens spielen sich diese Effekte auf einer sehr kleinen Fläche des Bodens ab, und so sensibel, daß man ihnen auch im Windkanal nur teilweise auf die Schliche kommt. Winzige Verschiebungen des Anpreßzentrums ergeben bei wechselnder Bodenfreiheit ganz dramatische Auswirkungen.

Bei den Medien fiel mir die Geschichte gleich ordentlich auf den Kopf, *Berger steigt ins Schumacher-Weltmeisterauto und bringt keine Runde damit zu Ende,* und Schumi himself gab auch noch seinen Senf dazu: Er sei jetzt mit dem Ferrari gefahren und müsse sich wundern, daß dieses prachtvolle Auto 1995 nicht mehr gewonnen hat.

Aber noch waren wir locker, und Briatore konnte in aller Ruhe am Bonus der zwei WM-Titel knabbern.

Die ersten vier Läufe nahmen uns jede Illusion: Enttäuschend im Training (beide), Defekte im Rennen (ich), weggeschmissene Chancen (Alesi). Das Benetton-Team sah unvermittelt ziemlich alt aus. Nicht nur die Williams zogen davon, auch Schumacher im Ferrari machte einen frischeren Eindruck. Briatore war am Kochen, tobte schon einmal vorweg mit den Technikern in England und berief für Imola ein Meeting ein, bei dem er die Fahrer dabeihaben wollte.

Mein Büro hatte vergessen, mir den Termin durchzusagen, und ich pflegte gerade den entspannenden Nachmittagsschlaf, als mich unten im Hotel ein Chauffeur zum Meeting holen wollte. Ich denk, es wird um irgendein neues Problem gehen, und hupf noch schnell unter die Dusche, da ist gleich schon Flavio am Apparat, *ob ich nicht antanzen will!?* Es war ja sein wichtigster Termin seit Monaten, aber ich hab's nicht gewußt und sag, Flavio, ich bin momentan nackert, und ich glaub das schaut nicht gut aus, wenn ich so ins Fahrerlager geh, drum werd ich mich zuerst anziehen und dann kommen. Funkstille. Als ich ins Motorhome komme, sitzt er dort mit ganz schmalen Lippen und ich sag, uj, Flavio, du schaust heute aber gar net gut aus.

Im nächsten Moment zuckt er aus, wie ich es nie von einem Teamchef erlebt habe. Er läßt sich sein Team nicht von uns ruinieren, er hat 300 Angestellte, und die verlieren ihre Arbeitsplätze und die haben alle Kinder daheim, und wir sind zu blöd zum Autofahren, das hat man schon bei Ferrari gesehen, weil wir uns in Argentinien selber in die Kisten gefahren sind (stimmt nicht), und überhaupt, er hat gehört, daß wir an der Box gesagt haben, *this shitbox is impossible to drive*, und wer noch einmal *shitbox* zu seinem Auto sagt, der darf überhaupt nicht mehr einsteigen, und in Zukunft wird er sich eh überlegen, wen er überhaupt fahren läßt und wen nicht, daraufhin explodiert mein sizilianisch-französischer Kollege und sagt, von mir kannst du gleich einmal haben, daß ich heimgeh und mich in den Liegestuhl setz, brauchst es nur zu sagen, also, was ist?, drauf zieht Flavio ein bissl den Schwanz ein, und in dieser konstruktiven Weise werden halt die technischen und fahrerischen Perspektiven des Teams Benetton im Mai 1996 diskutiert.

Ich hatte am allerwenigsten mit der Sache zu tun, denn in vier Rennen war viermal etwas mit der Technik schiefgegangen, Getriebe oder Aufhängung. Ich durfte bloß nicht die Nerven verlieren und mich von Flavios Irrsinn anstecken oder provozieren lassen.

Drei Tage später ist das Rennen in Imola, und Alesi hat gleich einen Crash in der ersten Runde, ich muß grinsen unterm Helm, die arme Sau, aber er fährt mit der verbogenen Aufhängung weiter, als ob er sich nicht an die Box traut, fightet wie ein Irrer bis zum Tankstop, wird am Ende Sechster. Ich bin Dritter hinter Hill und Schumacher.

Von da an geht's mit Alesi bergauf, bald ist er auch wieder das Herzbinkerl vom Briatore, bei mir zieht sich die Durststrecke immer länger.

Mit dem Auto kam ich inzwischen ganz gut zurecht, bis auf einen Dreher in Kanada gab's keinen Fehler. Der meiste

Ärger war unverändert hausgemacht, vom Murks mit Radmuttern bis zur Feststellbremse, die sich am Start nicht löst, und die Leute vor dem Fernseher hauen sich auf die Schenkel und sagen, jetzt stehen die zwei Trotteln mit der angezogenen Handbremse da.

Was mich wirklich irritierte, war eine Kette von Trainingsniederlagen gegen Alesi. Ich litt wie ein Hund, obwohl die Erklärung auf der Hand lag. Im Charakter unserer Autos war Übersteuern beim Einlenken *(turn-in oversteer)* sozusagen aerodynamisch einkonstruiert. Es ist die alte Geschichte: Natürlich darf man von den höchstbezahlten Rennfahrern der Welt verlangen, daß sie mit jeder denkbaren Eigenschaft eines Autos umgehen können. Das ändert aber nichts dran, daß im Extrembereich einer Qualifikationsrunde einzelne Fahrer mit speziellen Auto-Eigenschaften besser oder schlechter zurechtkommen. Je näher Fahrertyp und Auto verwandt sind, umso weiter kann sich ein Fahrer seinen ultimativen Reflexen ausliefern, weil alles auf der gleichen Linie seines Wesens liegt. In meinem Fall wäre das neutral oder untersteuernd, bei Alesi ist es übersteuernd, die Benetton-Mode von 1996.

Die Optik war natürlich wirklich nicht so toll, und die Medien wurden ein bissl ungeduldig mit mir. Es war mir nie egal, was die Zeitungen schrieben, weil ich Image und damit Marktwert eines Fahrers als wesentlichen Teil der Gesamt-Performance ansehe. Im Grunde konnte ich mich nie beklagen, ich bin fast immer fair behandelt worden, eigentlich sogar super, wenn ich's recht bedenke.

Anderseits bin ich schon dünnhäutiger, als es für einen Menschen in diesem Metier praktisch wäre. Wenn ich mich verletzt und beleidigt fühle, kann ich die Situation nicht einfach wegschieben.

Es tauchte beispielsweise die Frage in der Zeitung auf, ob ich bisher zuviel Geld verdient hätte.

Was soll ich mir dazu denken?

Wenn ich in meiner bisherigen Laufbahn weniger verlangt und weniger gekriegt hätte, dann wär der Benetton jetzt trotzdem langsamer als der Williams, und ich wär genauso fünfmal ausgefallen. Ich hätt bloß kein Geld und wär der doppelt Blöde. Und eine Rechtfertigung gegenüber Leuten, die mir neidig sind, geht mir sowieso gegen den Strich. Die sollen denken, wie sie meinen. Und wenn du nix verdienst, dann kommen genau diese Leute und sagen, der ist sogar zu blöd zum Geldverdienen.

Ich muß aber dazusagen, daß ich im großen und ganzen unverändert Rückenwind von den Medien kriegte, und von den Fans sowieso. Die waren während meiner ganzen Karriere eigentlich ziemlich unbeirrbar.

Die emotionale Auseinandersetzung mit mir selber führte zu einem frischen Energieschub. Ich habe von Haus aus immer die Schwierigkeit gesucht, bin weder dem tollsten Fahrer (Senna) noch dem schwierigsten Team (Ferrari im Zustand von 1993) aus dem Weg gegangen, also würde ich auch die Benetton-Situation durchstehen. Noch dazu wurde nun einiges an technischer Power bewegt. Der Testaufwand des Benetton-Teams war sensationell. Es wurde professioneller und zielgenauer getestet, als ich das bei McLaren oder Ferrari erlebt hatte, und ich schmiß mich mit aller Kraft mittenrein.

Hey, Berger lebt: Ich wurde Zweiter in Silverstone, hinter Villeneuve, trotz überhitzter Bremsen, fuhr in Hockenheim in die erste Startreihe, führte von Anfang an, hatte ein wunderschönes Match mit Damon Hill, er war knapp an mir dran, ich hätte ihm aber keine Chance zum Überholen gegeben – da geht drei Runden vor Schluß mein Motor hoch.

Es ist der erste Motorschaden seit 50 Rennen, werden mir die Renault-Leute nachher sagen, und ausgerechnet in MEINEM Rennen.

Immerhin: Der Juli-Zwischenspurt brachte die Dinge wieder in die richtige Relation, und die, die sich auskennen wollten, kannten sich aus.

Der Rest der Saison war öde; Getriebe, Differential, und eine Rasur bei David Coulthard. Im Finale von Suzuka war ich der Schnellste, hatte aber einen Rempler mit Damon Hill, der mich einfach nicht gesehen hatte (glaubwürdig, denn er mußte schon wegen seiner Weltmeisterschaft auf Ankommen fahren).

Alles mündete in eine Jahresbilanz zum Schnellvergessen. In irgendeiner Zeitung sagte Briatore: Wenn er den Schumacher behalten hätte, wären sie zum dritten Mal Weltmeister geworden. Der gute Flavio.

Wie durch ein Wunder begann kurz nach Saisonende 1996 alles in die richtige Richtung zu laufen. Bei Tests noch mit dem alten Auto kriegten wir mit Hilfe des elektronischen Differentials* das für mich so lästige Übersteuern weg. Power Steering brachte den nächsten großen Schritt. Zwischendurch verabschiedeten sich unsere wichtigsten Techniker Ross Brawn und Rory Byrne Richtung Ferrari, aber ich sah darin keine Katastrophe. Ich dachte eher an eine Erneuerung der Benetton-Technik durch die nachrückenden Pat Symonds und Nick Worth.

Für das neue Auto setzte sich endlich die Einsicht durch, daß man den langen Berger nicht in dieselbe Position pferchen sollte wie den kurzen Alesi. Ein Techniker nahm sich zwei Wochen Zeit, um die beste Abstimmung zwischen Sitz, Pedalen, Lenkrad und Airbox zu finden, und zum ersten Mal bekamen wir jene Airbox-Anströmung zustande, wie sie der Renault-Zehnzylinder verdiente, und ich hatte weder geschürfte Ellbogen noch blutige Finger.

Wir machten Fortschritte in der Aerodynamik, in der Schwerpunktlage, beim Getriebe; von Renault kam eine Offensive für höhere Betriebstemperaturen und damit kleinere Kühlerquerschnitte und bessere Top Speed. Bei den diversen Tests über die Wintermonate sahen wir immer besser aus, und irgendwann entstand das Gerücht, wir seien Favorits für die neue Saison. Es gibt schlimmere Gerüchte, aber mir war trotzdem nicht ganz wohl.

Die Startaufstellung von Melbourne gab uns gleich einmal die Idee von einem harten Jahr: Nicht nur beide Williams vor

* Elektronische Steuerung eines rasch ansprechenden Hydrauliksystems ermöglicht mehrmals wechselnde Sperrwirkung auch innerhalb einer einzigen Kurve. Das komplexe System kann weite Bereiche der Fahrdynamik überlagern.

uns, auch beide Ferrari und beide McLaren. Das Rennen war okay, bloß daß Alesi nicht dazu zu bewegen war, zum Tanken reinzukommen, so sehr sie ihn auch lockten. Er blieb stehen, ich wurde Vierter.

Im Rückblick erkenne ich, wie im März 1997 mein Leben eine Wendung nahm.

Die Zeitangaben von Rennfahrern leiten sich aus der Geographie ihres Kalenders ab. Somit war es zwischen Australien und Brasilien, als sich die Dinge verdichteten.

Tests in Silverstone, Anruf von der Verurteilung meines Vaters: Wie wenn der Blitz eingeschlagen wär. Im letzten Kapitel sind die Umstände erklärt, und warum sie solche Bedeutung für mich hatten.

Meine Tochter Heidi ist auf die Welt gekommen. Ich hab gerade zwei Stunden, um sie und Ana im Krankenhaus in Lissabon zu sehen, fliege weiter nach São Paulo. Dritter im Training, Schnellster im Rennen, aber bis ich Schumacher gepackt hatte, war Villeneuve nicht mehr ganz zu holen. Briatore sagt, ich sehe wie der kommende Weltmeister aus, aber irgendwie ist er zu spät dran mit seinen Sprüchen.

Ich zieh mich zurück in ein Hotel in Rio, will Ruhe und Kraft finden, hänge aber viel am Telefon: Vater, die Anwälte.

Argentinien-Grand-Prix: Alesi und ich stehen einträchtig in der sechsten Startreihe. Die Benettons kriegen keinen Grip zusammen, weder mit aerodynamischen noch mit mechanischen Mitteln. Nach dem Start-Chaos bin ich Siebzehnter, ackere mich vor, es ist unendlich mühsam, weil die Strecke keine wirklichen Überholmöglichkeiten läßt. Am Ende bin ich Sechster und habe eines der besten Rennen meines Lebens hinter mir. Ich bin völlig erschöpft. Menschen, die ich nicht darum gefragt habe, sagen mir, daß ich schlecht aussehe. Ich fühle mich auch elend.

Zurück nach Europa, sofort Tests in Barcelona. Ich hab Halsweh und Grippe, will aber nicht sagen, daß ich krank bin. Ich fahre weiter, bis es mich einfach umlegt. Ich fliege nach

Portugal, um ein bissl krank sein zu können: Angina, Bronchitis, Fieber, es fühlt sich an wie eine Grippe.

Es wird nicht besser. Also fliege ich nach St. Johann in Tirol, wo Dr. Peter Baumgartl ein Krankenhaus und eine sportmedizinische Station leitet.

Baumgartl hatte ein Jahr zuvor eine toxische Lungenentzündung bei mir ausgeheilt, seither verlasse ich mich auf sein Urteil sowohl in medizinischen wie auch Trainingsfragen. Das Giftige an jener Lungenentzündung hatte mich natürlich alarmiert. War es eine Berufskrankheit von Männern, die ihr halbes Leben in unmittelbarer Nähe von Rennfahrzeugen verbringen und dabei weißgottwas einatmen?

Jetzt war ich wieder in der Nähe einer Lungenentzündung und bekam Antibiotika. Baumgartl schickte mich auch zum Zahnarzt, bald darauf kam der Befund: Ein abgebrochener oberer Stockzahn als Entzündungsherd.

Dafür gäbe es eine Erklärung. Ich hatte immer sehr enge Helme getragen und mich darin eingepfercht. So kommst du schon automatisch zu einer zusammengebissenen Situation im Kiefer, und in jungen Jahren hatte ich noch eine besonders gewalttätige Art des Zusammenbeißens. Möglich, daß ich mir dabei den einen oder anderen Stockzahn zerschmirgelt hab, und vielleicht haben irgendwann einzelne Splitter im Zahnfleisch zu wandern begonnen.

Wie auch immer: Meine Kieferhöhle wurde nun endgültig zum Kriegsschauplatz.

Ich will niemanden damit langweilen, welch raffinierte zahnärztliche und chirurgische Methoden es gibt, ein solches Syndrom nicht nur falsch, sondern absolut kontraproduktiv zu behandeln, ganz abgesehen von den sagenhaften Schmerzen, die damit einhergehen. Die flankierenden Maßnahmen schlagen sich auf den Magen und den Kreislauf, dann brauchst du Infusionen und Voltaren-Spritzen.

Gerhard Berger begeht das Fest seines zweihundertsten Grand Prix in Imola: Das Auto stimmt vorn und hinten nicht. Dreher in der vierten Runde.

Der nächste Zahnarzt sagte ungefähr, welcher Trottel hat Ihnen das Implantat samt Granulat hineingepflastert?, schnitt das Oberkiefer auf und räumte wieder alles aus.

Antibiotika und drei Infusionen am Tag: Den Grand Prix in Barcelona fuhr ich als rasende Schlaftablette, so gut man sich das halt vorstellen mag. Dabei hatte ich nach dem Training das komische Gefühl, sogar gewinnen zu können, aber dann waren unter den Goodyear-Reifen etliche dabei, denen man zuschauen konnte, wie sie Blasen warfen; Frentzen und ich waren am ärgsten bedient.

Nächster Zahnarzt, neuer Nebenhöhlen-Spezialist, alles ist angeschwollen und vereitert, eine Wand muß aufgestemmt werden, Operation unter Vollnarkose, ein paar Tage im Spital, daneben Untersuchungen: Neuer Herd gefunden, nächster Zahn soll raus, kann aber nicht, solange alles offen ist.

Die Atemlosigkeit dieses Ablaufs stand in einem seltsamen Kontrast zur Ruhe meiner Gedanken.

Ich hatte das Gefühl, daß es genug war.

Nicht wegen des malträtierten Kiefers. Eines türmte sich aufs andere.

So intensiv hatte ich noch nie die Sehnsucht nach meiner Familie verspürt, mit aller Sentimentalität, die dich anfällt, wenn du mit einem Schlauch in der Nase im Krankenhaus liegst: Meine vier Weiberleut', was machen die, wenn's dich im nächsten Rennen aufstellt?

Die demütigende Situation meines Vaters, und wie ich für ihn dasein wollte.

Die Sprachlosigkeit gegenüber einem Flavio Briatore, der in jeder seiner Aktionen nicht die tolle Seite unseres Sports deutlich machte, sondern nur die Kälte und Skrupellosigkeit, die eben auch daheim sind in diesem Geschäft. Es war nicht sehr verlockend, in seinem Team Rennen zu fahren. Vielleicht hätte ich es vorher wissen müssen, aber im ersten Moment hatte mich gerade der Gegensatz angezogen, die italienisch-funkelnde Seite seiner Schlitzohrigkeit.

Ab 1993 wieder
im Ferrari-Cockpit

Monaco 1995, Coulthard hält dagegen

Es gab auch zwei oder drei Defekte

John Barnard

Luca Montezemolo

Jean Todt

Niki Lauda

Marlboro

Ferrari
Agip
GOODYEAR
G. BERGER
Marlboro

OMP
N

Roland Ratzenberger

Karl Wendlinger

Der liebste seiner vielen Titel war „Ingenieur"

Ich war nun ziemlich sicher, daß ich mit Ende der Saison aufhören wollte. Ich sprach sogar mit Ana darüber, und meine kluge portugiesische Frau, die mich mittlerweile ganz gut kannte, sagte:

You will see, zito.

Anas persönliche portugiesisch-spanische Verniedlichungsform hat eine ganz geschmeidige Wärme. *Gerhardzito* ist der kleine Gerhard, und *zito* der kuscheligste Teil davon.

Vor dem Kanada-Grand-Prix hatte ich einen Pressetermin in New York und erwähnte, daß ich noch einen Sprung zum Arzt gehen würde. Mich interessierte, was ein amerikanischer Kapazunder zu meinen Nebenhöhlen sagte. Wenig Neues: Zwei Zähne müssen raus, die einstweiligen Antibiotika sind richtig.

Anruf Briatore: *Der Arzt sagt, du kannst den Grand Prix nicht fahren.*

Das war natürlich Blödsinn, ganz abgesehen von einer seltsamen Auslegung des Arztgeheimnisses. In der gleichen Nacht stand schon im „Kurier", daß Alexander Wurz an meiner Stelle in Montreal fahren würde, und alles roch danach, daß Flavio Briatore starke finanzielle Interessen an einem vorübergehenden Wurz-Engagement hatte.

Ich fühlte mich elend genug, um keinen großen Widerstand zu inszenieren, ging wieder ins Krankenhaus, machte mich fit für Magny Cours, hörte von Flavio, ich solle bloß nichts überhasten, legte mich wieder unters Messer.

Zwischen Magny Cours und Silverstone stürzte mein Vater ab, ich spreche im letzten Kapitel darüber.

Als ich nach drei pausierten Rennen zurück zur Szene kam, war es Hockenheim. Ich wußte nun ziemlich genau, daß ich mit Ende der Saison aufhören wollte. Noch viel genauer wußte ich, daß ich nicht mehr bei Briatore fahren würde, also sagte ich in einer Pressekonferenz, daß eine Vertragsverlängerung bei Benetton für mich nicht in Frage käme.

Dann begann das Training von Hockenheim, und das ist eine andere Geschichte.

11

Kollegen

Meine erste Bezugsperson war Lauda. Er war schon sehr alt, denn er war zehn Jahre älter als ich.

Da ich überhaupt kein Idol hatte, konnte auch er es nicht sein. Lauda war Geschäfts-Rennfahrer, davor hab ich Respekt gehabt, aber das war alles so weit weg, daß es mich nicht sonderlich interessierte. Außerdem konnte ich keine Schiene eines gemeinsamen Wahnsinns erkennen, dazu war Lauda zu abgehoben, eigentlich langweilig aus damaliger Sicht.

Ich war von Anfang an überzeugt, daß gute Rennfahrer nicht brav sein können. Daher paßte der freche Keke Rosberg* gut in mein frühes Bild. Er war zwar sogar ein Jahr älter als Niki, aber viel kindischer. Die ersten Kontakte waren auch gleich vielversprechend, denn Keke war absolut bereit, in den Grenzbereich des Unfugs mitzugehen, wo es allen anderen schon zu steil wurde. In manchen Nummern war er filmreif:

Zufahrt zur Rennstrecke Le Castellet, vor mir Rosberg. Beim Anhalten am Gate bumse ich ihm ein bißchen ins Heck, weil das irgendwie zwingend war. Er steigt in aller Ruhe aus, betritt

* Der Finne Rosberg, Jahrgang 1948, wurde Weltmeister 1982 auf Williams-Ford. Er beendete 1986 seine Karriere (5 Grand-Prix-Siege) und ist heute erfolgreicher Manager im Racing-Business. Lebt in Monaco, und zwar recht hübsch.

die Schnauze meines BMW, marschiert über das Dach, hält kurz inne, prüft mit zwei Sprüngen die Dachstärke, geht ab über den Kofferraum, kehrt ohne Hast zu seinem Auto zurück, fährt weiter.

Mit solchen Liebesbeweisen gewann Keke Rosberg mein Herz. Von allen Formel-1-Fahrern der frühen achtziger Jahre paßte er am besten zu einem Tiroler.

Rosberg gefiel mir auch als Fahrer, denn zu jener Zeit habe ich die Fahrer nicht nach ihren Resultaten beurteilt, sondern nach der Show und dem Mut und der Art, wie sie sich ins Getümmel stürzten. Rosberg hatte ein Herz wie ein Löwe, dazu auch geniale Fahrzeugbeherrschung.

Nelson Piquet** war auch ungefähr so, wie man sich einen Rennfahrer vorstellte, besaß Schiff und Flugzeug, hatte immer steile Hasen dabei und war ein unaufgeregter, lockerer Typ. Supertalent, aber wahrscheinlich nicht allzu fleißig, was damals noch nicht so sehr aufgefallen ist. Zwischen 1986 und 1988 überschnitten sich die Abstiegs- und Aufstiegkurve von Nelson Piquet und Ayrton Senna in einem weiten Feld von Rivalität und Haß. Durch meine Freundschaft mit Senna geriet ich automatisch in Distanz zu Piquet, und irgendwie auch zu Prost. Es dauerte Jahre, bis ich mich aus Vorurteilen lösen konnte, und heute finde ich Alain Prost mehr als okay.

Als Fahrer mußte mir Prost mit seinen vier Weltmeistertiteln sowieso imponieren, obwohl mir das Bild vom kompletten Rennfahrer noch immer nicht viel bedeutet hat. Wenn Mansell an der unmöglichsten Stelle außen überholte oder Rosberg irgendwo quer über die Curb geflogen ist, dann fand ich das besser als die stetige Performance von einem, den sie „Professor" nannten.

Senna hat ja ein eigenes Kapitel in diesem Buch. Da Senna einen guten Draht zu Thierry Boutsen hatte, kam ich auch dem

** Der Brasilianer Nelson Piquet, Jahrgang 1952, wurde Weltmeister 1981 (Brabham-Ford), 1983 (Brabham-BMW) und 1987 (Williams-Honda). Er beendete 1991 seine Grand-Prix-Karriere (23 Siege) und hatte 1992 einen schweren Unfall in Indianapolis. Piquet ist heute ein erfolgreicher Geschäftsmann in Brasilien und fährt noch fallweise Langstreckenrennen für BMW.

Belgier wieder näher. Er war sicher ein verbissener Rennfahrer, knapp an der Kante zum großen Star, aber insgesamt doch zu brav und harmlos.

Eine wichtige Figur für die erste Hälfte meiner Karriere war Nigel Mansell. Mit ihm hat man sich nicht richtig ausgekannt, er war ein komischer Vogel. Letztlich hat sich diese Unberechenbarkeit auch in seiner Karriere niedergeschlagen, indem er Weltmeister wurde, als eigentlich schon alles vorbei war.

Die Warmherzigkeit, die er verbreitete, hielt einem näheren Kontakt nicht stand, eigentlich brauchte er keinen Freund und suchte auch keinen. Sein Mißtrauen war selbst für Formel-1-Verhältnisse leicht übertrieben.

Als Fahrer war er ein Naturereignis, toll und wild. Er konnte diese Kraft, die schon sein Körperbau ausdrückte, auch tatsächlich einsetzen. Im reinen Speed habe ich ihn im Griff gehabt, aber seine Race-Performance machte mir zu schaffen. Über die Distanz eines Rennens kam Nigel mit den enormen Lenkkräften, die der Ferrari 1989 erforderte, einfach besser zurecht. Meine Kondition war damals schon grundsätzlich nicht so toll, und der Imola-Unfall hatte die Dinge nicht besser gemacht.

Daß gerade dieser Büffel eine große Neigung dazu hatte, der ganzen Welt Schwächeanfälle vorzuspielen und sich öfter auf eine Bahre zu legen als irgendein anderer Rennfahrer, hat alle sehr amüsiert. Er liebte theatralische Momente. Wenn er eine kleine Schnittwunde hatte, ließ er sich nicht nebenbei ein Pflaster drübergeben, sondern stieg zur Siegerehrung aufs Podest und ließ es kameragerecht bluten. Er ist auch gern aus dem Auto ausgestiegen und umgefallen. Das war jedesmal ein Riesentheater, und die englischen Journalisten hatten ihn ganz schön auf der Schaufel.

Als wir uns trennten, hatte Mansell noch ein unbedeutendes Ferrari-Jahr vor sich und war dann eigentlich erledigt, verkündete seinen Rücktritt, und dann kam's zu dem Zufall des freien Williams-Cockpits. Mansell nützte diese Chance in einer ganz phantastischen Weise. So ist er quasi noch im Davongehen mit fast vierzig zu einem der erfolgreichsten Rennfahrer aller Zeiten geworden. Ich jedenfalls hab ihn sehr dafür bewundert, und was immer man gegen ihn sagen mochte: Er war einer jener bunten *characters,* die der Grand-Prix-Zirkus so nötig hat.

Nach Senna hatte ich für die folgenden fünf Jahre nur noch einen einzigen *team mate*, und entsprechend groß ist die Rolle, die er für mich spielte: Jean Alesi. Er hat alle Zutaten für einen echten Rennfahrer, vor allem sagenhafte Autobeherrschung und ein Riesenherz. Wenn's drauf ankommt, ist er der wildeste Hund und kann tief in den Irrwitz jenseits jeder Realität eintauchen.

Warum Alesi noch nicht Weltmeister geworden ist? Weil er erstens ähnlich wie ich einen Riecher dafür hat, im falschen Jahr zum richtigen Team zu gehen, und weil es eine Kluft gibt zwischen seinem Supertalent und den *Basics* des Rennfahrens. Er ist zu ungeduldig, technisch nicht interessiert und vermeidet die nötige Detailarbeit. Was die menschliche Seite betrifft, brauchte ich einige Zeit, um es herauszufinden, aber jetzt weiß ich es: Hinter dem flackernden sizilianischen Wesen steckt ein herzenswarmer Bursche. Ob man mit ihm Pferde stehlen kann, hab ich noch nicht herausgefunden.

Damon Hill hat man abqualifiziert als einen, der durch Zufall das beste Auto kriegte, gegen Prost und Senna nirgendwo war und dann mit Zufalls Hilfe die Kurve gekriegt hat und Weltmeister geworden ist, weil einfach der Williams ein Weltmeisterauto war. Was weniger deutlich herauskommt: Hill ist ein Beißer, der sein Auto sehr ordentlich abstimmen kann. Er hat gewußt, was er vom Auto will, und konnte das dann auch umsetzen auf Siege. Klar hat er hin und wieder Scheiß gemacht, aber es hat Läufe gegeben wie das Regenrennen in Suzuka 1994, wo er einfach sensationell gefahren ist. Ich meine, wenn einer einmal ein sensationelles Rennen fahren kann, dann hat er schon das richtige Potential, die Frage ist bloß, wie aktiviert er es oft genug?

Unterm Strich ist Hill in meinen Augen besser, als er dargestellt worden ist. Als Person mag ich ihn auch, weil er eine direkte englische Art hat, wie wir uns halt die englische Art vorstellen. Wie er wirklich tickt, weiß ich trotzdem bis heute nicht.

Man sollte nicht vergessen, daß Hill schon zweimaliger Weltmeister wäre, wenn ihn Schumacher nicht 1994 in Adelaide abgeschossen hätte. Die Saison 1997 sagt uns zuwenig über Damon Hill, dazu war das Arrows-Team zu exotisch, und wohl auch der Kollege (und Vergleichsmaßstab) Pedro Diniz. Unter dem Milliardärssohn steckt ein guter Typ und hervorragender Rennfahrer, der eigentlich schon in einem Mittelklasse-Team sitzen sollte, ohne Mitgift. Er ist bloß abgestempelt als einer, der immer und überall gewohnt ist, Geld mitzubringen. Und deshalb wird er's sehr schwer haben, je bei einem Top-Team unterzukommen. Die sind zwar auf sein Geld nicht angewiesen, wollen aber mit typischen Geldbringern nichts zu tun haben, weil es nicht zu ihrem Image paßt.

Die Typologie der Rennfahrer kennt solche mit besonders viel Naturtalent, mit besonderer Aggressivität, mit Akribie fürs Detail, es gibt die Klugen, die Fleißigen, die Lässigen, welche, die mit irrsinnig viel Arbeit ihre eigenen Grenzen überschreiten, und solche, denen vieles zufliegt. Ich bin ewig hin und hergerissen zwischen den Naturtalenten, die alles aus den Reflexen heraus beherrschen, und den Kämpfern+Arbeitern, die dann letztlich den Erfolg haben.

Bei den „geilen Rennfahrertypen" würde ich Rosberg vor Alesi und Mansell reihen. Aber was die herausragenden Stars meiner Zeit für die Ewige Bestenliste betrifft, so gab es fünf: Lauda, Piquet, Prost, Senna und Schumacher. Davon erfüllen Senna und Schumacher für mich alle Kriterien des abgerundeten, perfekt anmutenden Rennfahrers. In der Summe ihrer Eigenschaften sind sie einander unglaublich nahe, aber wenn nur einer allein am Gipfel stehen kann, ist es wohl Senna: Bei ihm kam noch unglaubliches Charisma dazu, eine natürliche Ausstrahlung, die auf allen Kontinenten verstanden wurde.

Michael Schumacher ist ein Elementar-Ereignis für den Grand-Prix-Zirkus, und er ist auch ein Ereignis für Deutschland. Stefan Bellof war das letzte deutsche Supertalent, ein phantastischer Fahrer und ein starker, charismatischer Typ. Gerade in der Phase, wo er drauf und dran war, den Durchbruch zu schaffen und sich für ein besseres Team (als Tyrrell es war) zu empfehlen, verunglückte er beim 1000-km-Rennen von Spa 1985. Es war eine gefährliche Epoche der Sportwagen, mit den Todesstürzen von Manfred Winkelhock und Jo Gartner. Die Gruppe-C-Wagen waren fast so schnell wie Formel 1, hatten aber nichts von der Sicherheits-Infrastruktur der Formel, weder auf der Strecke noch in den Autos.

Ich bin überzeugt, daß Stefan Bellof unter normalen Umständen einer der ganz Großen geworden wäre. So aber mußte Deutschland noch länger und immer länger auf einen Fahrer warten, der dem Rang des Landes als führende Auto-Nation entsprach.

Drum war ich in der ersten Phase irritiert, als dieses Schumi-Geheul losbrach, denn es war viel deutsches Wunschdenken dabei, bevor man noch wußte, was der Kerl wirklich kann. Mir ist das alles ein bißchen zu schnell gegangen, noch dazu mit seinem Auftreten, das man als arrogant empfinden konnte. Daß er sich als 23jähriger schon mit Ayrton Senna anlegte (1992 in Hockenheim fast bis zur Keilerei), kam mir übertrieben vor, heute würde ich es eher als typisches Signal sehen: Hier kommt einer, der Hörner hat.

Meine anfängliche Skepsis hat den Journalisten natürlich guten Stoff für hetzige Geschichten geliefert, dazwischen ließen sich generell die Emotionen zwischen Deutschen und Österreichern ein bißchen kitzeln.

Ich war Schumacher seinen rasanten Aufstieg nicht neidig, ich wollte bloß abwarten. Außerdem war mir sein Auftreten doch einen Hauch zu selbstsicher, und so hab ich einen meiner Sprüche losgelassen, postwendend per Zeitung kam die Antwort zurück, und die Sprüche haben sich ein bißchen aufgeschaukelt, ohne daß etwas Ernsthaftes dahinter gewesen wäre.

Parallel dazu brachte Schumacher seine Leistung, und irgendwann war der Tag gekommen, wo ich die Sympathie auf der einen Seite lassen mußte und die sportliche Performance auf der anderen. Und da konnte ich nichts anderes sagen, als daß er einer von den ganz Großen ist. Der endgültige Umkehrpunkt kam, als ich quasi sein Auto übernahm, den Benetton vom Saisonende 1995. Ich hab mir gedacht, du lieber Himmel, der hat mit diesem Auto die Weltmeisterschaft gewonnen! Das war einfach kein Auto, mit dem man eine Weltmeisterschaft gewinnt, das schafft nur einer, der etwas ganz Besonderes ist. Da wußte ich endgültig, der Bursche paßt, und hab auch nicht länger gewartet, das jedem mitzuteilen, der es hören wollte.

Durch diese Anerkennung ging auch bei ihm ein bißchen die Mauer auf, und ich hab die Möglichkeit gehabt, hinter der Fassade einen klassen Kumpel kennenzulernen. Er ist zwar immer noch sehr deutsch in seiner ganzen Ordnung der Dinge, und ich könnt ihn mir nicht unbedingt in St. Tropez neben mir im Liegestuhl vorstellen, aber es hat sich doch eine recht ordentliche Kameradschaft entwickelt.

So konnte ich wenigstens selbst rausfinden, daß er ein total Besessener ist. Wir fuhren irgendwo in Europa einen Grand Prix und hatten dann beide sofort Tests in Monza, volle vier Tage. Das ist die absolute Ochsentour, ein Grand-Prix-Wochenende laugt dich körperlich und mental total aus, und wenn du gleich drauf testen mußt, kriechst du nur noch heim, so kaputt bist du. In diesem Fall ergab es sich, daß wir danach beide nach Monaco wollten, und so fuhren wir halt mitsammen von Monza los.

Michael hatte einen Fiat Ulysse ausgefaßt. Seine Fahrweise erinnerte mich sehr an die meinige vor etlichen Jahren, mit feinen Drifts im strömenden Regen, jedenfalls unheimlich beherzt und voller Druck. Kurz vor Monaco, es war zehn Uhr am Abend, tut er den Blinker raus, wir biegen ab und fahren zu einer Kartbahn. Ich meine, wir hatten Blasen an den Händen, weil wir seit acht Tagen jeden Tag eine Renndistanz im Formel-1-Wagen gehockt sind, und jetzt will er Kart fahren! Ich hab gesagt, mich leckst am Arsch, und wir haben nur einen Kaffee an der Bahn getrunken und sind heimgeströmt, gottseidank.

Er ist der Typ, der nach dem Rennen, wenn wir gemeinsam fliegen, als erste Aktion im Flieger ein Video einwirft, das Video vom Rennen, das sie ihm gleich mitgegeben haben. Instant Replay! Was ich damit sagen will: Er ist besessen, und jenseits seines sehr großen Talents und seiner großen Erfahrung ist er heute noch in einem Stadium, daß er all diese Dinge einfach liebt und mit Riesenbegeisterung betreibt.

Was mir an Schumacher noch ganz besonders imponiert, ist seine klare Perspektive: Grand-Prix-Racing ist ein komplexer Beruf, der weit über das heftige Gasgeben hinausgeht, braucht aber strikte Arbeitsteilung. Da schon das pure Rennfahren und Testen einen Menschen mit Haut und Haar verschlingt und keine Kapazität mehr übrig läßt, muß zur aktiven Zeit eines Fahrers die ganze Abwicklung des Drumherums durch eine kleine, aber äußerst smarte Profitruppe erfolgen. Gerade Schumacher, der vom Wohnwagen am Kartplatz kommt, hat dem ganzen Zirkus vorgemacht, wie das optimal funktionieren kann.

Als Typ muß man auf Willy Weber mit seinen Goldketterln nicht unbedingt stehen, aber als Manager für einen Rennfahrer ist der Mann eine Sensation, und gerade in seiner Branche rennen weißgottwieviele Clowns herum. Schumi hatte das Glück dieser frühen Partnerschaft, hat ein Fünftel seines Lebenseinkommens gleich einmal abgeschrieben, genießt dafür aber eine perfekte Infrastruktur. Sie gibt ihm alle Kraft für den Job und läßt daneben den Markenartikel Schumacher florieren.

Ich komme da aus einer ganz anderen Ecke. Vorerst gefiel mir die Art, wie Niki Lauda sein Geschäft betrieb: Schlank, ganz einfach und straight. Er hat sich um die „Kleinigkeiten" nicht geschert, er stand da irgendwie drüber, brauchte keine Pressebetreuung, keine Sponsorbetreuung, natürlich auch keine Goldketterln und nichts von dem ganzen Firlefanz. Er hat zwar vorweggenommen, daß ein ordentlicher Rennfahrer einen ständigen Physiotherapeuten braucht, aber bei ihm ging das so locker nebenbei. Er hat ins Telefon genuschelt, „Geh, mir tut's im Kreuz so weh", und der Willy Dungl hat sich ins Auto gesetzt und ist über Nacht nach Le Castellet gefahren und hat ihm beim Frühstück eine verzogene Rippe eingehängt.

Lauda war eine One-Man-Show, die mir damals imponierte. Inzwischen glaube ich, daß Niki mit einer richtigen Vermarktung seiner Rennfahrerkarriere und ordentlichem Merchandising rund um seine Person heute dreimal soviel verdienen würde wie mit seiner Airline. Vielleicht war es ihm einfach nicht wichtig.

In jedem Fall aber hat sich alles geändert zu einem komplexeren Berufsbild, und zu einer anderen Grundausstattung des Rennfahrers. Schumacher hat die Maßstäbe für die heutige Zeit gesetzt: Welche Spitzenprofis er für seine Fitness und für seine Pressearbeit hat, wie sein ganzes Merchandising läuft mit Hunderten von Artikeln, wie jede gefälschte Schumi-Kappe sofort zum Rechtsanwalt findet.

Ich glaube, der erste Rennfahrer, der in professioneller Manier an seinem Image und damit an seinem Marktwert gearbeitet hat, war Jackie Stewart, er profitiert noch heute davon. Auch Senna hat recht gezielt auf das „Enterprise Race Driver" hingearbeitet, und Schumacher hatte es einfach von Anfang an in seinem Konzept drin.

Schumacher muß natürlich mit dem Makel der beiden taktischen Kollisionen in WM-Entscheidungen leben. 1994 ist das Manöver gegen Damon Hill in Adelaide geglückt; 1997 ist es gegen Villeneuve in Jerez kräftig schiefgegangen. Rechnen wir die schlaue Prost-Aktion gegen Senna (1989, Suzuka) und die knallharte Revanche dazu (ein Jahr später, selber Ort), so ergibt das in der WM-Bilanz vier K.o.-Entscheidungen innerhalb von neun Jahren. Es ist also irgendwie normal geworden, im letzten oder vorletzten Rennen den WM-Rivalen vorbeugend wegzuräumen.

Durch die enorme Sicherheit der modernen Monocoques ist die Kollision quasi abstrakt geworden, wie eine Billard-Situation. Es wurden ja auch nur Stellen gewählt, die „sicher" waren. Das Fußball-Foul, mit dem ein Stürmer gelegt wird, ist körperlich meist bedenklicher als die Rempelei zwischen zwei Piloten in Kohlefaser-Fahrzeugen bei Tempo 150.

Damit reduziert sich das Thema darauf, daß jeder Kampfsport so hart ist, wie es der Schiedsrichter zuläßt. Ich würde also anhand dieser Aktionen keine große Debatte über die Moral von Rennfahrern abziehen: Sie leben im Reizklima des sportlichen Killerinstinkts, sind in ihren ganzen Reflexen auf das absolute Limit ihrer Regeln ausgerichtet und probieren jeden Unfug, bevor sie einmal die rote Karte sehen. Die FIA hat eben sehr lange mit ihren roten Karten gewartet. In Zukunft werden WM-Entscheidungen mit mehr Finesse ausgetragen werden.

Jacques Villeneuve war eine Erfindung des Bernie Ecclestone, und wir waren erst einmal gespannt, was der Beste von Drüben hier wert ist. Wir haben ja schon vorher einmal einen Besten von Drüben gehabt, Michael Andretti 1993 bei McLaren. Der ist aber nach Strich und Faden verblasen worden und zum Gespött der ganzen Formel 1 geworden. Villeneuve hatte durch den bombigen Williams natürlich gleich einmal sehr gute Voraussetzungen.

Als erstes stellte sich heraus, daß Villeneuve eigentlich Damon Hill nicht packte, schon gar nicht im Regen, aber da mußte man dazusagen, daß es seine erste Saison war und daß sie in Amerika nicht fahren, wenn's naß wird. Es blieben einfach einige Fragezeichen offen.

In der neuen Saison kam Frentzen zu ihm ins Team, dem man sehr viel Naturspeed zutraut. Da hat man gleich einmal gesehen, daß Villeneuve ein ziemlich cooler Typ ist, der nicht gleich nervös wird. Und plötzlich sah Frentzen ziemlich alt aus neben einem Villeneuve, der zumeist ganz einfach schneller war. In der Zwischenzeit stimmt Villeneuve in 70% der Fälle sein Auto gut ab, den Rest verhaut er total, wodurch Schumacher überhaupt erst die Chance kriegte, in der WM so nahe ranzukommen.

Daneben gingen allen die Augen auf, welche Type hinter dem Burschen steckt. Wenn Patrick Head mit seiner hundertjährigen Erfahrung zehnmal glaubt, man sollte eine grüne Feder einbauen, dann sagt der frischgefangte Kanadier, hey, ich will aber die rote Feder. Seine Art von Coolness kommt sogar in unserem Exotenzirkus selten vor. Villeneuve ist knallhart im Kopf, leidet an keinen Zweifeln. Er hat einen Weg gefunden, sich nicht fressen zu lassen von dem ganzen Moloch. Ob er jetzt gelbe oder blaue Haare trägt, ist noch das wenigste, man spürt eine innere Souveränität, die man nicht groß zu erklären braucht.

Ich glaube zwar noch immer, daß Villeneuve gegen Schumacher keine Chance hat, wenn die beiden im gleichen Auto sitzen, wahrscheinlich tut man aber gut dran, dem Kanadier jeweils noch ein bißchen mehr zuzutrauen, als er gerade zu zeigen beliebt. Die Art, wie er sowohl psychisch wie auch fahrerisch das WM-Finale 1997 gepackt hat, hat wahrscheinlich die ganze Welt verblüfft.

Mika Häkkinen gefällt mir als Typ wie als Fahrer. Sein direkter Zugang zu den Dingen drückt sich in einer kurzen, aggressiven Sprechweise aus. Er kommt ganz gezielt auf den Punkt, und alles endet mit Ja oder mit Nein. Ich habe Ronnie Peterson* nie gekannt, aber ich stelle ihn mir ein bißchen wie Häkkinen vor. Mika hat einen irren Speed, ist aber nicht konstant. Er bringt sein Auto manchmal hin, manchmal nicht, aber wenn er das Auto richtig erwischt hat und wenn es seine Art von Strecke ist, dann geht die Post ab. Neigt dazu, viel Pech zu haben, jedenfalls ist er ein paar Mal unter blöden Umständen stehengeblieben, für die er nichts konnte (kommt mir bekannt vor). Er hat auch entsprechend lang gebraucht, um das erste Rennen zu gewinnen, aber ich glaube, jetzt werden noch eine ganze Menge Siege kommen.

*Der Schwede Ronnie Peterson, Jahrgang 1944, gewann zwischen 1973 und 1978 zehn Große Preise (neun davon auf Lotus) und stand 14mal auf Pole. Er starb nach einem Unfall in Monza 1978.

Heinz-Harald Frentzen ist ein netter, korrekter Kollege. Er hat bei weitem nicht die mentale Härte eines Villeneuve, daher ist er verletzlich und anfällig für äußere Einflüsse. Es ist sicher nicht so, daß Frentzen der einzige sensible Rennfahrer in dem ganzen Zirkus ist, bloß: Es muß einem gelingen, seelische Zwischentöne nicht als Schwäche spürbar werden zu lassen, sondern sie hinter der branchenüblichen Härte zu verstecken. Da tut sich Frentzen schwer, und das Umfeld des Williams-Teams ist auch nicht unbedingt hilfreich für eine solche Situation. Wie es wirklich mit seinem Speed ausschaut, wird man 1998 endgültig sehen. Noch hat er die Chance, alles umzudrehen und die Dinge in den Griff zu bekommen.

David Coulthard ist ebenfalls einer von der sympathischen Sorte. Ich tu mir schwer, ihn vom Grund-Speed her als Rennfahrer auf die gleiche Stufe wie Häkkinen zu stellen. Aber zumindest 1997 schien er sehr viel besser in der Lage zu sein, Chancen zu nützen. Und wenn manchmal auch nur schieres Glück den Unterschied machte: Auf dieses Glück kommt's eben an, bei diesem Thema kann ich wirklich mitreden.

Von den Youngsters würde ich Giancarlo Fisichella mit Abstand als den Besten einschätzen. Er bringt sein Auto sehr oft auf den richtigen Punkt, hat kaum Unfälle und ist super schnell. Von der Art seines Auftretens ist er nicht unbedingt mein Fall, Goldketterl um jedes Gelenk und die auf die Stirn geschobene Sonnenbrille. Vielleicht fehlt ihm ein bißchen das englisch-skandinavische Wesen, diese schon erwähnte Härte im Kopf, die unter den klimatischen Bedingungen des Grand-Prix-Umfelds sehr hilfreich ist.

Wenn der scheidende österreichische Grand-Prix-Fahrer gegenüber dem nachrückenden jungen Österreicher reserviert bleibt, so klingt das vielleicht komisch oder gar nach Neid auf dessen Jugend und die frisch blühenden Chancen. Ich glaube aber, daß ich da gut drüberspringen kann.

Als Mensch kenne ich den Alexander Wurz zuwenig. Ich sehe bloß, daß er für sein Management Leute um sich schart, die mir nicht ganz geheuer sind. Daß Alex Talent hat, ist keine Frage. Ob es Supertalent ist, darf ich noch skeptisch bleiben, da hätte er eigentlich in der Formel 3 schon mehr zeigen können. In der Formel 1 hatte der dritte Platz von Silverstone 1997 weniger Aussagekraft als die Tatsache, daß er Alesi in zwei von drei Qualifyings gebogen hat. Das ist wirklich aufregend. Wurz hat sich seine Chance bei Benetton erkauft, nun kann er sie einlösen. Ich werde ihm ehrlich applaudieren, wenn er's packt.

Vater

Unsere Familie funktionierte auf die übliche Art der sechziger Jahre: Die Mutter zieht die Kinder auf (Claudia ist vier Jahre jünger als ich), kocht, erledigt die Wäsche, hält alles Private zusammen, der Vater ist jeden Tag zwölf Stunden im Geschäft, baut von Null weg eine Existenz auf.

Er kaufte einen Lkw, kaufte einen zweiten Lkw, und irgendwann hatte er 250 Lastwagen.

Meine Erinnerungen beginnen noch in der armen Zeit. Ich hab's im Ferrari-Kapitel erzählt: Zwei Wochen Ferien in Riccione waren der Gipfel des Familienlebens, die pure Glückseligkeit. Zuerst gab's das Tretboot, bald aber schon das Leih-Moped und die GoKart-Bahn.

Mein Vater hatte nicht diese typische Erwachsenen-Ängstlichkeit. Er erlaubte mir fast alles weit vor der Zeit. Das erste kleine Motorrad kriegte ich mit sechs oder sieben. Mit zwölf wollte ich ein Moped, aber der Vater meinte, man dürfe die Großmut der Gendarmerie nicht überstrapazieren. Dann hab ich mir aber beim Schifahren den Fuß gebrochen, und da erbarmte ich ihm derart, daß er mir ein Mofa kaufte, damit ich mit dem Gips nicht so weit hatschen mußte. Der Gipsfuß ging dann Tempo 80, denn das Mofa war natürlich verbessert worden.

Da lief der Betrieb des Vaters schon ganz gut, ich merkte es daran, daß ich tolle Schi und tolle Schischuhe kriegte.

Die Hälfte der Ferien mußte ich in der Firma arbeiten. Zuerst waren es Hilfsdienste im Büro, dann wurde es schon ein regelrechter Job in der Werkstatt. Ich kriegte einen guten Überblick, wie die Welt halt so funktioniert, und wurde frühzeitig selbständig.

Ich war nicht älter als 16, da lieh mir der Vater schon Geld, damit ich Unfallautos kaufen konnte. Ich reparierte sie und verkaufte sie wieder, natürlich mit Gewinn. Ich mußte pünktlich und genau zurückzahlen, wie bei der Bank, samt Spesen. Ich kapierte ein für allemal: „Erlös minus Investition minus Aufwand ist Überschuß." In Tirol haben wir dafür das grandiose Wort „Überling", besser kann man die Dinge nicht auf den Punkt bringen.

Teil des Systems war auch der korrekte Umgang mit den Dingen. Ich hätte durchaus ein paar schlaue Ideen gehabt, wie bei einem Unfallauto noch ein schneller Schilling von der Versicherung aufstehen könnte, aber da war der Vater hart und sagte, des mach' ma nit. Bei aller Wendigkeit seines Geschäftssinns hat er immer eine klare Grenze eingezogen, und die hat er mir genauso glasklar vermittelt.

Die frühe Erwachsenen-Selbständigkeit hab ich als phantastisch empfunden, als Bereicherung meiner Jugend, auf keinen Fall als Belastung. Ich bin ja überhaupt überzeugt, daß die Art, wie ich aufwachsen konnte, viel mit dem späteren Erfolg und meiner Freude am Leben zu tun hat.

Das einzige Thema, das mich mit meinem Vater übers Kreuz brachte, war meine Karriere als Schüler. Er hatte den Traum vom Sohn, der auf eine g'scheite Schule geht und danach was noch G'scheiteres studiert.

Das konnte nicht funktionieren. Dafür war ich viel zu frech und aufsässig den Lehrern gegenüber, außerdem hat mich das ganze Zeug null interessiert, sodaß ganz automatisch alle Energie in Blödsinn münden mußte, in das, was man heute *practical jokes* nennt.

Ich setzte durch, daß ich Kfz-Mechaniker lernen durfte,

und allein die Berufsschule war schon haarig genug. Meine Gags gegenüber dem Lehrkörper waren wirklich gnadenlos, die schulische Leistung war in der Gegend von null, und die Kernaussage der Lehrer lautete: „Berger, aus dir wird nie was werden."

Wie der Vater es geschafft hat, in meiner wildesten Zeit (sagen wir von 12 bis 18) cool zu bleiben, kann wohl nur mit seinem riesengroßen Herzen und seinem Mut erklärt werden. Er hat sich selber nicht gefürchtet, drum hat er sich auch für seinen Sohn nicht gefürchtet, was immer der an Blödheiten aufführte. Es war ihm schon ganz angenehm, nicht unbedingt alles zu wissen, aber das meiste wurde ihm ja trotzdem zugetragen. Er wurde nur dann autoritär, wenn er wirklich nicht dran vorbeikam, etwas wissen zu müssen, etwa wenn die Gendarmerie anrief.

In den achtziger Jahren war die Firma des Johann Berger als großer Frächterbetrieb etabliert. Der Vater spaltete einen Zweig davon ab („Europatrans") und übergab ihn mir im Sinn meiner Ausbildung als Unternehmer. Das war anfangs ganz spannend, vertrug sich dann aber immer schlechter mit meinem Rennfahrerjob.

Ich verlor das Interesse an unserm Geschäft, das so überhaupt nicht mehr zu meiner Welt paßte, und zog einen Trennungsstrich. Durch mein Rennfahrer-Einkommen war ich schon früh finanziell auf eigenen Beinen und redete dem Vater zu, ein bissl Tempo aus seinem Job rauszunehmen.

Er war wirklich ein unglaublicher Kämpfer, ein rast- und ruheloser Unternehmer. Der 500-Mann-Betrieb hatte die Sparten Transportwesen, Autohandel, Werkstatt, Treibstoffe und Produktion (etwa von Lkw-Zulieferteilen). Die Firma machte eine knappe Milliarde Schilling Umsatz im Jahr und vernünftige Gewinne, und Vater hätte die Kurve kratzen können in ein ruhigeres Leben. Er hätte mich öfter begleiten können, im Flieger war immer Platz für ihn, natürlich auch am Schiff, aber er war schon sehr einseitig geworden und kriegte das Geschäft nicht mehr aus seinem Kopf raus.

Er konnte nicht neben mir hocken und aufs Meer schauen und sich freuen, weil ein Fisch herumspringt, er hat sich nur gefreut, wenn er seine Reifen sah, seine Container und Motoren und die Wirbelstrombremsen. In dieser Beziehung tat's mir leid um ihn, immerhin war ich froh, daß ich anders war. Ich hatte nie Probleme, nach Zeiten stärkster Konzentration wieder abzuschalten und nur zu blödeln und zu sporteln.

Davon abgesehen war unser Verhältnis so schön und harmonisch, wie es zwischen einem Vater und seinem erwachsenen Sohn nur sein kann. Er fieberte mit mir und war mein begeisterter Fan und Freund. Ich wiederum hatte unveränderten Respekt vor seinem Talent als Geschäftsmann, und es gab keinen Vertrag und keine Option meiner Karriere, die ich nicht mit ihm besprach.

Meine Schwester paßte perfekt ins Familienidyll: Claudia war ein Kumpel zum Pferdestehlen, fröhlich, witzig, übermütig. Als Familie hielten sich die Bergers, Vater, Mutter, Tochter und Sohn, für einen besonderen Glücksfall.

Mein Vater wurde am 9. August 1994 in Kiefersfelden verhaftet.

Kiefersfelden ist die Grenzstadt auf deutscher Seite, herüben sind Kufstein und Wörgl, alles ist Unteres Inntal und gehört irgendwie zusammen. Vater war beim Abendessen mit dem Bürgermeister, als die Gendarmen ihn sehr höflich herausbaten und sich fast entschuldigten, daß sie ihn leider verhaften müßten. Er wurde in Ulm in die Untersuchungshaft der deutschen Behörden genommen.

Ich war auf dem Schiff in St. Tropez, auch Claudia war da, als die Mutter anrief und von der Festnahme erzählte. Ich war zwar heillos verstört, dachte aber doch an einen lächerlichen Spuk, der sich rasch auflösen würde.

Was ich mir fürs erste zusammenreimte, war dies: Im weitläufigen Geschäft meines Vaters gab es durchaus ein paar Kontakte der schillernden Art, oft auch mit neuen Leuten, deren

Umstände man erst checken mußte. Die Szene war international geworden. Mein Vater hatte keine Berührungsängste und traute sich eine Menge zu. Er hatte schon auch den Ehrgeiz eines Spielers, der besonders schlau sein wollte. Wenn es blöd herging, konnte es schon passieren, daß er durch das bloße Anstreifen an eine dieser Figuren in den Dunstkreis von Dingen geriet, für die sich ein Staatsanwalt interessieren mochte.

So war uns eine Affaire „Ramoser" mittlerweile als unerquicklich bekannt, und eine Hausdurchsuchung bei meinem Vater war zwar alarmierend genug gewesen, aber man hatte das schon für den Höhepunkt aller Unannehmlichkeiten gehalten. Einem Einvernahme-Begehren der deutschen Behörden war mein Vater nicht gefolgt, weil sein Anwalt sagte, das ließe sich durchaus auch in Österreich erledigen. Also war er weiterhin völlig unbekümmert über die Grenze gefahren, wie fast jeden Tag, denn er hatte auch einen Betrieb in Kiefersfelden.

Ich flog nach Stuttgart, wo die ersten Einvernahmen waren, und war nach einem Gespräch mit dem Anwalt überzeugt, daß wir den Vater in zwei, drei Tagen draußen haben würden.

Der Verdacht gegen ihn lautete: Er habe durch vorgetäuschte Investitionsbereitschaft für ein Holzprofilwerk im schwäbischen Trossingen die Machinationen des Italieners Gianfranco Ramoser unterstützt. Ramoser hatte die Errichtung dieses Werks als Luftgeschäft betrieben und dabei einer deutschen Bank einen 17,5-Millionen-Mark-Kredit herauslocken können. Tatsächlich hatte Ramoser schon zuvor beträchtliche Schulden bei meinem Vater gehabt (für Leasing-Geschäfte und Lkw-Abverkäufe), und daher, so der Verdacht, habe mein Vater Interesse dran gehabt, daß Ramoser zu Geld käme.

Nach ein paar Tagen war Johann Berger keineswegs draußen, und ich bekam eine Idee davon, daß die Angelegenheit zäh werden könnte.

Atmosphärisch war's eine Katastrophe. Ein verwöhnter Star wie ich hat ja solche Aspekte des Lebens nie an sich herangelassen: Plötzlich Gefängnis-Tore und kein „Grüß Gott, Herr Berger", sondern „Warten Sie, bis Sie aufgerufen werden", die unwürdigen Umstände des Treffens mit dem Vater, samt

Aufpasser zu jeder Sekunde, und das Weggehen, wie's mir das Herz einschnürt, weil ich ihm nicht helfen kann.

Anfänglich hatte ich meine Zweifel gehabt, inwieweit sich der Vater die Misere selbst zuzuschreiben hatte. Vielleicht war er allzu oberschlau gewesen, hatte seine Nase irgendwo reingesteckt und nicht mehr rechtzeitig rausgezogen?

Je mehr ich aber selber meine Nase reinsteckte, stieß ich auf einen unglaublichen Filz, der im Lauf von fünf Jahren zusammengewachsen war.

Offensichtlich erkennbar war erstens die große Nummer eines sonst nur durchschnittlichen Betrügers. Er konnte schon deshalb kaum zur Oberliga gehören, weil er inzwischen verurteilt war und zwischen deutschen, französischen und schweizerischen Gefängnissen verschoben wurde; überall war er ein gefragter Mann. Alles deutete aber auf Anbindungen an die Oberliga hin, auch die Tatsache, daß die gesamten 17 Millionen Mark verschwunden waren, wie in einer Zaubernummer. Da etliche Spuren nach Italien führten, lag auch ein Zusammenhang mit der Mafia nahe, jedenfalls wurde offen drüber geredet.

Ebenfalls offensichtlich war, daß ein deutscher Staatsanwalt sich auf einen gewaltigen Trip begeben hatte. Er verbiß sich darin, daß das „große Hirn", das sozusagen den Ramoser gelenkt hatte, der Johann Berger sein mußte.

Beträchtlicher Filz war auch durch Fehlleistungen von Randpersonen entstanden. Da war ein früherer Rechtsanwalt meines Vaters, da waren vor allem Angestellte der kreditgewährenden Bank, die seltsame Rollen gespielt hatten, da war ein renommierter Architekt mit falschen Bauberichten. So überlagerten einander der große Coup und die kleinen Schnäppchen.

Und mittendrin mein Vater, der als einziger in dem ganzen Spiel zwei Qualitäten mitbrachte: Er war faßbar, und er hatte ein handfestes Vermögen, auf das sich zurückgreifen ließ. Sonst hatte sich längst alle Substanz dieses Falles, dessen „Konstruktion" auf 1989 zurückgeht, verflüchtigt.

Die Situation war auf so absurde Weise verfahren, daß überhaupt nicht abzuschätzen war, wann (falls überhaupt) es zu einer Anklageerhebung kommen würde. Inzwischen machten wir uns Sorgen um Vaters Gesundheit. Ein Jahr zuvor hatte man ihm eine Nebenniere entfernt, wobei weitere Tumorzellen im Blut entdeckt worden waren. Seither war er in ständiger ärztlicher Behandlung, die nun völlig abgerissen war. Selbst so simple Dinge wie eine Blutabnahme gerieten zur Staatsaffaire. Es war unfaßbar, mit welcher Vehemenz der Staatsanwalt eine Untersuchung durch den Münchner Tumorspezialisten hinauszögerte (zwischendurch kam eine deutsche Militärärztin und sagte nach Sichtkontakt: „Ihnen fehlt nichts").

Die Sache machte mich mittlerweile derart betroffen, daß ich sie auch während meines Jobs nicht völlig zur Seite räumen konnte. Welchen Sinn hatte es, wenn ich im Gym irgendwelche Sportgeräte in Bewegung setzte, statt noch viel mehr in Bewegung zu bringen, um meinen Vater rauszukriegen, der dringend Behandlung brauchte?

In solchen Situationen ist Ferrari unvergleichlich. Bei privaten Problemen, noch dazu im Familienbereich, findest du nirgendwo mehr Verständnis. Ich konnte mich bei Montezemolo genauso ausweinen wie bei Jean Todt, beide waren eine große Hilfe.

Wie in einem lächerlichen Drehbuch lief unveränderlich alles schief. Bei einer Beschwerde vor dem Landgericht stellte sich raus, daß unser Anwalt insgeheim einen Deal mit dem Staatsanwalt ausgehandelt hatte (wie in Amerika, halbes Geständnis/halbe Strafe), was für den Vater einfach kein Thema sein konnte. Neuer Anwalt, es war wieder kurz vor der vermeintlichen Entlassung, da zog der Staatsanwalt einen Scheck raus und sagte, und wo kommt diese Million her?, was mit dem Vater gar nichts zu tun hatte, stellte sich bald raus, aber der Termin war halt wieder geplatzt.

Zur Abwechslung gab's eine versuchte Erpressung gegen mich („6 Mio. Dollar für das entlastende Material, das Ihren Vater sofort aus dem Gefängnis bringt"). Überhaupt schien in diesem Fall meine Prominenz nicht hilfreich zu sein, sondern bloß die Phantasie der Mitspieler und Glücksritter zu beflügeln. Auch die Rolle meines Vaters als Tiroler Herzeige-Unternehmer schien die Sache eher negativ zu beeinflussen: Da hatte man wenigstens einen, der es wert war, sich dran zu verbeißen. Ramoser selbst war ja ein Niemand und eh schon längst eingesperrt.

Fünf Monate nach der Festnahme war der Fall in seiner Absurdität derart aufsehenerregend geworden, daß sich der „Spiegel" auf einer Doppelseite der Sache annahm. Titel: „EINE ART BANKÜBERFALL", wie der verurteilte Ramoser seinen Coup vor Gericht genannt hatte. Für seine Machinationen „benutzte Ramoser zahllose Menschen als Werkzeuge", wird aus dem Urteilsspruch des Stuttgarter Richters zitiert.

Was den Fall des angeblichen Mithelfers Berger betrifft, so wundert sich der „Spiegel" über die auffallende Verbissenheit der Stuttgarter Staatsanwaltschaft („will bei dem Österreicher Berger offenbar Härte demonstrieren"), über die Sorglosigkeit der Bank und die Vertuschungspolitik in Baden-Württemberg: Da „scheint für jeden Staatsanwalt der Reiz groß, durch Unbeugsamkeit gegenüber prominenten Tatverdächtigen von den Versäumnissen der hiesigen Bankmanager abzulenken".

Nach mehr als halbjähriger Untersuchungshaft, noch immer ohne Anklageerhebung, wurde mein Vater auf freien Fuß gesetzt, allerdings mit Ausreiseverbot aus Deutschland, dafür wurden zwei Millionen Mark Kaution verlangt. Er richtete sich mit meiner Mutter eine Wohnung in Kiefersfelden ein, wartete auf seinen Prozeß und versuchte die Firma fernzusteuern, so gut es ging.

Dort aber hatte sich während Vaters Abwesenheit das nächste Drama abgespielt. Mit dem Moment seiner Festnahme waren alle über Jahrzehnte gewachsenen Bank- und Geschäftsverbindungen der Firma Berger in Wörgl plötzlich so gut wie wertlos geworden. Es entstand eine irrationale Panik, die im ungünstigsten Moment den ganzen Betrieb ins Schwimmen brachte. Ungünstig deshalb, weil das Unternehmen große Investitionen hinter sich hatte, unter anderem für die Entwicklung eines neuen Produkts. Vater hatte eine Chance gesehen, mit dem Patent einer Wirbelstrombremse (Zusatzbremse für Lkw) weltweit ins Geschäft zu kommen. Da stehen natürlich von einem Tag auf den anderen alle Verkaufsgespräche still, wenn dein Betrieb in eine Betrugsaffaire verwickelt ist.

Ich selbst konnte und wollte nicht in der Firma antreten, da hätte ich mit der Rennerei Schluß machen müssen.

Die Führung des Betriebs durch meine Schwester und ihren Mann lief nicht ganz so, wie sich Vater das vorgestellt hatte.

Das alles trug dazu bei, daß dem Johann Berger jenseits der Grenze langsam die Geduld ausging. Ein Hickhack zwischen Landesgericht und Staatsanwalt ließ weder eine Einstellung der Untersuchungen noch eine Anklageerhebung zu, und eines Tages wurde es dem Vater zu blöd. Er fuhr über die Grenze, geradewegs zum Gericht nach Innsbruck, und stellte sich den österreichischen Behörden. Aus deutscher Sicht war das „Flucht", bedeutete aber nichts anderes, als daß das Gerichtsverfahren nach Österreich wanderte.

Die äußeren Umstände waren nun günstiger, aber es kamen neue Belastungen dazu. Der vorher hochangesehene Geschäftsmann Johann Berger war im sozialen Out (in Tirol geht das erstaunlich schnell), überdies fand er sich in einer für ihn kaum erträglichen Konfrontation mit seiner Tochter. Claudia war auf seltsame Gedanken, besser gesagt auf die ihres Mannes gekommen.

So sehr die Zeit der Untersuchungshaft die Familie noch aufs engste zusammengeschweißt hatte, so gab's nun ein komplett neues Alptraum-Szenario: Der Vater, psychisch und physisch geknackt, entfremdet in seiner Heimatstadt, hat Mühe, seine Tochter wiederzuerkennen, weiß nicht, wie ihm geschieht, wenn ihm der Zutritt zum eigenen Gelände untersagt wird.

Es ging so weit, daß die Familie dran zerbrach. Der Vater hat die Tochter verloren, ich die Schwester.

In den Monaten und Jahren dieser Katastrophe erkannte ich mich immer deutlicher in meinem Vater wieder. Sein Pioniergeist, seine Kraft, seine Talente hatten mir die Chance zu einer phantastischen Karriere gegeben. Dieses Leben, das mich so glücklich macht, habe ich zu einem großen Teil ihm zu verdanken. Somit gab's ab einem bestimmten Zeitpunkt für mich nichts Wichtigeres, als ihm zur Wiederherstellung seiner Persönlichkeit zu verhelfen, zu seinem guten Ruf, seiner Ehre, und dieses altmodische Wort verwende ich mit voller Absicht.

In Innsbruck wurde der Prozeß vorbereitet, nunmehr mit Dr. Rudolf Wieser als Anwalt des Vaters. Er ist ein alteingesessener Kapazunder für Straf- und Wirtschaftsrecht in Innsbruck. Das Aktenmaterial war auf 109 dicke Büroordner angeschwollen, alles war so monströs geworden, daß die Person meines Vaters darin kaum noch zu finden war.

Seit der „Flucht" dauerte es noch einmal anderthalb Jahre, bis es zum Prozeß gegen Nagiller (Anwalt meines Vaters in der Entstehungsgeschichte des Falls) und Johann Berger wegen „Mithilfe zum Betrug" kam. Das Gericht hatte auf Untersuchungshaft verzichtet, mein Vater hatte wieder halbwegs Tritt fassen können im normalen Leben. Auch in der Firma gewann er langsam wieder Drehmoment, und alles bewegte sich Richtung Normalität.

Als der Termin näher kam, gab es absolut nichts, was die Vorfreude auf einen glatten Freispruch hätte trüben können. Alles Insider-Getratsche der Juristen, jedes atmosphärische Detail und die strahlende Zuversicht des Doktor Wieser deuteten auf einen lockeren Durchmarsch hin, endlich.

März 1997: Ich hatte den Grand Prix von Australien hinter mir, vor den beiden Südamerika-Rennen gab es die letzten Benetton-Testfahrten in Silverstone. Im Gerichtssaal waren von den Freunden Gratulations-Transparente für den Vater vorbereitet, und ich hatte das Mobiltelefon bei der Hand. Mein Pressemann Walter Delle Karth würde mich direkt nach dem Freispruch anrufen.

Es klingelte, aber Georg Kindl von „News" war dran. Was ich zum Urteil sage?

„Welches Urteil?"

„Na ... die fünf Jahre und vier Monate."

Ich werde wahrscheinlich mein ganzes Leben eine Ganslhaut kriegen, wenn ich an diesen Moment zurückdenke.

Ich war unfähig zum Weiterfahren, brach die Testfahrten ab und flog heim zu den Eltern. Der Anwalt hatte Nichtigkeitsbeschwerde eingelegt, Vater war also auf freiem Fuß.

Abgesehen davon, daß wir einander zu trösten versuchten, machte mich die vorangegangene Fehleinschätzung der Situation so fertig. Welche Erklärung gab's für das groteske Fehlurteil?

Unser Anwalt kann logischerweise nicht als objektiv in diesem Verfahren angesehen werden. Ich habe ihn trotzdem gebeten, den Hintergrund aus seiner Sicht so verständlich wie möglich darzustellen, also nicht im Juristendeutsch.

Zitat Dr. Rudolf Wieser: „Das Gericht ging davon aus, daß Johann Berger nicht das Opfer des wegen Betrugs schon längst verurteilten Gianfranco Ramoser war, sondern ein Mittäter. Er habe sich als potentieller Investor für eine Holzprofilfabrik in Deutschland, die nie gebaut wurde, vorstellen lassen und somit den Kreditfluß an Ramoser begünstigt. Wie es diesem gelingen konnte, der geschädigten Bank das Geld herauszulocken, wurde in der gerichtlichen Ausführung über seine Persönlichkeitsstruktur so erklärt: Er sei ein ‚wahrer Meister der Täuschung, der nicht nur in der Lage ist, auftretende Bedenken gegenüber seiner Person überzeugend zu zerstreuen, sondern Pläne und Vorhaben einnehmend zu präsentieren.' Das Gericht kommt zur Feststellung, daß es nur so zu verstehen sei, daß Ramoser in voneinander unabhängigen Fällen fünf verschiedenen Banken nahezu parallel eine Viertelmilliarde Schilling herauslocken konnte. Es wird somit allen Bankdirektoren zugebilligt, daß sie sich von Ramoser hatten täuschen lassen können, bloß dem Johann Berger wird diese Möglichkeit nicht zugebilligt."

Weiter mit Dr. Wieser: „Die Verurteilung in Österreich basierte auf Voruntersuchungen, die ausschließlich in Deutschland geführt worden sind. Alle drei Hauptzeugen verweigerten ihr Erscheinen in Österreich: Ramoser (Strafhaft in Frankreich), der planende (deutsche) Architekt, der mit getürkten Baufortschritten die Bank getäuscht hatte, und schließlich der (deutsche) Bankdirektor selbst, der das Geld fließen ließ, obwohl wesentliche Bedingungen der Kreditzusage (Fluß von Eigenmitteln, Nachweis von Investitionen) nicht erfüllt waren und obwohl ihm ein Revisionsbericht seiner eigenen Rechtsabteilung vorlag, daß da einiges faul sei."

Dr. Wieser zur Frage des Motivs: „Niemand konnte je erklären, welches Motiv Johann Berger gehabt haben könnte, für jene zwei Millionen Mark, die er als seinerzeitiger Gläubiger gern von Ramoser zurückgekriegt hätte, einen Kriminalfall dieser Größe mitzugestalten. Denn der Fall einer verschwundenen Kreditsumme mußte ja eines Tages unweigerlich auffliegen, es gab gar keine andere Möglichkeit. Warum sollte ein Mann, der in besten Verhältnissen lebt und eine angesehene Firma besitzt, also keinesfalls untertauchen will, so etwas tun?"

Nach dem ersten Schock galten nun alle Hoffnungen dem Obersten Gerichtshof. Wir waren auf eine einhellige Art zuversichtlich, alle mitsammen, auch der Vater.

Die Firma hatte sich inzwischen stabilisiert. Es sollte eine neue Geschäftsführung installiert werden, die in Zusammenarbeit mit Johann Berger dessen Know-how für die Firma nutzen würde. Zur Abbestellung der alten Geschäftsführer und zur Bestellung des neuen, Albert Mayer, war für den 9. Juli 1997 ein Termin in einer Salzburger Rechtsanwaltskanzlei vereinbart. Dieser Termin sollte für Vater das weitaus Erfreulichste sein, was er in den letzten drei Jahren erlebt hatte, er war dementsprechend euphorisch.

Mayer saß in Liechtenstein, Berger in Wörgl, der Rechtsanwalt in Salzburg, mitten im Sommer eine ideale Konstellation für einen begeisterten Sportflieger. Noch dazu war dem Vater die direkte Autobahnroute nach Salzburg ohnedies verwehrt.

Sie führt über deutsches Gebiet, und in Deutschland war Johann Berger unverändert zur Verhaftung ausgeschrieben (jener Artikel des Schengener Abkommens, mit dem das österreichische Gerichtsverfahren das deutsche aufgehoben hätte, war noch nicht in Kraft). Somit war das eine ganz natürliche Sache: Er würde Mayer in Vaduz abholen und mit ihm nach Salzburg fliegen, so wurde es ausgemacht.

Ungewöhnlich für diese Jahreszeit, herrschte am 9. Juli dichter Nebel im Unteren Inntal. Es war ein Wetter, bei dem man sicherlich keinen Vergnügungsflug machen würde. Aber für den Fall von Geschäftsterminen waren die Verhältnisse immerhin akzeptabel, und zu den Übervorsichtigen hatte Johann Berger ja noch nie gehört. Man hätte den Termin sonst absagen müssen, denn Mayer hätte inzwischen keine andere Möglichkeit gehabt, rechtzeitig nach Salzburg zu kommen.

Der einmotorige Flieger war eine Robin, ein französisches Sportflugzeug mit 4 Sitzen, Porschemotor, sehr gut ausgestattet, ein mehr als ordentlicher Sportflieger, den der Vater sicher schon 10 Jahre gehabt hat. Er hatte damit viele Stunden drauf und war überhaupt ein erfahrener Pilot. Grundsätzlich war das Gerät nur für Sichtflug vorgesehen, hatte aber die Instrumente für Notfälle.

Mayer wartete am Tower in Liechtenstein, bis die Nachricht kam: Johann Berger ist abgestürzt.

Mich erreichte die Nachricht in London.

Sie erwischte mich so brutal, daß ich es nicht beschreiben kann. So vieles, was für mich Sinn und Wert hatte, war in einem einzigen Augenblick zusammengestürzt.

Die ganz normale Liebe eines Sohnes zu seinem Vater war in diesen drei Jahren noch viel stärker und kostbarer geworden. Ich war auf eine glühende Weise überzeugt von seiner Unschuld und dem Unrecht, das ihm angetan worden war, und es war mein wichtigstes Lebensziel geworden, ihn diesen Alptraum überwinden zu lassen. Keine sportliche Erfolgsstory konnte diese Wichtigkeit für mich haben, und daher hatte das

Schicksal meines Vaters auch drei Rennsaisonen überlagert.

Ich rief die Mutter an. Die Polizei war schon bei ihr gewesen. Das Unglück war ja praktisch vor der Haustür passiert, Luftlinie vielleicht drei Kilometer.

Ich flog nach München, ließ mich abholen, fuhr zur Mutter. Auf dem Weg kam ich automatisch am Flugplatz Kufstein-Langkampfen vorbei. Vaters Fliegerkollegen waren dort, alle heulten. Die Erklärungen halfen nicht viel: Wie der Nebel stand in der Früh, und wie der tragische Fehler wohl passiert sein mochte.

Ich fuhr weiter zur Mutter. Wir durchlebten eine Erfahrung, die anders war als alles bisher Erlebte. Es ist ja in meinem Leben schon öfter eine Tür aufgegangen, und ich bin plötzlich in etwas völlig Neues gestoßen worden und hab eine ganz neue Erfahrung gemacht, aber dies war nun soviel schlimmer, es gab überhaupt keinen Vergleich. Einige Unfälle, von mir selber und von anderen, haben mich manchmal in die Nähe dieses Gefühls gebracht: Daß es für dich selber halb so schlimm ist, daß es die anderen sind, die noch viel mehr drunter leiden.

Beschäftigung war das beste Mittel, um halbwegs über die Runden zu kommen. Die Arbeit fürs Begräbnis half mir, von mir selber ein bissl wegzukommen, da gab es einen Arbeitsablauf, den ich einhalten wollte. Daheim im Haus gab's ja nur einen einzigen Gedanken: Er kommt nicht mehr zurück.

Der Fall des zu fünf Jahren Haft verurteilten Unternehmers, Vater eines berühmten Rennfahrers, war dem Quoten-Fernsehen und den Boulevard-Zeitungen allemal eine Selbstmord-Spekulation wert. Für mich war's nur eine grausliche Verhöhnung der wirklichen Betroffenheit, und ich hatte nicht viel Kraft übrig, um mich mit dem Zeug abzugeben.

Auch auf der seriösen Seite gab es verschiedene Theorien über den Hergang des Unfalls. Ich wollte mir mein eigenes Bild machen und rief meinen Freund Sigi Angerer an. Der faßte einen Hubschrauber aus, und wir flogen zur Unfallstelle, konnten sie aber trotz des eng begrenzten Geländes von der Luft aus nicht finden. Sigi ließ mich aussteigen, und ich fuhr mit einem Wagen los. Ich fand das Wrack an einem bewaldeten Bergrücken. Die Feuerwehrleute, die die Trümmer aufgeräumt hatten, waren allesamt Kumpel vom Vater gewesen, dies war die engste Gegend seiner Kindheit, sein Elternhaus lag vielleicht fünfhundert Meter entfernt.

Vom Wrack und speziell von der Pilotenzelle war nicht mehr viel übrig.

Der Hergang des Unglücks wird sich zwar nie durch Daten untermauern lassen, aber alles ist hinreichend plausibel, ohne daß sich irgendein Spielraum für mysteriöse Umstände aufgetan hätte.

Es war zwei Minuten nach Takeoff passiert, dem entsprach die geringe Höhe der Aufprallstelle.

Aus der Tallage des Flugplatzes kommend, reichte ein einziger Fehler, wie er einem typischen Sichtflieger in Nicht-Sicht-Bedingungen passieren kann: Er verliert leicht das Gefühl für die Waagrechte. Wer nicht geschult ist auf fortwährende Instrumenten-Beobachtung, sondern darauf wartet, draußen etwas zu erkennen, kann sehr rasch in eine Neigung (im Extrem bis zur Rückenlage) kommen, ohne sie körperlich wahrzunehmen. Dementsprechend führt das Flugzeug eine ungewollte Kurve aus. Die Kurve kann dann immer stärker werden, bis zum Abschmieren des Fliegers, wenn man nicht inzwischen aus der Wolke oder dem Nebel rauskommt. Das Szenario von Nebel und Bergrücken ließ also sehr plausible Erklärungen des Hergangs zu.

Ich fuhr heim und erzählte Mutter und Schwester davon. Claudia und ich versuchten in diesen Tagen, einen sachlichen Ton füreinander zu finden, um das Nötigste zu besprechen und es für die Mutter nicht noch schwerer zu machen.

Am nächsten Tag suchte ich einen schönen Platz am Friedhof und konnte keinen kriegen, weil alle schon reserviert waren. So kam ich drauf, daß die Leute ihre Friedhofsplätze im vorhinein buchen und daß es dir passieren kann, daß du keinen g'scheiten Platz mehr kriegst. Ich suchte einen Sarg aus und kam mit den Leuten vom Bestattungsunternehmen ins Reden, und insgesamt dämmerte mir in diesen paar Tagen, daß es Seiten des Lebens gab, von denen ich so gar keine Ahnung hatte.

Vater wurde zur üblichen Obduktion in die Gerichtsmedizin nach Innsbruck gebracht. Mutter und Claudia und ich fuhren hin, einer von uns hätte die Identität bestätigen sollen, aber es reichten die Merkmale, die ich angab. Ich wollte ihn trotzdem noch einmal sehen. Man riet mir ab davon, weil man nach einem Unfall dieser Art vielleicht einen letzten Eindruck mitbekäme, den man lieber nicht gehabt hätte. So zeigten sie uns vorsichtig ein Foto von den Kopfverletzungen, aber es ist so, daß du bei einem Menschen, den du gern hast, diese Verletzungen einfach nicht siehst, sie bedeuten nichts und verändern auch nicht das Bild der Erinnerung.

Alle drei wollten wir dann ausdrücklich diese letzte Begegnung, und es war überhaupt nicht schlimm. Ich war froh über diese Minuten, und daß ich meinen Vater noch einmal berühren konnte. Erst in diesem Moment war mir klar, daß mein Vater tot war. Bis dahin war alles bloß wie ein Film abgelaufen. Claudia wollte dann noch allein bleiben mit ihm. Ich bin sicher, daß die beiden ihren Frieden geschlossen haben.

Vater wurde am nächsten Tag in die Leichenhalle von Wörgl gebracht. Am Friedhof hatten wir doch noch einen „schönen Platz“ bekommen. Alle Verwandten und Freunde sind von überall angereist, es gab unglaublich viele Kränze und Beileidstelegramme, und ich hab auf einmal gesehen, wie wichtig das ist, mir ist jeder einzelne aufgefallen, der ein Telegramm geschickt hat oder einen Kranz, und beim Begräbnis waren zweitausend Menschen, und jeden einzelnen hab ich wahrgenommen.

Es war mir wichtig, dieses schöne Begräbnis für den Vater zu haben. Er war so stolz auf seine Leistungen und seine Firma gewesen, und diese Gefühle hatte man in den letzten drei Jahren regelrecht umgebracht. Zum Abschied sollten sie noch einmal spürbar werden. Ich glaube, das ist gelungen.

Ich hab gesprochen, es war keine Rede an die Leute, sondern zwischen ihm und mir, und ich hab's kaum fertigreden können.

Welche Kleinigkeiten Bedeutung kriegten und kostbar

wurden: Eine Woche zuvor hatte der Stanglwirt in Going meine Eltern eingeladen, als ich mich dort von der Kieferoperation erholte. Da hatte Vater zum ersten Mal die Heidi gesehen, seine Enkeltochter.

Ich konnte in Silverstone nicht fahren. Ich hatte nun schon drei Rennen pausiert, weil mein Kieferhöhlen-Syndrom nur durch extensive Behandlung in den Griff zu kriegen war.

So kam ich zum Grand Prix von Deutschland in Hockenheim. Mein eigener Teamchef hatte Zweifel, ob ich in der Lage sein würde, nach der langen Pause einigermaßen passable Figur zu machen. Flavio Briatore war noch nie ein großer Motivator.

Im Qualifying hatte ich eine Runde, die war so flüssig und zwingend und richtig, daß sie einfach stimmen mußte, und als ich in der Auslaufrunde die Message „Pole Position" kriegte, schossen mir zum ersten Mal in achtzehn Jahren Rennsport Tränen in die Augen. Ich dachte nur an meinen Vater, es ist mir alles durch den Kopf gegangen, ich hab das Flugzeugwrack vor mir gesehen und hatte ein paar Fetzen von der Rede des Pfarrers beim Begräbnis im Sinn, es war ja das erste Mal im Leben, daß ich einem Pfarrer wirklich zugehört hatte. Diese Pole Position hätte mir eigentlich schon vollauf genügt für alles, was ich zeigen und klarstellen wollte, aber vor dem Schlafengehen dachte ich, jetzt könntest das ganze Rennen auch gleich gewinnen. Da wär halt wichtig, beim Start vorn zu sein, und dann hab ich den Start gewonnen, wußte, wieviel Sekunden ich an Vorsprung brauchte, damit sich zwei Boxenstops rechnen würden. Ich brauchte 17 Sekunden, und der Fahrplan paßte perfekt, plötzlich zerreißt's einem überrundeten Stewart den Motor, und da ist eine Nebelwand, wie ich sie noch nie in der Formel 1 gesehen habe. Ich bin mit 300 dahergekommen, da vorne geht die Wand los, hab mir gedacht, wenn der da drinnensteht, bin ich tot, und hab gebremst und bin im Schritt-Tempo durch diese Nebelwand gefahren, hab gewußt, irgendwo fängt die Einfahrt zum Motodrom an. Dabei hab ich vier Sekunden liegengelassen, und eigentlich war damit das Rennen verloren. Nach dem Boxenstop bin ich auch tatsächlich hinter Häkkinen rausgekommen, aber den hab ich sofort überholt, als könnte es gar nicht anders sein, jetzt war nur Fisichella vorn, an dem war ich unglaublich rasch dran, dann hat er einen kleinen Fehler gemacht und ich war vorbei, und vorn war alles frei und jetzt mußte nur noch der Motor durchhalten. Der ließ mich nicht im Stich, und so hab ich den Grand Prix gewonnen, und ich wußte, warum das so war und woher die Kraft kam. Die Freude darüber war unvergleichlich mit irgendeinem Gefühl, das ich je erlebt habe.

Mein Vater, † 1997

D SEVEN

Alexander Wurz

Michael
Schumacher

Jacques Villeneuve

Letzter GP-Sieg. Hockenheim '97

FERRARI

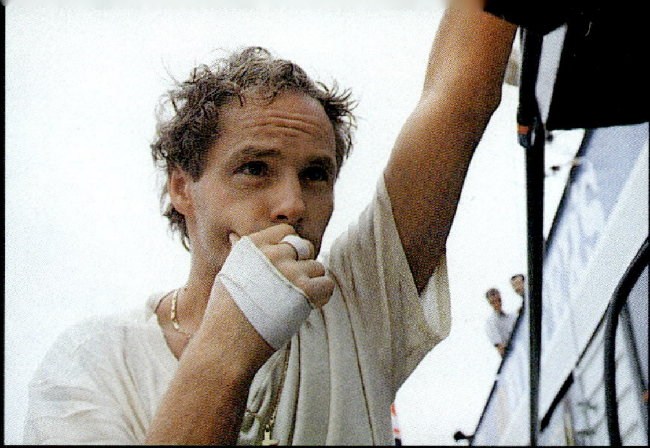

A1-Ring, Österreich
1997

Wegbegleiter Heinz Prüller

Flavio Briatore

Abschiedspressekonferenz
im Wiener Hotel Imperial

Benetton 1997

Multifunktionales Lenkrad

Zentraler Bereich von oben nach unten:

Obere Signalleuchten zeigen Nähe zur Drehzahlgrenze (etwa 17.000/min) an: 300/min entfernt/weicher Drehzahlbegrenzer/harter Begrenzer

Display kennt 52 Angaben für Defekte und Warnungen (im Rennen auf 10 limitiert). Ist zugleich Menu-Leiste für den zentralen Funktions-Drehknopf

Grüner Knopf: Neutralstellung Getriebe (Leerlauf)

<u>Zentraler Funktions-Drehknopf</u>
Roter Sektor: Ansprechverhalten der Drosselklappen auf Gaspedalbewegungen
Grüner Sektor: Bremskraftverteilung vorn/hinten, auch geschwindigkeitsabhängig
Gelber Sektor: Programme zur Steuerung des elektronischen Differentials
Weiße Sektoren: Offen für weitere Funktionen (etwa: Deaktivieren von Fehlermeldungen, sobald diese schon der Box bekannt sind)

Untere schwarze Knöpfe: Abruf für alle obigen Funktionen über die Menu-Leiste (links = aufsteigend, rechts = absteigend)

Seitliche Bereiche

Weißer Knopf: „Handbremse"
Gelber Knopf: Motor-Abregelung zum Speedlimit der Boxenstraße (120 km/h im Rennen, 80 km/h im Training)
Roter Knopf: Funk zur Box
Blauer Knopf: Markierungen für die Telemetrie

Schaltwippe: Links Hochschalten, rechts Herunterschalten

Knopf an der Rückseite: Automatisches Herunterschalten auf einen vorprogrammierten Gang

Die drei abschließenden Rennen der Saison 1995 in Fernost (Aida, Suzuka, Adelaide) und ein anschließendes Formel-1-Symposium in China nützte Gerhard Berger für den Spaß, das Privatflugzeug („Citation III") auf Weltreise zu nehmen. Herbert Völker von der „Autorevue" begleitete ihn dabei und faßte seine Story als Brief an einen daheimgebliebenen Freund ab.

VÖLKERS FLIEGERBRIEF

Lieber Phil,

ich kenne Dich, Phil. Du wirst fragen, warum ein Mensch wie Gerhard sich so was antut, und was einer wie ich dabei verloren hat.

Beide Fragen sind berechtigt.

Als Talisman meiner Rennfahrerfreunde habe ich schon vor dieser Reise nichts mehr getaugt. Schlimmer noch, die Dinge haben sich in ihr Gegenteil verkehrt. Mercedes-Rennchef Norbert Haug beliebte in Suzuka die Formulierung zu wählen: „Wer dich als Maskottchen hat, braucht keine Hexe mehr."

So was schmerzt, sag ich Dir.

Gerhard rief trotzdem wieder an, erstaunlich.

Am Ende einer Saison wie dieser sei eh schon alles wurscht, da könne selbst ich nichts mehr vermasseln.

Das leuchtete mir ein. Ich würde also Nagoya, Tokio, Adelaide buchen, oder?

„Nein. Ich heiz' den Flieger an", sagte er.

„Was meinst du mit: Ich heiz' den Flieger an?"

„Ich will einmal im Leben wissen, wie das ist: Mit der Citation auf Weltreise. Gute Gelegenheit. Erfahrung sammeln als Captain. Und du fliegst mit. Du fliegst ja gern."

„Uh. Wie könnte die Strecke etwa ausschauen?"

„Moskau, Nowobri... oder Nowobro..."

„Nowosibirsk?"

„Genau."

„Ich komme."

Die Citation III ist ein lässiger Flieger.

Wunderschön, in Gerhards Fall außen racing green, innen eierschalig, voll mit jenem Alcantara ausgekleidet, wie es dir Ferrari im 456 unter den Hintern schiebt. Platz für acht oder neun Gäste, aber wir waren ja höchstens zu dritt, das ergibt feine Bettchen über Sibirien und den Molukken. Flughöhe und Geschwindigkeit wie ein Airliner.

Einziges Manko ist die Reichweite. Mit einem Tank kommst du nicht viel weiter als dreitausend Kilometer. Das reicht für praktisch jede Strecke Europas, aber sobald sich die Steppen und Ozeane auftun, fängt die Rechnerei an. Je exotischer die Gegend, je vertrackter die politische Lage, desto enger wird's. Drum fliegt eben kein Mensch mit einer Citation von Wien nach Japan und Australien und China und Vietnam.

Aber, wie man sieht: Es gibt Ausnahmen.

Der Lohn der Mühe (und des gewaltigen Aufwands) liegt erstens im verspielten Detail. Wenn du beispielsweise zur Rennstrecke von Aida strebst, schlägst du nicht dumpf in Tokio oder Osaka auf, sondern landest punktgenau in Okayama, das sich allemal eine Jet-Rollbahn leistet.

Belohnung winkt weiters durch die Intensität der Annäherung. Europa–Japan (Provinz) dauert beispielsweise nicht länger als im Jumbo, trotzdem bist du aber zwischendurch in Moskau, Nowosibirsk und Peking gewesen, das erfrischt ganz gewaltig.

Zum Beispiel Nowosibirsk. Es war mir immer ein Symbol für die Schrecken des Eises und der Finsternis, quasi die bewohnte Version des Nordpols. Mittlerweile stehe ich nicht an, dieses elegante Städtchen wärmstens zu empfehlen. Es war zwar Nacht, aber du weißt trotzdem gleich, ob's dir taugt oder nicht. Vollgetankt in zwanzig Minuten, und erstmals in dieser Saison den Schnee markiert. Sibirischer Schnee! Es wird ein schöner Winter, das spürt man beim ersten Zischer.

In den ersten Morgenstrahlen auf die Wüste Gobi geblinzelt, dann nach Peking gesegelt, vorerst nur als Zwischenlander (das Formel-1-Forum fand erst einen Monat später statt, quasi auf der Rückfahrt). Jetzt also gleich weiter nach Okayama.

Die Geschichten von Aida und Suzuka kennst du sowieso. Als sich die zweihunderttausend Sportsfreunde von Suzuka ein wenig verdünnt hatten, das heißt um zwei in der Früh, hauten wir ab. Es waren zwar drei Stunden bis zum Flughafen, aber es zahlte sich aus, denn das war Kansei, der neue Mega-Airport, den die Japaner ins Meer gesetzt haben. Es parkten ungefähr vierzig Jumbos. Das einzige kleinere Gerät war BravoGolfBravo.

Wir waren gut drauf und flogen einen sauberen Strich nach Süden, nahmen Sprit in Guam und landeten in Cairns, im tropischen Norden Australiens.

Gerhard hatte in Port Douglas einen Katamaran gechartert, um nach Lizard Island zu segeln und am Barrier Riff zu tauchen. Die Sache war ein Hammer, bloß mit dem Essen haperte es, und Du weißt, Phil, wie sehr mir sowas nahegeht.

Dabei hatte die Crew alles im Kühlschrank, wovon du träumen kannst, Fische und Krustentiere und Steaks und Lammkoteletts. Es war bloß so, daß sich Gerhard einbildete, wir sollten fangfrischen Fisch essen, und er, er allein, würde dafür sorgen. Er sieht zu viele Käptn-Iglo-Movies.

Kannst Du Dir vorstellen, was passiert, wenn ein Tiroler am Barrier Riff die Angel auswirft? Hast Du eine Ahnung, wie er den Köder berechnet?

Er denkt, je größer der Happen, desto schneller kommt der fetteste Fisch. Und er ist beim Fischen ungefähr so geduldig wie Alesi beim Schumi-Überholen.

Zuerst wanderten die Shrimps ans lange Ende der Leine, dann diese wunderbaren Morton Bay Bugs (eine Art Langusten), die wir im Kühlschrank hatten. Die Fische fraßen sie ziemlich flink vom Haken, manchmal surften sie ein Stückerl mit, wir segelten immerhin mit 14 Knoten, und wenn Gerhard ganz begeistert an der Angel kurbelte, sprangen sie neckisch zweimal in die Höh, dann hauten sie ab. Sie gaben allerdings Nachricht unter den Fischen des Korallenmeeres, daß ein Tiroler eine ganze Kühlschrankladung zur Verteilung bringt, und so hatten wir starken Zulauf an der Angel. Sie fraßen unsere Fische, im Ganzen und als Filets, sie fraßen unsere Steaks und nagten die Lammkoteletts bis auf die Knochen ab.

Carl von der Crew fragte leise, ob er beim nächsten Tauchgang einen im Weg stehenden Fisch erwürgen sollte, aber Gerhard sagte, nein, ich fange alles, was wir brauchen.

Es endete damit, daß wir im fischreichsten Gewässer der Welt vorwiegend Nudeln aßen.

Phil, ich meine, der Herrgott hat sich ja was dabei gedacht, warum er die Menschen wo hingesetzt hat. Die Tiroler hat er jedenfalls auf die Berge gesetzt.

*

Wir sind dann nach Hamilton Island geflogen. Das ist zwar die touristisch am stärksten erschlossene Insel des Barrier Riffs, immerhin ist sie aber auch groß genug für eigene Verstecke, und ein ganzer Bergrücken auf der abgewandten Seite der Insel ist das Versteck des George Harrison.

Daß der Musikant und der Rennfahrer schon seit ein paar Jahren gut Freund sind, ist ja nichts Neues. Dadurch bin ich mit George bekannt geworden, und diesmal hat er mich auch eingeladen, bei ihm zu wohnen. Ich werde natürlich diesen privaten Besuch journalistisch nicht auswerten, aber meinen besten Freunden darf ich schon andeuten, wie ich das Paradies erlebte: Et in Arcadia ego, wie der Lateiner sagt.

Stell Dir vor: Ein Hügelrücken bis runter ans blaublaue Meer, drüben die dank Naturschutz unbewohnte Whitsunday-Insel. Die Vegetation unseres Hügels ist ein Mittelding aus Wildwuchs, tropischem Palmenhain, Blumen und Blüten und Kiefern und Araukarien, deren stolzeste die hochragende Norfolktanne mit ihrer Pyramidenkrone ist. Wie ein kleines Südseedorf ducken sich Haupthaus und die kleineren Einheiten zur Anhöhe des Geländes, ein Felsbecken ist der Swimming Pool. Bambus und Palmgrasdächer und Licht und Luft und Wasser prägen das Haus, und dunkle kühle Böden aus Makai-Holz, und immer wieder Skulpturen aus Neuguinea.

Mein Gästezimmer war auf drei Seiten von kleinen Wasserwegen umlaufen, mit rosa Seerosen, die sich in der Nacht öffneten, und am Morgen dichtmachten, wenn sich die blauen Rosen öffneten. Daß du die Schönheiten des Morgens schon um fünf hellwach erlebst, dafür sorgen die Vögel von Hamilton. Ich kann bloß Kakadus und Cuckaburras auseinanderhalten, aber die reichen schon: Die einen machen ein helles Gezeter, die anderen lachen kullernd wie Hyänen, dazwischen jubiliert und pfeift das kleinere Federvieh, und allesamt haben sie eine Riesenhetz, üben den Sturzflug oder hutschen auf Blättern und schmeißen Nüsse in den Pool.

Am Vormittag kam ein Mädchen aus dem Dorf zum Aufräumen, ansonst waren wir nur zu dritt und lebten der Entspannung. George Harrison kann das wirklich: Sich entspannen. Nach dem Auseinandergehen der Beatles begann er sich zu entspannen, und nach einem Vierteljahrhundert hat er nun die Höhe seiner Kunst erreicht.

Im Grunde, sagt George, geht es nur darum, das Göttliche unserer Seele herauszubringen.

Ich muß jetzt vorsichtig mit meinen Worten umgehen, denn George meint das todernst, anderseits hat er einen völlig unver-

korksten Zugang zu seiner Mystik, sodaß keineswegs der Wunsch entsteht, sich drüber lustig zu machen. Ich meine, wir stehen zum Beispiel in der Küche und machen bengalische Makkaroni (vegetarisch), und George erwähnt, daß jener, der jetzt die Makkaroni kocht, gar nicht der echte George ist.

Der wahre George tschundert vielmehr als reine Seele, quasi als Energiekern, durch Raum und Zeit.

Darum kann jener George, der jetzt in der Küche steht, so völlig entspannt sein und braucht sich nicht so wichtig zu nehmen wie beispielsweise Paul McCartney, der so schrecklich viel damit zu tun hat, an seinem Ego zu arbeiten und lauter Rekorde aufzustellen, das meiste Geld, die meisten Platten, die meisten Menschen beim Konzert und so weiter, alles bullshit.

Drum hat George, so sagt er jedenfalls, auch mit seiner Beatle-Identität keine Schwierigkeit: „Die Leute sagen, ich bin der Beatle, aber das ist nur ein Anzug, den ich seinerzeit angezogen habe, und die Leute sehen immer noch diesen Anzug, und glauben, ich bin George. Dabei bin ich ganz ein anderer."

Mmhh.

Wie auch immer, George kümmert sich um den Zustand der Entspannung. Körperlich, indem er seinem Körper möglichst wenig Gift zumuten mag, in Speis und Trank und überhaupt, und sich um tüchtige Verdauung sorgt. Das ist nicht sonderlich attraktiv, es hat viel mit dem Trinken von heißem Wasser zu tun.

Fürs Geistige meditiert er drei bis vier Stunden am Tag. Dem Gerhard und mir kann er das branchengerecht erklären. Unser Bewußtsein hat drei Gänge: Das Wachsein, den Schlaf und den Traum. Zur Entspannung braucht es aber auch die Leerlaufstellung, und das ist die Meditation.

Ich kann dem George ewig zuhören. Erstens schon wegen der Stimme. Es ist das schönste Englisch, das ich kenne, es lebt im gesprochenen Wort des heiteren Musikanten, der die Silben in all ihren Nuancen ausschwingen läßt und ihnen damit Melodie gibt.

Zwischendurch nimmt er auch die Gitarre oder die Ukulele von der Wand und singt ein paar Gstanzln, zu meinem größten Entzücken auch „Old Buddha's Gong", mit dem Hogey Carmichael die junge Bacall so wunderbar angestrudelt hat. Und den schönsten Beatle-Song („leider nicht von mir, sondern von John"): „Norwegian Wood". Ist das nicht herzzerreißend, Phil?

... so I lit a fire
isn't it good

Norwegian wood?

Unplugged and unrecorded, ausschließlich für Gerhard und Herbie. (Bei der Plattenaufnahme, 1965, hat George erstmals Sitar gespielt, damals begann seine Liebe zu Indien.)

Ganz behutsam macht George immer wieder Reklame für die indische Lehre. Er mag Gerhard ungemein, drum würde er gern dessen Seele was Gutes tun. Gerhard hört zwar brav zu, ist im Zweifelsfall abers fürs Tirolerische.

Mit George Harrison ins Wirtshaus zu gehen, kann speziell in diesen Tagen der neuen Beatles-Platten und der TV-Serie recht mühsam werden. Japanische Touristen werden geradezu ohnmächtig, wenn sie ihn sehen, aber vor dem Wegsinken wollen sie noch schnell mit ihm fotografiert werden. Da ist er eigentlich ganz geduldig, eine Weile.

Bei aller Entspanntheit bleibt ihm allerdings null Spielraum, wenn es um die Hintergrundmusik in Restaurants oder Bars geht. Er sagt, er kann schlechte Musik nicht ausstehen, er empfinde das wie eine körperliche Attacke, es gehe ihm durch Mark und Bein:

„Es ruiniert mein Nervensystem."

Was sagt mein Freund Berger drauf, nicht unrichtig?

„Denk dran, wieviel Nervensysteme du schon ruiniert hast."

*

Eine größere Hetz haben wir, wenn George Harrison über Autos redet. Er sagt, daß er irgendwelche Wickel mit seinem Agenten hatte, worauf er dachte, er habe sich was verdient, eine kleine Belohnung, a little toy.

Diese Stelle hat er aus seinem Lieblingsfilm, und da hocken wir nun am Pool, und George ist ganz fassungslos, daß wir diesen Film nicht kennen. Er sagt, Peter Sellers hat ihm eine 60-mm-Kinokopie davon geschenkt, und die hat er sich daheim in England ungefähr vierzigmal angeschaut, drum kann er den ganzen Film auswendig, alle Dialoge, und die erzählt er uns jetzt, in unendlicher Begeisterung für den Wortwitz dieses Films.

Ich denke, daß diese grenzenlose Begeisterungsfähigkeit eins von den Dingen gewesen sein muß, die die Beatles zu den Beatles gemacht haben: Das ganze Theater von Witz und Klamauk und Verkleidung und der Fähigkeit, darin total wegzusinken.

Um es kurz zu machen: Es ist der erste Mel-Brooks-Film, fast 30 Jahre alt, heißt „The Producers" (deutsch vielleicht „Frühling für Hitler", obwohl ich da nicht ganz sicher bin), und wenn Du in einen guten Video-Laden kommst, Phil, dann kauf Dir das Ding, es ist wirklich ein Hammer.

Jedenfalls war die Stelle, wo Zero Mostel sagt „I deserve a little toy", für George der Anlaß, sich das Zehn-Millionen-Ding McLaren F1 zu kaufen (Chassis Nr. 025), das noch dazu einer seiner Freunde konstruiert hat: Gordon Murray.

Ich sagte ungefähr: Zu 99% deiner Zeit tust du nichts anderes, als dich zurückzuziehen und keinem fremden Menschen zu begegnen, und plötzlich kaufst du dir das wildeste und auffallendste Auto der Welt, Spitze 330, noch dazu in England, wo sich eh nur alles staut – wie soll das einer verstehen?

Da sagt er nur: „Ich spiel' so gern."

Er ist ein Kindskopf, wunderbar und traumhaft, und in einem glücklichen Moment vor ungefähr 35 Jahren haben sich die idealen Kindsköpfe getroffen, dies ist mein ultimativer Beitrag zum Thema: Die Geschichte der Beatles.

*

„Vom alten König bloß zur Kurzweil angelegt,
führt dieser Kanal doch nach Ten-Shi."
(Ezra Pound)

Es mag Dir verschmockt vorkommen, wenn ich ein kleines Brieferl mit der vollen Zitatenwucht des Dichters belaste. Aber nie und nimmer werde ich eine zweite Chance kriegen, einen meiner Lieblingsverse derart sinnvoll an den Mann zu bringen. Er paßt erstens in die Geographie und zweitens zu allem, was ich in den letzten Monaten erlebt habe.

Pound wollte uns sagen, nehme ich doch stark an, daß auch die Verspieltheit des Schöngeists ihren praktischen Nährwert hat, und als Wortbild wählte er ein Gewässer in China.

Ein Gewässer in China, vergleichbar jenem, an dem ich gestern saß!

Mit dem Namen Diaoyutai wirst Du auf Anhieb nicht viel anfangen. Er bedeutet soviel wie Angelterrasse. Sie wurde vor 800 Jahren vom trefflichen Kaiser Zhang Zong aus der Jin-Dynastie angelegt, und gestern redete ich dort zu Enten und Schwänen, ist das nicht ergreifend?

Von den zehn Millionen Bewohnern Pekings war kein einziger in Sicht- oder Hörweite. In diesem Moment der Besinnung kam mir das nicht ungelegen, wenngleich es meinen Gerechtigkeitssinn irritierte. Das weitläufige Gelände, das man den Stadtpark von Peking nennen könnte, ist leider nicht öffentlich zugänglich, vergleichbar dem Stadtpark von Tokio, wo Kaisers wohnen.

Im Gästehaus der Regierung, zwei Steinwürfe von der Angelterrasse, hatte eben Gerhard Berger einen Vortrag beendet. Zweihundert chinesische Journalisten waren anwesend. Als einziges westliches Medium war die Autorevue geladen, was für den guten Geschmack der jungen chinesischen Generation spricht. Sie rückt sich für eine neue Ära zurecht.

Seit das Fernsehen zumindest in den Städten schon ein echter Faktor ist, sind die Chinesen völlig wahnsinnig nach der Formel 1. Sie meinen: Wenn du in der Formel 1 bist, dann bist du auf der Welt. Und die unsrigen Macher sind natürlich fix und fertig, wenn sie sozusagen quantitativ an die Chinesen denken.

Ein kleines Beispiel: Am Tag unserer Ankunft wurde ein Fußballspiel gesendet, keineswegs aus Peking, sondern irgendwo aus der Provinz. Ich fragte meinen chinesischen Begleiter, ob es hier um was Besonderes ginge. Eigentlich nicht, sagte er, denn es kämpfe einer der schlechtesten Klubs Chinas um den vorletzten Platz der Liga.

„Aha", sagte ich elegant in der Landessprache.

„Es ist aber der einzige Fußballklub einer ganzen Provinz. Drum hat er hundert Millionen Anhänger."

Diese Rundheit der Ziffern ist es, die ja auch unsere Auto-Bosse ganz wurlert macht. Dem Streben nach der phantastischen Weite des Marktes verdanke ich einen von mir in hohen Ehren gehaltenen Satz des Ferdinand Piëch:

„Ich will den Chinesen vom Fahrrad holen."

Er hat mir das vor ziemlich genau einem Jahr anvertraut, und ich hab mir gedacht: Das vergeß ich mein Lebtag nicht.

Jetzt seh ich so viele Chinesen auf dem Fahrrad, sie fahren links und rechts meiner schwarzen Limousine, so ganz chinesisch entspannt, und ich denke hundertmal: Warte nur, du radelst nimmer lang, gleich steckt dich der Piëch in einen Audi.

Zurück zur Formel 1. Sie ist ein besonders griffiges Symbol für die Vertracktheit der Zeitenwende in China: Die einen drücken die Tür auf, die anderen halten dagegen, und die Westler machen sich ganz schlank, um mitzudrücken, ohne bei den Menschenrechten anzustreifen.

So hat der Trafikant Philip Morris sozusagen im westlichen Bildungsauftrag das Formel-1-Forum in Peking gesponsert und Gerhard Berger kommen lassen (auch Mika Häkkinen war vorgesehen, aber der lag ja im Spital von Adelaide). In der ersten Euphorie hieß es sogar, Gerhard und Mika würden in ihren Formel-1-Autos den Platz des Himmlischen Friedens umrunden, aber da bekamen die Chinesen rasch kalte Füße. Peking dürfe keineswegs als möglicher F1-Standort propagiert werden, da würde man eher auf den ganzen Zirkus verzichten.

Dahinter steckt die Politik der Alten Männer, Chinas Liberalisierung ganz langsam von unten (also vom Süden her) aufzurollen, Regionen wie Peking aber noch lange im Griff des Systems zu halten. Daher käme nur die nächstes Jahr fertigzustellende Rennstrecke von Hoangzu in Frage, die ist ganz im Süden, bei Macao und Hongkong, wo ohnedies schon westliche Verhältnisse herrschen.

Egal: Die Chinesen sind Formel-1-narrisch. Gerhard Bergers Vortrag war ein Riesenerfolg. Er hat sich einfach hingestellt und erzählt, wie er lebt und fährt und was er tut und warum. Die wichtigste Frage in der Diskussion war, ob auch Chinesen Formel 1 fahren können.

Gerhard glaubt das durchaus.

Andere Frage: Wenn eine Provinz zusammenspare und eine Million Dollar hinlege, würde das reichen, um einen Chinesen ins Cockpit zu bringen? – und so weiter, immer gleicher Tenor: Wir wollen, wir wollen.

Wie man sich erklären könne, daß es nicht einmal einem der Auslands-Chinesen trotz deren anerkannter Tüchtigkeit gelungen ist, ein Top-Rennfahrer zu werden? Immerhin gebe es ja das Tennisbeispiel des Michael Chang, und in der Folge stellt sich raus, daß ganz China den Thomas Muster kennt.

Und Berger kennen sie, jetzt noch viel besser. Berger an der Chinesischen Mauer, Berger am Himmlischen Frieden, Berger im Haus der Regierung, dauernd Interviews und Foto-Sessions, und dann war da noch die Abendgala, und zwar:

In der Großen Halle des Volkes.

Mein lieber Phil, wie setze ich Dir die Große Halle des Volkes ins Bild?

Also: Platz des Himmlischen Friedens, links das Mao-Mausoleum. Wir gehen ein paar Stufen rauf. Wir treten ins Foyer, durchmessen das Foyer, in aller Ruhe. Am Ende erkennen wir: Es war nur das Vor-Foyer. Wir betreten eine Halle, die sich als Anlauf fürs Treppenhaus rausstellt, roter Teppich bis ganz rauf. Der obere Absatz ist an den Flanken von zwei riesenhaften Landschaftsbildern geschmückt.

Man gelangt sodann in einen Saal, in dem fünftausend Menschen an gedeckten Tischen essen können. Wir sind aber nur ein paar *hundert, dadurch kommt Finesse auf. In den Reden wird gegenseitig gedankt, immer wieder, noch ganz altkommunistisch. Es werden fünfzehn Gänge aufgetragen, zackzack. Du führst noch das letzte Staberlvoll im Steigflug zum Mund, schon kommt die nächste Schüssel. Derweilen treten an der Stirnseite Akrobaten, Zauberer und Liebhaber der Chinesischen Oper auf.*

Nur wir paar Westler klatschen, die Chinesen sind völlig ungerührt. Ein sechsjähriges Mädchen balanciert mit einer Hand auf neun Rollen in vier Ebenen und steckt dabei die Zehen in die Ohren. Wir klatschen wie verrückt, die Chinesen schauen erstaunt.

Die Große Halle des Volkes wäre aber nichts ohne ihre Herrentoilette. Sie ist, Phil, so groß wie die Stadthalle Deiner geliebten Heimatgemeinde, wunderbar spiegelblank, mit hohen schönen Fenstern. Du läßt den Fluß des Lebens kommen und weichen und schaust auf den warm, keineswegs grell erleuchteten riesigen Platz, läßt schweifen nach rechts, hast Mao im Blick, machst eine kurze Verbeugung.

*

Im Hotel suche ich Steve auf. In seinem Zimmer schaut es aus wie bei General Montgomery vor der Schlacht von Tobruk. Lageberichte, Landkarten, Wetterpläne, Eilnachrichten. Er sagt, es gibt Wickeln.

Man hört es nie gern, wenn ein Pilot sagt, es gibt Wickeln.

Unser Flugzeug heißt RomeoVictor-BravoGolfBravo und hat zwei Captains. Gerhard Berger ist der Chef. Er ist besonders stark im Starten und Landen. Steve Collins ist Gerhards fix angestellter Pilot übers ganze Jahr, sozusagen der lange Atem des Fliegers, er besorgt auch den Vor- und Nachlauf. Daß wir mit einem Privatflieger hier in Peking stehen, ist schon ein Wunder. Jetzt brauchen wir noch ein zweites:

Wieder rauszukommen.

Eben hat die chinesische Luftaufsicht unsere vor zwei Wochen genehmigte Route verboten. Dieser Streckenteil (nach Mandelay in Burma) war der größte Stolz des Steve, er ist gehüpft vor Vergnügen, als er das Okay hatte. Jetzt hat er es nimmer, rechnet herum, quatscht dauernd mit Nobby.

Nobby hockt in London und ist unsere Basis, 24 Stunden, über all die Wochen. Er hält laufend Kontakt zu allen Stellen, die was genehmigen oder nicht genehmigen, ist sozusagen der Manager des Captains. Das klingt ein bissl wie ein Irrenhaus. Es gilt aber bloß für einige Gegenden der Welt, zum Beispiel für die, wo wir gerade sind. Privatflieger kommen in China praktisch nicht vor, sind in ganz Ost-

und Südostasien rare Vögel, entsprechend schwach ist die Infrastruktur.

Leider haben wir ja mittlerweile den Instinkt für die Zustände des Wirklichen verloren.

Der ganze virtuelle Schmarrn, den Du, mein Freund, so zwitschernd anbetest, macht uns weltfremd. Sag einem Zehnjährigen, er soll von Peking nach Bangkok reisen, er wird zapp-zapp machen und nicht einmal den Kaugummi umladen. Drum schau ich jetzt so komisch drein, wenn ich erfahre: Es geht nicht. Virtuell ja, aber stofflich nein.

*

Wir sind also nicht nach Mandelay geflogen. Die Chinesen fanden, daß wir besser nach Hanoi paßten. Das ist es, was ich am Privatfliegen ganz gern mag: Du bist nicht irgendwie auf ein Ziel fixiert, jedenfalls nicht in Fernost.

Beim Abflug in Peking ist es etwas formell zugegangen. Zu dritt, wie wir waren, wurden wir noch einmal abgezählt:

„2 Crew, 1 Passenger."

Crew, das waren Gerhard Berger und Steve Collins.

Passagier, das war ich.

Dem Gerhard hat das sehr gefallen. Er ist jetzt überhaupt sehr mager, und er hat ein noch magereres Gesicht gemacht, wie eine entflohene Spitzmaus, damit die Chinesen denken, ich soll meinen Piloten mehr zu essen geben. Sie sollten denken: Sich selber füttert er ja nicht schlecht, der reiche Binkel, aber seine Piloten läßt er verhungern.

Ich kann mir ja schwerlich ein Taferl umhängen „Hallo friends, ich bin auch nur ein Hackler", so versuche ich halt wenigstens, die Situation in eine Reklame für westliche Lebensart umzumünzen. Das tue ich, indem ich ziemlich pfiffig dreinschaue.

Auf diese Weise wird den Chinesen klar, daß ich kein Ausbeuter bin, sondern nur deshalb zu Reichtum kam, weil ich was auf dem Kasten habe.

Bei uns kann jeder, der was auf dem Kasten hat, einen Flieger kaufen und seine Piloten durch die Welt scheuchen. Das macht Reklame für Post-Kommunismus. Piëch tut ja auch nichts anderes, wenn er sagt, ich will den Chinesen vom Fahrrad holen. So kommt System in den Aufstieg: Zuerst ein Golf, dann ein Audi, dann der Flieger.

*

Die letzte große Station unserer Reise war eine Yacht im Indischen Ozean.

Es war keine kleine Yacht. Wir waren aber nur fünf Gäste: Flavio Briatore und seine Frau, Gerhard, sein Captain Steve und ich. Die Crew sah aus wie auf der Vistafjord, komplett in weißen Uniformen mit Schulterklappen, und der Kapitän war eine Art Konteradmiral, vom Gschau her. Das einzig Warmherzige, das ich aus ihm rauskriegte, war die Meldung, daß er 2700 Flaschen Penfolds an Bord habe, und keineswegs kleine Jahrgänge. Mathematisch sah das sehr gut aus, da Briatore und ich die einzigen waren, die guten Wein zu schätzen wußten, und Penfolds ist die Krönung australischen Weinbaus. Sein „Grange Hermitage" ist der totale Wahnsinn. Sündteuer, rar, „der einzige echte Premier Cru der südlichen Hemisphäre", wie Weinpapst Hugh Johnson sagt.

Wenn du in einem südlichen Atoll der Malediven auf einem Schiff hockst, das 2700 Flaschen Penfolds gebaggert hat, kann dir natürlich nicht viel passieren. Trotzdem wurde meine grundsätzliche Gelassenheit angesichts des Reichtums anderer Leute einer ernsthaften Prüfung unterzogen. Ich kenn mich ja jetzt mit Milliardären viel besser aus, Phil.

George zum Beispiel: Nie hat Geld angenehmer gerochen, nie war es so leicht und flockig und flauschig wie im Umkreis des George Harrison. Es ist biologisch-ätherisch aufgelöste Kohle, sie hat was Schönes geschaffen, ohne Preiszetterl.

Dieses Schiff indes war allerschwerste Kohle, obwohl der Besitzer, ein indischer Magnat, gerade 40, gewiß nicht uneben ist. Er hat siebzigtausend Menschen, die für ihn arbeiten, und ist ein Race Fan, drum interessiert er sich für Gerhard und Benetton.

Ich meine, das war alles nicht uninteressant, abgesehen vom Penfolds und der Pracht des Indischen Ozeans.

Bloß: Ich war arm. Zum ersten Mal richtig arm in meinem Leben.

Ich fand mich in Situationen, wo ich der einzige Mensch am Tisch war, der weder einen Flieger noch eine Yacht hat. Man beklagte die Unarten von Kapitänen und Piloten. Ich hab noch nie so viel geschwiegen. Ich hab ja nicht einmal einen persönlichen Physiotherapeuten. Wahrscheinlich nehme ich auch deshalb so leicht zu.

Der Gastgeber hatte zu unserer Erfrischung einen Eiskünstler aus Europa einfliegen lassen, samt Eisblock. Nach einem der Diners, wo ich meinen Penfolds angeschwiegen hatte, trat der Künstler auf. Die Crew hatte zuvor den Eisblock positioniert.

Der Eis-Sculpteur wurde vorgestellt. Er werde nun einen Formel-1-Benetton schaffen.

Er hämmerte und meißelte mit sicheren, kraftvollen Bewegungen, schuf die Relationen, schärfte die Konturen, wurde immer subtiler, feinsinniger, bis hin zu Fleppe und Spoiler. Eine grandiose Skulptur entstand da mitten im Indischen Ozean, wahrhaftig.

Ich beobachtete Gerhard.

Ich kenne ihn jetzt schon ganz gut, ich meine, auch in Nuancen.

Ich sah, wie er litt. Ich kann dir gar nicht sagen, Phil, wie hilfreich mir das war.

So überstand ich völlig locker den bisher schwersten Anfall von Reichtum am Rand meines Lebens.

*

Die Briatores flogen mit uns heim. Reichtum hin, Reichtum her, der Abgang von der Yacht hatte Stil. Die Crew war am Achterdeck angetreten. Der Captain schaute drein wie nach der Schlacht von Okinawa. Ein Schnellboot brachte uns zur Insel. Ein russischer Helikopter flog uns nach Male. Dort stand Gerhards Citation III. Wir waren schnell in der Luft, holten zwischendurch Sprit in Bahrain und Athen. Daheim war Winter, aber wem erzähle ich das, Phil.

Dein
Herbie

Statistik

Gerhard Bergers 14 Formel-1-Jahre

1984

Teams: (Reihenfolge nach Startnummern – 1 Vorjahres-Weltmeister Piquet, ... 28 Arnoux) **Brabham-BMW** Piquet, T. Fabi, C. Fabi, Winkelhock; **Tyrrell-Ford** Bellof, Brundle, Johansson, Thackwell; **Williams-Honda** Rosberg, Laffite; **McLaren-TAG** Lauda, Prost; **RAM-Hart** Alliot, Palmer, Thackwell; **Lotus-Renault** De Angelis, Mansell; ***ATS-BMW*** *Berger,* Winkelhock; **Renault** Tambay, Warwick, Streiff; **Arrows-Ford** Boutsen, Surer; **Toleman-Hart** Senna, Cecotto, Johansson, Martini; **Spirit-Hart** Baldi, Rothengatter; **Benetton-Alfa** Patrese, Cheever; **Osella-Alfa** Ghinzani, Gartner; **Ligier-Renault** De Cesaris, Hesnault; **Ferrari** Alboreto, Arnoux

WM-Endstand: Weltmeister Niki Lauda 72 Punkte; 2. Prost 71,5; **3.** De Angelis 34; **4.** Alboreto 30,5; **5.** Piquet 29; **6.** Arnoux 27; **7.** Warwick 23; **8.** Rosberg 20,5; **9.** Mansell/ Senna 13

Konstrukteurs-WM: 1. McLaren, 2. Ferrari, 3. Lotus

WM-Läufe (ab Bergers Einstieg)

A, Zeltweg: 1. Lauda – 2. Piquet – 3. Alboreto; 12. ***Berger;*** **Pole** Piquet

NL, Zandvoort: Prost – Lauda – Mansell; ***Berger*** nicht am Start; **Pole** Prost

I, Monza: Lauda – Alboreto – Patrese; *6. ***Berger;*** **Pole** Piquet

Europa, Nürburgring: Prost – Alboreto – Piquet; ***Berger*** Ausfall; **Pole** Piquet

P, Estoril: Prost – Lauda – Senna; 13. ***Berger;*** **Pole** Piquet

Bergers Saison-Bilanz: *Der eine WM-Punkt von Monza wurde nicht gewertet, da das ATS-Team generell nicht für WM-Punkte qualifiziert war. Grund: pro Rennen wurde nur ein Auto genannt, statt wie vorgeschrieben zwei.

1985

Teams: **McLaren-TAG** Lauda, Prost, Watson; **Tyrrell-Ford/Renault** Brundle, Johansson, Bellof, Capelli, Streiff; **Williams-Honda** Rosberg, Mansell; **Brabham-BMW** Piquet, Hesnault, Surer; **RAM-Hart** Alliot, Winkelhock, Acheson; **Lotus-Renault** De Angelis, Senna; **Renault** Tambay, Warwick; ***Arrows-BMW*** *Berger*, Boutsen; **Toleman-Hart** T. Fabi, Ghinzani; **Spirit-Hart** Baldi; **Benetton-Alfa-Romeo** Patrese, Cheever; **Osella-Alfa** Ghinzani, Rothengatter; **Ligier-Renault** Laffite, De Cesaris, Streiff; **Ferrari** Alboreto, Arnoux, Johansson; **Minardi-MM** Martini; **Zakspeed** Palmer, Danner; **Lola-Hart** Jones

WM-Endstand: Weltmeister Alain Prost 73 Punkte; 2. Alboreto 53; **3.** Rosberg 40; **4.** Senna 38; **5.** De Angelis 33; **6.** Mansell 31; **7.** Johansson 26; **8.** Piquet 21; **9.** Laffite 16; **10.** Lauda 14

Konstrukteurs-WM: 1. McLaren, 2. Ferrari, 3. Williams, Lotus

WM-Läufe

BR, Rio: 1. Prost – 2. Alboreto – 3. De Angelis; ***Berger*** Ausfall; **Pole** Alboreto

P, Estoril: Senna – Alboreto – Tambay; ***Berger*** Ausfall; **Pole** Senna

RSM, Imola: De Angelis – Boutsen – Tambay; ***Berger*** Ausfall; **Pole** Senna

MC, Monte Carlo: Prost – Alboreto – De Angelis; ***Berger*** Ausfall; **Pole** Senna

CAN, Montreal: Alboreto – Johansson – Prost; 13. ***Berger;*** **Pole** De Angelis

USA, Detroit: Rosberg – Johansson – Alboreto; 11. ***Berger;*** **Pole** Senna

F, Le Castellet: Piquet – Rosberg – Prost; ***Berger*** Ausfall; **Pole** Rosberg

GB, Silverstone: Prost – Alboreto – Laffite; 8. ***Berger;*** **Pole** Rosberg

D, Nürburgring: Alboreto – Prost – Laffite; 7. ***Berger;*** **Pole** T. Fabi

A, Zeltweg: Prost – Senna – Alboreto; ***Berger*** Ausfall; **Pole** Prost

NL, Zandvoort: Lauda – Prost – Senna; 9. ***Berger;*** **Pole** Piquet

I, Monza: Prost – Piquet – Senna; ***Berger*** Ausfall; **Pole** Senna

B, Spa: Senna – Mansell – Prost; 7. ***Berger;*** **Pole** Prost

Europa, Brands Hatch: Mansell – Senna – Rosberg; 10. ***Berger;*** **Pole** Senna

ZA, Kyalami: Mansell – Rosberg – Prost; 5. ***Berger;*** **Pole** Mansell

AUS, Adelaide: Rosberg – Laffite – Streiff; 6. ***Berger;*** **Pole** Senna

Bergers Saison-Bilanz: 3 WM-Punkte

1986

Teams: **McLaren-TAG** Prost, Rosberg; **Tyrrell-Renault** Brundle, Streiff; **Williams-Honda** Mansell, Piquet; **Brabham-BMW** Patrese, De Angelis, Warwick; **Lotus-Renault** Dumfries, Senna; **Zakspeed** Palmer, Rothengatter; **Lola-Hart** Jones, Tambay, Cheever; **Arrows-BMW** Surer, Boutsen, Danner; ***Benetton-BMW*** *Berger*, T. Fabi; **Osella-MM** Ghinzani, Danner, Berg, Caffi; **Minardi-MM** De Cesaris, Nannini; **Ligier-Renault** Arnoux, Laffite, Alliot; **Ferrari** Alboreto, Johansson

WM-Endstand: Weltmeister Alain Prost 72 Punkte; 2. Mansell 70; **3**. Piquet 69; **4**. Senna 55; **5**, Johansson 23; **6**. Rosberg 22; *7. **Berger** 17*; **8**. Laffite, Arnoux, Alboreto 14

Konstrukteurs-WM: 1. Williams, 2. McLaren, 3. Lotus

WM-Läufe

BR, Rio: 1. Piquet – 2. Senna – 3. Laffite; 6. ***Berger*,** **Pole** Senna

E, Jerez: Senna – Mansell – Prost; 6. ***Berger;*** **Pole** Senna

RSM, Imola: Prost – Piquet – ***Berger;*** **Pole** Senna

MC, Monte Carlo: Prost – Rosberg – Senna; ***Berger*** Ausfall; **Pole** Prost

B, Spa: Mansell – Senna – Johansson; 10. ***Berger;*** **Pole** Piquet

CAN, Montreal: Mansell – Prost – Piquet; ***Berger*** Ausfall; **Pole** Mansell

USA, Detroit: Senna – Laffite – Prost; ***Berger*** Ausfall; **Pole** Senna

F, Le Castellet: Mansell – Prost – Piquet; ***Berger*** Ausfall; **Pole** Senna

GB, Brands Hatch: Mansell – Piquet – Prost; ***Berger*** Ausfall; **Pole** Piquet

D, Hockenheim: Piquet – Senna – Mansell; 10. ***Berger;*** **Pole** Rosberg

H, Budapest: Piquet – Senna – Mansell; ***Berger*** Ausfall; **Pole** Senna

A, Zeltweg: Prost – Alboreto – Johansson; 7. ***Berger;*** **Pole** T. Fabi

I, Monza: Piquet – Mansell – Johansson; 5. ***Berger;*** **Pole** T. Fabi

P, Estoril: Mansell – Prost – Piquet; ***Berger*** Ausfall; **Pole** Senna

MEX, Mexico City: ***Berger*** – Prost – Senna; **Pole** Senna

AUS, Adelaide: Prost – Piquet – Johansson; ***Berger*** Ausfall; **Pole** Mansell

Bergers Saison-Bilanz: 1 Sieg, 2mal schnellste Runde; 17 WM-Punkte

1987

Teams: **McLaren-TAG** Prost, Johansson; **Tyrrell-Ford** Palmer, Streiff; **Williams-Honda** Mansell, Piquet, Patrese; **Brabham-BMW** Patrese, De Cesaris, Modena; **Zakspeed** Brundle, Danner; **Lotus-Honda** Nakajima, Senna; **AGS-Ford** Fabre, Moreno; **Arrows-Megatron** Warwick, Cheever; **Benetton-Ford** Boutsen, T. Fabi; **Osella-Alfa** Caffi, Tarquini, Forini; **Minardi-MM** Nannini, Campos; **Ligier-Megatron** Arnoux, Ghinzani; ***Ferrari*** *Berger,* Alboreto; **Lola-Ford** Alliot, Dalmas; **March-Ford** Capelli

WM-Endstand: Weltmeister Nelson Piquet 73 Punkte; 2. Mansell 61; **3.** Senna 57; **4.** Prost 46; **5.** ***Berger*** 36; **6.** Johansson 30; **7.** Alboreto 17; **8.** Boutsen 16; **9.** T. Fabi 12; **10.** Cheever 8

Konstrukteurs-WM: 1. Williams, 2. McLaren, 3. Lotus

WM-Läufe

BR, Rio: 1. Prost – 2. Piquet – 3. Johansson; *4.* ***Berger;*** **Pole** Mansell

RSM, Imola: Mansell – Senna – Alboreto; ***Berger*** Ausfall; **Pole** Senna

B, Spa: Prost – Johansson – De Cesaris; ***Berger*** Ausfall; **Pole** Mansell

MC, Monte Carlo: Senna – Piquet – Alboreto; 4. ***Berger;*** **Pole** Mansell

USA, Detroit: Senna – Piquet – Prost; 4. ***Berger;*** **Pole** Mansell

F, Le Castellet: Mansell – Piquet – Prost; ***Berger*** Ausfall; **Pole** Mansell

GB, Silverstone: Mansell – Piquet –Senna; ***Berger*** Ausfall; **Pole** Piquet

D, Hockenheim: Piquet – Johansson – Senna; ***Berger*** Ausfall; **Pole** Mansell

H, Budapest: Piquet – Senna – Prost; ***Berger*** Ausfall; **Pole** Mansell

A, Zeltweg: Mansell – Piquet – Fabi; ***Berger*** Ausfall; **Pole** Piquet

I, Monza: Piquet – Senna – Mansell; *4.* ***Berger;*** **Pole** Piquet

P, Estoril: Prost – ***Berger*** – Piquet; **Pole** ***Berger***

E, Jerez: Mansell – Prost – Johansson; ***Berger*** Ausfall; **Pole** Piquet

MEX, Mexico City: Mansell – Piquet – Patrese; ***Berger*** Ausfall; **Pole** Mansell

J, Suzuka: ***Berger*** – Senna – Johansson; **Pole** ***Berger***

AUS, Adelaide: ***Berger*** – Alboreto – Boutsen; **Pole** ***Berger***

Bergers Saison-Bilanz: 2 Siege, 3 Pole Positions, 3mal schnellste Runde; 36 WM-Punkte

1988

Teams: **Lotus-Honda** Piquet, Nakajima; **Tyrrell-Ford** Palmer, Bailey; **Williams-Judd** Mansell, Patrese, Brundle, Schlesser; **Zakspeed** Ghinzani, Schneider; **McLaren-Honda** Prost, Senna; **AGS-Ford** Streiff; **March-Judd** Gugelmin, Capelli; **Arrows-Megatron** Warwick, Cheever; **Benetton-Ford** Nannini, Boutsen; **Rial-Ford** De Cesaris; **Minardi-Ford** Perez-Sala, Campos, Martini; **Ligier-Judd** Arnoux, Johansson; ***Ferrari*** *Berger*, Alboreto; **Lola-Ford** Alliot, Dalmaz, Suzuki, Raphanel; **Eurobrun-Ford** Modena, Larrauri; **Coloni-Ford** Tarquini; **Osella** Larini; **Dallara-Ford** Caffi

WM-Endstand: Weltmeister Ayrton Senna 90 Punkte; 2. Prost 87; **3. *Berger*** 41., **4.** Boutsen 27; **5.** Alboreto 24; **6.** Piquet 22; **7.** Capelli, Warwick 17; **9.** Nannini, Mansell 12

Konstrukteurs-WM: 1. McLaren, 2. Ferrari, 3. Benetton

WM-Läufe

BR, Rio: 1. Prost – 2. ***Berger*** – 3. Piquet; **Pole** Senna

RSM, Imola: Senna – Prost – Piquet; 5. ***Berger;*** **Pole** Senna

MC, Monte Carlo: Prost – ***Berger*** – Alboreto; **Pole** Senna

MEX, Mexico City: Prost – Senna – ***Berger;*** **Pole** Senna

CAN, Montreal: Senna – Prost – Boutsen; ***Berger*** Ausfall; **Pole** Senna

USA, Detroit: Senna – Prost – Boutsen; ***Berger*** Ausfall; **Pole** Senna

F, Le Castellet: Prost – Senna – Alboreto; 4. ***Berger;*** **Pole** Prost

GB, Silverstone: Senna – Mansell – Nannini; 9. ***Berger;*** **Pole *Berger***

D, Hockenheim: Senna – Prost – ***Berger;*** **Pole** Senna

H, Budapest: Senna – Prost – Boutsen; 4. ***Berger;*** **Pole** Senna

B, Spa: Senna – Prost – Capelli; ***Berger*** Ausfall; **Pole** Senna

I, Monza: ***Berger*** – Alboreto – Cheever; **Pole** Senna

P, Estoril: Prost – Capelli – Boutsen; ***Berger*** Ausfall; **Pole** Prost

E, Jerez: Prost – Mansell – Nannini; 6. ***Berger;*** **Pole** Senna

J, Suzuka: Senna – Prost – Boutsen; 4. ***Berger;*** **Pole** Senna

AUS, Adelaide: Prost – Senna –Piquet; ***Berger*** Ausfall; **Pole** Senna

Bergers Saison-Bilanz: 1 Sieg, 3mal Podium, 1 Pole Position, 3mal schnellste Runde; 41 WM-Punkte

1989

Teams: **McLaren-Honda** Senna, Prost; **Tyrrell-Ford** Palmer, Alboreto, Alesi, Herbert; **Williams-Renault** Boutsen, Patrese; **Brabham-Judd** Brundle, Modena; **Arrows-Ford** Warwick, Cheever, Donnelly; **Lotus-Judd** Piquet, Nakajima; **March-Judd** Gugelmin, Capelli; **Osella-Ford** Ghinzani, Larini; **Benetton-Ford** Nannini, Herbert, Pirro; **Dallara-Ford** De Cesaris, Caffi; **Minardi-Ford** Martini, Perez-Sala, Barilla; **Ligier-Ford** Arnoux, Grouillard; ***Ferrari*** *Berger*, Mansell; **Lola-Lamborghini** Dalmas, Alliot, Bernard, Alboreto; **Coloni-Ford** Raphanel, Moreno, Bertaggia; **Eurobrun-Judd** Foitek, Larrauri; **Zakspeed-Yamaha** Suzuki, Schneider; **Onyx-Ford** Johansson, Gachot, Lehto; **Rial-Ford** Danner, Weidler, Raphanel, Foitek, Gachot; **AGS-Ford** Streiff, Winkelhock, Tarquini, Dalmas

WM-Endstand: Weltmeister Alain Prost 76 Punkte; 2. Senna 60; **3.** Patrese 40; **4.** Mansell 38; **5.** Boutsen 37; **6.** Nannini 32; ***7. Berger*** 21; **8.** Piquet 12; **9.** Alesi 8; **10.** Warwick 7

Konstrukteurs-WM: 1. McLaren, 2. Williams, 3. Ferrari

WM-Läufe

BR, Rio: 1. Mansell – 2. Prost – 3. Gugelmin; ***Berger*** Ausfall; **Pole** Senna

RSM, Imola: Senna – Prost – Nannini; ***Berger*** Ausfall; **Pole** Senna

MC, Monte Carlo: Senna – Prost – Modena; ***Berger*** nicht am Start; **Pole** Senna

MEX, Mexico City: Senna – Patrese –Alboreto; ***Berger*** Ausfall; **Pole** Senna

USA, Phoenix: Prost– Patrese – Cheever; ***Berger*** Ausfall; **Pole** Senna

CAN, Montreal: Boutsen – Patrese – de Cesaris; ***Berger*** Ausfall; **Pole** Prost

F, Le Castellet: Prost – Mansell – Patrese; ***Berger*** Ausfall; **Pole** Prost

GB, Silverstone: Prost – Mansell – Nannini; ***Berger*** Ausfall; **Pole** Senna

D, Hockenheim: Senna – Prost – Mansell; ***Berger*** Ausfall; **Pole** Senna

H, Budapest: Mansell – Senna – Boutsen; ***Berger*** Ausfall; **Pole** Patrese

B, Spa: Senna – Prost – Mansell; ***Berger*** Ausfall; **Pole** Senna

I, Monza: Prost – ***Berger*** – Boutsen; **Pole** Senna

P, Estoril: ***Berger*** – Prost – Johansson; **Pole** Senna

E, Jerez: Senna – ***Berger*** – Prost; **Pole** Senna

J, Suzuka: Nannini – Patrese – Boutsen; ***Berger*** Ausfall; **Pole** Senna

AUS, Adelaide: Boutsen – Nannini – Patrese; ***Berger*** Ausfall; **Pole** Senna

Bergers Saison-Bilanz: 1 Sieg, 2mal Podium, 1 schnellste Runde; 21 WM-Punkte

1990

Teams: **Ferrari** Prost, Mansell; **Tyrrell-Ford** Nakajima, Alesi; **Williams-Renault** Boutsen, Patrese; **Brabham-Judd** Foitek, Modena, D. Brabham; **Arrows-Ford** Alboreto, Capelli, Caffi; **Lotus-Lamborghini** Warwick, Donnelly, Herbert; **March-Judd** Gugelmin, Capelli; **Osella-Ford** Grouillard; **Benetton-Ford** Nannini, Piquet, Moreno; **Dallara-Ford** Pirro, De Cesaris, Morbidelli; **Minardi-Ford** Martini, Barilla, Morbidelli; **Ligier-Ford** Alliot, Larini; ***McLaren-Honda*** *Berger*, Senna, **Lola-Lamborghini** Bernard, Suzuki; **Coloni-Ford** Gachot; **Eurobrun-Judd** Moreno, Langes; **Onyx-Ford** Johansson, Lehto, Foitek; **Life-Rocchi** G. Brabham, Giacomelli; **AGS-Ford** Tarquini, Dalmas

WM-Endstand: Weltmeister Ayrton Senna 78 Punkte; 2. Prost 71; **3.** Piquet 44; **4. *Berger*** 43; **5.** Mansell 37; **6.** Boutsen 34; **7.** Patrese 23; **8.** Nannini 21; **9.** Alesi 13; **10.** Moreno, Capelli, Suzuki 6

Konstrukteurs-WM: 1. McLaren, 2. Ferrari, 3. Benetton

WM-Läufe

USA, Phoenix: 1. Senna – 2. Alesi – 3. Boutsen; ***Berger*** Ausfall; **Pole *Berger***

BR, Interlagos: Prost – ***Berger*** –Senna; **Pole** Senna

RSM, Imola: Patrese – ***Berger*** – Nannini; **Pole** Senna

MC, Monte Carlo: Senna – Alesi – ***Berger;*** **Pole** Senna

CAN, Montreal: Senna – Piquet – Mansell; 4. ***Berger;*** **Pole** Senna

MEX, Mexico City: Prost – Mansell – ***Berger;*** **Pole *Berger***

F, Le Castellet: Prost – Capelli – Senna; 5. ***Berger;*** **Pole** Mansell

GB, Silverstone: Prost – Boutsen – Senna; ***Berger*** Ausfall; **Pole** Mansell

D, Hockenheim: Senna – Nannini – ***Berger;*** **Pole** Senna

H, Budapest: Boutsen – Senna – Piquet; 16. ***Berger;*** **Pole** Boutsen

B, Spa: Senna – Prost – ***Berger;*** **Pole** Senna

I, Monza: Senna – Prost – ***Berger;*** **Pole** Senna

P, Estoril: Mansell – Senna – Prost; 4. ***Berger;*** **Pole** Mansell

E, Jerez: Prost – Mansell – Nannini; ***Berger*** Ausfall; **Pole** Senna

J, Suzuka: Piquet – Moreno – Suzuki; ***Berger*** Ausfall; **Pole** Senna

AUS, Adelaide: Piquet – Mansell – Prost, 4. ***Berger;*** **Pole** Senna

Bergers Saison-Bilanz: 7mal Podium, 2 Pole Positions, 3mal schnellste Runde; 43 WM-Punkte

1991

Teams: ***McLaren-Honda*** *Berger*, Senna; **Tyrrell-Honda** Nakajima, Modena; **Williams-Renault** Mansell, Patrese; **Brabham-Yamaha** Brundle, Blundell; **Footwork-Porsche** Alboreto, Caffi, Johansson; **Lotus-Judd** Häkkinen, Bailey, Herbert, Bartels; **Fondmetal-Ford** Grouillard, Tarquini; **Leyton-Ilmor** Gugelmin, Capelli, Wendlinger; **AGS-Ford** Tarquini, Johansson, Barbazza, Grouillard; **Benetton-Ford** Schumacher, Piquet, Moreno; **Dallara-Judd** Pirro, Lehto; **Minardi-Ferrari** Martini, Morbidelli, Moreno; **Ligier-Ford** Boutsen, Comas; **Ferrari** Prost, Alesi, Morbidelli; **Lola-Ford** Bernard, Suzuki, Gachot; **Coloni-Ford** Chaves, Hattori; **Jordan-Ford** De Cesaris, Gachot, Moreno, Schumacher, Zanardi; **Lambo** Larini, Van de Poele

WM-Endstand: Weltmeister Ayrton Senna 96 Punkte; 2. Mansell 72; **3.** Patrese 53; **4.** ***Berger*** 43; **5.** Prost 34; **6.** Piquet 26,5; **7.** Alesi 21; **8.** Modena 10; **9.** De Cesaris 9; **10.** Moreno 8

Konstrukteurs-WM: 1. McLaren-Honda, 2. Williams-Renault, 3. Ferrari

WM-Läufe

USA, Phoenix: 1. Senna – 2. Prost – 3. Piquet; ***Berger*** Ausfall; **Pole** Senna

BR, Interlagos: Senna – Patrese – ***Berger;*** **Pole** Senna

RSM, Imola: Senna – ***Berger*** – Lehto; **Pole** Senna

MC, Monte Carlo: Senna – Mansell – Alesi; ***Berger*** Ausfall; **Pole** Senna

CAN, Montreal: Piquet – Modena – Patrese; ***Berger*** Ausfall; **Pole** Patrese

MEX, Mexico City: Patrese – Mansell – Senna; ***Berger*** Ausfall; **Pole** Patrese

F, Magny Cours: Mansell – Prost – Senna; ***Berger*** Ausfall; **Pole** Patrese

GB, Silverstone: Mansell – ***Berger*** – Prost; **Pole** Mansell

D, Hockenheim: Mansell – Patrese – Alesi; 4. ***Berger;*** **Pole** Mansell

H, Budapest: Senna – Mansell – Patrese; 4. ***Berger;*** **Pole** Senna

B, Spa: Senna – ***Berger*** – Piquet; **Pole** Senna

I, Monza: Mansell – Senna – Prost; 4. ***Berger;*** **Pole** Senna

P, Estoril: Patrese – Senna – Alesi; ***Berger*** Ausfall; **Pole** Patrese

E, Barcelona: Mansell – Prost – Patrese; ***Berger*** Ausfall; **Pole** ***Berger***

J, Suzuka: ***Berger*** – Senna – Patrese; **Pole** ***Berger***

AUS, Adelaide: Senna – Mansell – ***Berger;*** **Pole** Senna

Bergers Saison-Bilanz: 1 Sieg, 5mal Podium, 2 Pole Positions, 2mal schnellste Runde; 43 WM-Punkte

1992

Teams: ***McLaren-Honda*** *Berger*, Senna; **Tyrrell-Ilmor** De Cesaris, Grouillard; **Williams-Renault** Mansell, Patrese; **Brabham-Judd** Amati, Van de Poele, D. Hill, **Footwork-Mugen** Alboreto, Suzuki; **Lotus-Ford** Häkkinen, Herbert; **Fondmetal-Ford** Tarquini, Chiesa, Van de Poele; **March-Ilmor** Wendlinger, Belmondo, Naspetti, Lammers; **Benetton-Ford** Schumacher, Brundle; **Dallara-Ferrari** Lehto, Martini; **Minardi-Lamborghini** Morbidelli, C. Fittipaldi, Zanardi; **Ligier Renault** Boutsen, Comas; **Ferrari** Alesi, Capelli,. Larini; **Larrousse-Venturi Lamborghini** Gachot, Katayama; **Jordan-Yamaha** Modena, Gugelmin; **Andrea Moda-Judd** Moreno, McCarthy

WM-Endstand: Weltmeister Nigel Mansell 108 Punkte; 2. Patrese 56; **3.** Schumacher 53; **4.** Senna 50; **5.** ***Berger*** 49; **6.** Brundle 38; **7.** Alesi 18, **8.** Häkkinen 11; **9.** De Cesaris 8; **10.** Alboreto 6

Konstrukteurs-WM: 1. Williams-Renault, 2. McLaren-Honda, 3. Benetton-Ford

WM-Läufe

ZA, Kyalami: 1. Mansell – 2. Patrese – 3. Senna; 5. ***Berger;*** **Pole** Mansell

MEX, Mexico City: Mansell – Patrese – Schumacher; 4. ***Berger;*** **Pole** Mansell

BR, Interlagos: Mansell – Patrese – Schumacher; ***Berger*** Ausfall; **Pole** Mansell

E, Barcelona: Mansell – Schumacher – Alesi; 4. ***Berger;*** **Pole** Mansell

RSM, Imola: Mansell – Patrese – Senna; ***Berger*** Ausfall; **Pole** Mansell

MC, Monte Carlo: Senna – Mansell – Patrese; ***Berger*** Ausfall; **Pole** Mansell

CAN, Montreal: ***Berger*** – Schumacher – Alesi; **Pole** Senna

F, Magny Cours: Mansell – Patrese – Brundle; ***Berger*** Ausfall; **Pole** Mansell

GB, Silverstone: Mansell – Patrese – Brundle; 5. ***Berger;*** **Pole** Mansell

D, Hockenheim: Mansell – Senna – Schumacher; ***Berger*** Ausfall; **Pole** Mansell

H, Budapest: Senna – Mansell – ***Berger;*** **Pole** Patrese

B, Spa: Schumacher – Mansell – Patrese; ***Berger*** Ausfall; **Pole** Mansell

I, Monza: Senna – Brundle – Schumacher; 4. ***Berger;*** **Pole** Mansell

P, Estoril: Mansell – ***Berger*** – Senna; **Pole** Mansell

J, Suzuka: Patrese – ***Berger*** – Brundle; **Pole** Mansell

AUS, Adelaide: ***Berger*** – Schumacher – Brundle; **Pole** Mansell

Bergers Saison-Bilanz: 2 Siege, 3mal Podium, 2mal schnellste Runde;
49 WM-Punkte

1993

Teams: **Williams-Renault** Prost, D. Hill; **Tyrrell-Yamaha** De Cesaris, Katayama; **Benetton-Ford** Schumacher, Patrese; **McLaren-Ford** Senna, M. Andretti, Häkkinen; **Footwork-Mugen** Warwick, A. Suzuki; **Lotus-Ford** Herbert, Zanardi, Lamy; **Jordan-Hart** Barrichello, Capelli, Boutsen, Apicella, Naspetti, Irvine; **Larrousse Lamborghini** Alliot, Comas, T. Suzuki; **BMS-Lola-Ferrari** Alboreto, Badoer; **Minardi-Ford** C. Fittipaldi, Barbazza, Martini, Gounon; **Ligier-Renault** Brundle, Blundell; ***Ferrari*** *Berger*, Alesi; **Sauber** Wendlinger, Lehto

WM-Endstand: Weltmeister Alain Prost 99 Punkte; 2. Senna 73; **3.** D. Hill 69; **4.** Schumacher 52; **5.** Patrese 20; **6.** Alesi 16; **7.** Brundle 13; **8.** ***Berger*** 12; **9.** Herbert 11; **10.** Blundell 10

Konstrukteurs-WM: 1. Williams-Renault, 2. McLaren-Ford, 3. Benetton-Ford

WM-Läufe

ZA, Kyalami: 1. Prost – 2. Senna – 3. Blundell; 6. ***Berger;*** **Pole** Prost

BR, Interlagos: Senna – Hill –Schumacher; ***Berger*** Ausfall; **Pole** Prost

Europa, Donington: Senna – Hill – Prost; ***Berger*** Ausfall; **Pole** Prost

RSM, Imola: Prost – Schumacher – Brundle; ***Berger*** Ausfall; **Pole** Prost

E, Barcelona: Prost – Senna – Schumacher; 6. ***Berger;*** **Pole** Prost

MC, Monte Carlo: Senna – Hill – Alesi; 14. ***Berger;*** **Pole** Prost

CAN, Montreal: Prost – Schumacher – Hill; 4. ***Berger;*** **Pole** Prost

F, Magny Cours: Prost – Hill – Schumacher; 14. ***Berger;*** **Pole** Hill

GB, Silverstone: Prost – Schumacher – Patrese; ***Berger*** Ausfall; **Pole** Prost

D, Hockenheim: Prost – Schumacher – Blundell; 6. ***Berger;*** **Pole** Prost

H, Budapest: Hill – Patrese – ***Berger;*** **Pole** Prost

B, Spa: Hill – Schumacher – Prost; 10. ***Berger;*** **Pole** Prost

I, Monza: Hill – Alesi – Andretti; ***Berger*** Ausfall; **Pole** Prost

P, Estoril: Schumacher – Prost – Hill; ***Berger*** Ausfall; **Pole** Hill

J, Suzuka: Senna – Prost – Häkkinen; ***Berger*** Ausfall; **Pole** Prost

AUS, Adelaide: Senna – Prost – Hill; 5. ***Berger;*** **Pole** Senna

Bergers Saison-Bilanz: 1mal Podium; 12 WM-Punkte

1994

Teams: **Williams-Renault** Senna, D. Hill, Coulthard, Mansell; **Tyrrell-Yamaha** Katayama, Blundell; **Benetton-Ford** M. Schumacher, Lehto, Verstappen, Herbert; **McLaren-Peugeot** Häkkinen, Brundle, Alliot; **Arrows-Ford** C.Fittipaldi, Morbidelli; **Lotus-Mugen-Honda** Herbert, Lamy, Zanardi, Adams, Salo; **Jordan-Hart** Barrichello, Irvine, A. Suzuki, De Cesaris; **Larrousse-Ford** Comas, Beretta, Alliot, Dalmas, Noda, Deletraz; **Minardi-Ford** Martini, Alboreto; **Ligier-Renault** Bernard, Panis, Herbert, Lagorce; **Ferrari** *Berger,* Alesi, Larini; **Sauber-Mercedes** Wendlinger, Frentzen, De Cesaris, Lehto; **Simtek-Ford** D. Brabham, Ratzenberger, Montermini, Gounon, Schiattarella, Inoue; **Pacific-Ilmor** Gachot, Belmondo

WM-Endstand: **Weltmeister Michael Schumacher 92 Punkte; 2.** Hill 91; **3. *Berger*** 41; **4.** Häkkinen 26; **5.** Alesi 24; **6.** Barrichello 19; **7.** Brundle 16; **8.** Coulthard 14; **9.** Mansell 13; **10.** Verstappen 10

Konstrukteurs-WM: 1. Williams-Renault, 2. Benetton-Ford, 3. Ferrari

WM-Läufe

BR, Interlagos: 1. Schumacher – 2. Hill – 3. Alesi; ***Berger*** Ausfall; **Pole** Senna

Pacific, Aida (J): Schumacher – ***Berger*** – Barrichello; **Pole** Senna

RSM, Imola: Schumacher – Larini – Häkkinen; ***Berger*** Ausfall; **Pole** Senna

MC, Monte Carlo: Schumacher, Brundle – ***Berger;*** **Pole** Schumacher

E, Barcelona: Hill – Schumacher – Blundell; ***Berger*** Ausfall; **Pole** Schumacher

CAN, Montreal: Schumacher – Hill – Alesi; 4. ***Berger;*** **Pole** Schumacher

F, Magny Cours: Schumacher – Hill – ***Berger;*** **Pole** Hill

GB, Silverstone: Hill – Alesi – Häkkinen; ***Berger*** Ausfall; **Pole** Hill

D, Hockenheim: ***Berger*** – Panis – Bernard; **Pole *Berger***

H, Budapest: M. Schumacher – Hill – Verstappen; 12. ***Berger;*** **Pole** Schumacher

B, Spa: Hill – Häkkinen – Verstappen; ***Berger*** Ausfall; **Pole** Barrichello

I, Monza: Hill – ***Berger*** – Häkkinen; **Pole** Alesi

P, Estoril: Hill – Coulthard – Häkkinen; ***Berger*** Ausfall; **Pole *Berger***

Europa, Jerez: Schumacher – Hill – Häkkinen; 5. ***Berger;*** **Pole** Schumacher

J, Suzuka: Hill – Schumacher – Alesi; ***Berger*** Ausfall; **Pole** Schumacher

AUS, Adelaide: Mansell – ***Berger*** – Brundle; **Pole** Mansell

Bergers Saison-Bilanz: 1 Sieg, 5mal Podium, 2 Pole Positions; 41 WM-Punkte

1995

Teams: **Benetton-Renault** Schumacher, Herbert; **Tyrrell-Yamaha** Katayama, Salo, Tarquini; **Williams-Renault** D. Hill, Coulthard; **McLaren-Mercedes** Mansell, Häkkinen, Blundell, Magnussen; **Arrows-Hart** Morbidelli, Inoue, Papis; **Simtek-Ford** Verstappen, Schiattarella; **Jordan-Peugeot** Barrichello, Irvine; **Pacific-Ford** Gachot, Montermini, Lavaggi, Deletraz; **Forti-Ford** Diniz, Moreno; **Minardi-Ford** Martini, Badoer, Lamy; **Ligier-Mugen-Honda** Panis, Suzuki, Brundle; ***Ferrari*** *Berger*, Alesi: **Sauber-Ford** Wendlinger, Frentzen, Boullion

WM-Endstand: Weltmeister Michael Schumacher 102 Punkte; 2. Hill 69; **3.** Coulthard 49; **4.** Herbert 45; **5.** Alesi 42; **6.** ***Berger*** 31; **7.** Häkkinen 17; **8.** Panis 16; **9.** Frentzen, 15; **10.** Blundell 13

Konstrukteurs-WM: 1. Benetton-Renault, 2. Williams-Renault, 3. Ferrari

WM-Läufe

BR Interlagos: 1. Schumacher – 2. Coulthard – 3. **Berger; Pole** Hill

ARG, Buenos Aires: Hill – Alesi – Schumacher; 6. ***Berger;*** **Pole** Coulthard

RSM, Imola: Hill – Alesi – ***Berger;*** **Pole** Schumacher

E, Barcelona: Schumacher – Herbert – ***Berger;*** **Pole** Schumacher

MC, Monte Carlo: Schumacher – Hill – ***Berger;*** **Pole** Hill

CAN, Montreal: Alesi – Barrichello – Irvine; ***Berger*** Ausfall; **Pole** Schumacher

F, Magny Cours: Schumacher – Hill – Coulthard; 12. ***Berger;*** **Pole** Hill

GB, Silverstone: Herbert – Alesi – Coulthard; ***Berger*** Ausfall; **Pole** Hill

D, Hockenheim: Schumacher – Coulthard – ***Berger;*** **Pole** Hill

H, Budapest: Hill – Coulthard – ***Berger;*** **Pole** Hill

B, Spa: Schumacher – Hill – Brundle; ***Berger*** Ausfall; **Pole** ***Berger***

I, Monza: Herbert – Häkkinen – Frentzen; ***Berger*** Ausfall; **Pole** Coulthard

P, Estoril: Coulthard – Schumacher – Hill; 4. ***Berger;*** **Pole** Coulthard

Eu., Nürburgring: Schumacher – Alesi – Coulthard; ***Berger*** Ausfall; **Pole** Coulthard

Pacific, Aida (J): Schumacher – Coulthard – Hill; 4. ***Berger;*** **Pole** Coulthard

J, Suzuka: Schumacher – Häkkinen – Herbert; ***Berger*** Ausfall; **Pole** Schumacher

AUS, Adelaide: Hill – Panis – Morbidelli; ***Berger*** Ausfall; **Pole** Hill

Bergers Saison-Bilanz: 6mal Podium, 1 Pole Position, 2mal schnellste Runde; 31 WM-Punkte

1996

Teams: **Ferrari** Schumacher, Irvine; **Tyrrell-Yamaha** Salo, Katayama; **Williams-Renault** D. Hill, J. Villeneuve; **McLaren-Mercedes** Häkkinen, Coulthard; **Arrows-Hart** Verstappen, Rosset; **Jordan-Peugeot** Barrichello, Brundle; **Forti-Ford** Badoer, Montermini; **Minardi-Ford** Lamy, Fisichella, Marques, Lavaggi; **Ligier-Mugen-Honda** Panis, Diniz; ***Benetton-Renault*** *Berger*, Alesi; **Sauber-Ford** Frentzen, Herbert

WM-Endstand: Weltmeister Damon Hill 97 Punkte; 2. Villeneuve 78; **3.** Schumacher 59; **4.** Alesi 47; **5.** Häkkinen 31; **6.** ***Berger*** 21; **7.** Coulthard 18; **8.** Barrichello 14; **9.** Panis 13; **10.** Irvine 11

Konstrukteurs-WM: 1. Williams-Renault, 2. Ferrari, 3. Benetton-Renault

WM-Läufe

AUS, Melbourne: 1. Hill – 2. Villeneuve – 3. Irvine; 4. ***Berger;*** **Pole** Villeneuve

BR, Interlagos: Hill – Alesi – Schumacher; ***Berger*** Ausfall; **Pole** Hill

ARG, Buenos Aires: Hill – Villeneuve – Alesi; ***Berger*** Ausfall; **Pole** Hill

Europa, Nürburgring: Villeneuve – Schumacher – Coulthard; *9.* ***Berger;*** **Pole** Hill

RSM, Imola: Hill – Schumacher – ***Berger;*** **Pole** Schumacher

MC, Monte Carlo: Panis – Coulthard – Herbert; ***Berger*** Ausfall; **Pole** Schumacher

E, Barcelona: Schumacher – Alesi – Villeneuve; ***Berger*** Ausfall; **Pole** Hill

CAN, Montreal: Hill – Villeneuve – Alesi; ***Berger*** Ausfall; **Pole** Hill

F, Magny Cours: Hill – Villeneuve – Alesi; 4. ***Berger;*** **Pole** Schumacher

GB, Silverstone: Villeneuve – ***Berger*** – Häkkinen; **Pole** Hill

D, Hockenheim: Hill – Alesi – Villeneuve; 13. ***Berger;*** **Pole** Hill

H, Budapest: Villeneuve – Hill – Alesi; ***Berger*** Ausfall; **Pole** Schumacher

B, Spa: Schumacher – Villeneuve – Häkkinen; 6. ***Berger;*** **Pole** Villeneuve

I, Monza: Schumacher – Alesi – Häkkinen; ***Berger*** Ausfall; **Pole** Hill

P, Estoril: Villeneuve – Hill – Schumacher; 6. ***Berger;*** **Pole** Hill

J, Suzuka: Hill – Schumacher – Häkkinen; 4. ***Berger;*** **Pole** Villeneuve

Bergers Saison-Bilanz: 2mal Podium, 1mal schnellste Runde; 21 WM-Punkte

1997

Teams: **Arrows-Yamaha** D. Hill, Diniz; **Williams-Renault** J. Villeneuve, Frentzen; **Ferrari** M. Schumacher, Irvine; **Benetton-Renault** Alesi, Berger, Wurz; **McLaren-Mercedes** Häkkinen, Coulthard; **Jordan-Peugeot** R. Schumacher, Fisichella; **Prost-Mugen-Honda** Panis, Trulli, Nakano; **Sauber** Herbert, Larini, Morbidelli, Fontana; **Tyrrell-Ford** Verstappen, Salo; **Minardi-Hart** Katayama, Trulli, Marquez; **Stewart-Ford** Barrichello, Magnussen; **Lola-Ford** Rosset, Sospiri

WM-Endstand: Weltmeister Jacques Villeneuve 81 Punkte; *2. Frentzen 42; **3.** Alesi, Coulthard 36; **5.** ***Berger***, Häkkinen 27; **7.** Irvine 24; **8.** Fisichella 20; **9.** Panis 16; **10.** Herbert 15

Konstrukteurs-WM: 1. Williams-Renault, 2. Ferrari, 3. Benetton-Renault

WM-Läufe

AUS, Melbourne: 1. Coulthard – 2. M. Schumacher – 3. Häkkinen; 4. ***Berger;*** **Pole** Villeneuve

BR, Interlagos: Villeneuve – ***Berger*** – Panis; **Pole** Villeneuve

ARG, Buenos Aires: Villeneuve – Irvine – R. Schumacher; 6. ***Berger;*** **Pole** Villeneuve

RSM, Imola: Frentzen – M. Schumacher – Irvine; ***Berger*** Ausfall; **Pole** Villeneuve

MC, Monte Carlo: M. Schumacher – Barrichello – Irvine; 9. ***Berger;*** **Pole** Frentzen

E, Barcelona: Villeneuve – Panis – Alesi; 10. ***Berger;*** **Pole** Villeneuve

CAN, Montreal: M. Schumacher – Alesi – Fisichella; ***Berger*** nicht am Start; **Pole** M. Schumacher

F, Magny Cours: M. Schumacher – Frentzen – Irvine; ***Berger*** nicht am Start; **Pole** Frentzen

GB, Silverstone: Villeneuve – Alesi – Wurz; ***Berger*** nicht am Start; **Pole** Villeneuve

D, Hockenheim: ***Berger*** – Schumacher – Häkkinen; **Pole** ***Berger***

H, Budapest: Villeneuve – Hill – Herbert; 8. ***Berger;*** **Pole** M. Schumacher

B, Spa: M. Schumacher – Fisichella – Häkkinen; 6. ***Berger;*** **Pole** Villeneuve

I, Monza: Coulthard – Alesi – Frentzen; 7. ***Berger;*** **Pole** Alesi

A, A1-Ring: Villeneuve – Coulthard – Frentzen; 10. ***Berger;*** **Pole** Villeneuve

LUX, Nürburgring: Villeneuve – Alesi – Frentzen; 4. ***Berger;*** **Pole** Häkkinen

J, Suzuka: M. Schumacher – Frentzen – Irvine; 9. ***Berger;*** **Pole** Villeneuve

Europa, Jerez: Häkkinen – Coulthard – Villeneuve; 4. ***Berger;*** **Pole** Villeneuve

Bergers Saison-Bilanz: 1 Sieg, 1mal Podium, 1 Pole Position, 2mal schnellste Runde; 27 WM-Punkte

*Michael Schumachers Punktestand von 78 wurde im Zuge der Disqualifikation von Jerez (Kollision mit Villeneuve) von der FIA gestrichen.
Für die F1-Statistiken bleiben die Punkte jedoch bestehen.

Grand-Prix-Siege 1950–1997

51 Siege	Alain Prost (F)
41 Siege	Ayrton Senna (BR)
31 Siege	Nigel Mansell (GB)
27 Siege	Jackie Stewart (GB)
	Michael Schumacher (D)
25 Siege	Jim Clark (GB)
	Niki Lauda (A)
24 Siege	Juan Manuel Fangio (ARG)
23 Siege	Nelson Piquet (BR)
21 Siege	Damon Hill (GB)
16 Siege	Stirling Moss (GB)
14 Siege	Jack Brabham (AUS)
	Graham Hill (GB)
	Emerson Fittipaldi (BR)
13 Siege	Alberto Ascari (I)
12 Siege	Mario Andretti (USA)
	Alan Jones (AUS)
	Carlos Reutemann (ARG)
11 Siege	Jacques Villeneuve (CAN)
10 Siege	***Gerhard Berger (A)***
	James Hunt (GB)
	Ronnie Peterson (S)
	Jody Scheckter (ZA)
8 Siege	Jacky Ickx (B)
	Denis Hulme (NZ)
7 Siege	René Arnoux (F)
6 Siege	Tony Brooks (GB)
	John Surtees (GB)
	Jochen Rindt (A)
	Gilles Villeneuve (CAN)
	Jacques Laffite
5 Siege	Giuseppe Nino Farina (I)
	Clay Regazzoni (CH)
	John Watson (GB)
	Keke Rosberg (FIN)
	Michele Alboreto (I)
	Riccardo Patrese (I)
4 Siege	Bruce McLaren (NZ)
	Dan Gurney (USA)
3 Siege	Mike Hawthorn (GB)
	Peter Collins (GB)
	Phil Hill (USA)
	Didier Pironi (F)
	Thierry Boutsen (B)
	David Coulthard (GB)

Ewige Bestenliste WM-Punkte

Alain Prost	798,5
Ayrton Senna	614
Nelson Piquet	485,5
Nigel Mansell	482
Michael Schumacher	440
Niki Lauda	420,5
Gerhard Berger	***385***
Jackie Stewart	360
Damon Hill	333
Carlos Reutemann	310
Graham Hill	289
Emerson Fittipaldi	281
Riccardo Patrese	281
Juan Manuel Fangio	277,5
Jim Clark	274
Jack Brabham	261
Jody Scheckter	255
Denis Hulme	248
Jacques Laffite	228
Clay Regazzoni	212
Alan Jones	206
Ronnie Peterson	206
Bruce McLaren	196,5
Jean Alesi	189
Michele Alboreto	186,5

Bergers F1-Statistik

Starts:	210
Siege:	10
Zweite Plätze:	17
Dritte Plätze:	21
Vierte Plätze:	26
Fünfte Plätze:	8
Sechste Plätze:	13
WM-Punkte:	385

95mal in den Punkte-Rängen
12mal Pole Position
32 Starts aus erster Reihe
64 Starts aus zweiter Reihe
21mal schnellste Runde des Rennens
3.475 Rennkilometer in Führung liegend

Formel-1-Weltmeister

1950: Giuseppe Nino Farina (I), Alfa Romeo
1951: Juan Manuel Fangio (ARG), Alfa Romeo
1952: Alberto Ascari (I), Ferrari
1953: Alberto Ascari (I), Ferrari
1954: Juan Manuel Fangio (ARG), Maserati und Mercedes
1955: Juan Manuel Fangio (ARG), Mercedes
1956: Juan Manuel Fangio (ARG), Ferrari
1957: Juan Manuel Fangio (ARG), Maserati
1958: Mike Hawthorn (GB), Ferrari
1959: Jack Brabham (AUS), Cooper Climax
1960: Jack Brabham (AUS), Cooper Climax
1961: Phil Hill (USA), Ferrari
1962: Graham Hill (GB), BRM
1963: Jim Clark (GB), Lotus Climax
1964: John Surtees (GB), Ferrari
1965: Jim Clark (GB), Lotus Climax
1966: Jack Brabham (AUS), Brabham-Repco
1967: Denis Hulme (NZ), Brabham-Repco
1968: Graham Hill (GB), Lotus-Ford
1969: Jackie Stewart (GB), Matra-Ford
1970: Jochen Rindt (A), Lotus-Ford
1971: Jackie Stewart (GB), Tyrrell-Ford
1972: Emerson Fittipaldi (BR), Lotus-Ford
1973: Jackie Stewart (GB), Tyrrell-Ford
1974: Emerson Fittipaldi (BR), McLaren-Ford
1975: Niki Lauda (A), Ferrari
1976: James Hunt (GB), McLaren-Ford
1977: Niki Lauda (A), Ferrari
1978: Mario Andretti (USA), Lotus-Ford
1979: Jody Scheckter (ZA), Ferrari
1980: Alan Jones (AUS), Williams-Ford
1981: Nelson Piquet (BR), Brabham-Ford
1982: Keke Rosberg (FIN), Williams-Ford
1983: Nelson Piquet (BR), Brabham-BMW-Turbo
1984: Niki Lauda (A), McLaren-Porsche-Turbo
1985: Alain Prost (F), McLaren-Porsche-Turbo
1986: Alain Prost (F), McLaren-Porsche-Turbo
1987: Nelson Piquet (BR), Williams-Honda
1988: Ayrton Senna (BR), McLaren-Honda
1989: Alain Prost (F), McLaren-Honda
1990: Ayrton Senna (BR), McLaren-Honda
1991: Ayrton Senna (BR), McLaren-Honda
1992: Nigel Mansell (GB), Williams-Renault
1993: Alain Prost (F), Williams-Renault
1994: Michael Schumacher (D), Benetton-Ford
1995: Michael Schumacher (D), Benetton-Renault
1996: Damon Hill (GB), Williams-Renault
1997: Jacques Villeneuve (CAN), Williams-Renault